普通高等教育规划教材

公路工程概预算与计量计价
Gonglu Gongcheng Gaiyusuan yu Jiliang Jijia

罗杏春　李　宁　编著

人民交通出版社股份有限公司

北 京

内 容 提 要

本书基于实物量造价分析方法,介绍了公路工程概算、预算的编制以及计量计价方法,即对拟进行造价分析的工程项目进行有效地分项,并计算工程量,对确定分项的计算子目选择合适的定额或费用,然后合理地计算定额中实物资源的预算单价,对每一条定额或费用匹配最适宜的工程类别及其费率,最后汇总计算出工程项目概算(或预算)的总金额,完成工程项目设计阶段计量与计价的基本工作。

本书可作为高等院校土木工程、公路工程专业公路工程造价、公路工程概预算、公路工程计量计价课程的教材,也可供行业人员参考。

*本书教学案例基于海巍科技 HWcost 造价分析软件设计,使用本书教学的教师可通过加入公路工程概预算与计量计价教学研讨群(QQ 群:1150501517)免费注册使用软件教学版。

图书在版编目(CIP)数据

公路工程概预算与计量计价/罗杏春,李宁编著. —北京:人民交通出版社股份有限公司,2020.8
ISBN 978-7-114-16707-2

Ⅰ.①公… Ⅱ.①罗… ②李… Ⅲ.①道路工程—概算编制 ②道路工程—预算编制 ③道路工程—工程造价 Ⅳ.①U415.13

中国版本图书馆 CIP 数据核字(2020)第 146802 号

普通高等教育规划教材
书　　名:公路工程概预算与计量计价
著 作 者:罗杏春　李　宁
责任编辑:钱　堃　李学会
责任校对:刘　芹
责任印制:张　凯
出版发行:人民交通出版社股份有限公司
地　　址:(100011)北京市朝阳区安定门外外馆斜街 3 号
网　　址:http://www.ccpcl.com.cn
销售电话:(010)59757973
总 经 销:人民交通出版社股份有限公司发行部
经　　销:各地新华书店
印　　刷:北京虎彩文化传播有限公司
开　　本:787×1092　1/16
印　　张:16.25
字　　数:406 千
版　　次:2020 年 8 月　第 1 版
印　　次:2023 年 5 月　第 5 次印刷
书　　号:ISBN 978-7-114-16707-2
定　　价:49.00 元

(有印刷、装订质量问题的图书由本公司负责调换)

前　言

英籍意大利经济学家 P. 斯拉法经过 30 多年的准备,于 1960 年出版了《用商品生产商品:经济理论批判绪论》一书,探究没有生产规模的变动或生产要素中的比例的变动也保持不变的经济体系的特征,指出国民纯产品就是超过补偿生产资料所需要的产品的剩余,可以把生产看作一种商品的循环过程(在这个过程中商品既表现为生产资料,又表现为最终产品),对单一产品和联合产品的价格决定进行了独到的论述,在研究方法上复兴了古典学派的思想,试图找到不变的价值尺度,提出标准合成商品以分析商品的价值或价格,并确定工资和利润的比例。这个理论同 20 世纪以来正统的经济学理论相对立,被认为在资本理论、劳动价值理论、生产价格理论以及工资与利润分割模式上都有独到的见解,在经济学界产生了重大影响,实物量造价分析方法是这个理论的具体应用之一。

工程造价即工程的建造价格,指某项工程项目从筹建到竣工交验全过程实际或预计所花费的全部费用,以分项、定额、单价和费率作为计量计价的依据,按照规定的计算规则和程序进行计算、统计后确定的,是工程项目基本建设各个阶段实行静态控制、动态管理的基本依据。

工程造价是国民经济固定资产投资中不可或缺的内容,我国工程造价的编制与管理从新中国成立初期借鉴苏联的方法和模式,到当前市场经济条件下的编制方法和管理模式,不同时期和不同专业工程造价的编制方法与管理模式都存在差异。追根溯源,不同时期和不同专业工程造价的编制方法与原理是一致的,都是实物量造价分析方法,只是不同时期和不同专业工程造价的分项、定额、单价和费率包含的内容及展示的方式稍有不同而已。

工程造价主要有建设工程造价(土建专业和安装专业)、市政工程造价、公路工程造价、水路工程造价、铁路工程造价、水利工程造价、电力工程造价、通信工程造价、航空航天工程造价等不同专业工程的造价,因专业背景和专业特征不同,其工程造价的计量计价依据有所不同,但基本原理是一致的,都是实物量造价分析方法;追根溯源,不同的计价方式如清单计价和定额计价的造价原理也是一致的,也都是实物量造价分析方法;同一专业不同版本的概算、预算编制办法,只是对概算、预算费用组成、费率、分项和定额的内容与形式进行了调整,其实质也都是实物量造价分析方法。

实物量造价分析方法是首先对拟进行造价分析的项目或预期产品进行合理的分项(对项目进行科学认知和"合理表达"),然后分析测算各分项的实物(人工、材料、机械台班等)和费用消耗,确定各实物当时当地的单价,再计算出各分项的实物金额和费率金额,最后汇总预期项目总造价的一种造价分析方法。运用实物量造价分析方法是要解决"干什么""怎么干""多少价"和"什么费"四个基本问题和明白"分项""定额""单价"和"费率"四个基本概念。本书基于公路工程专业,阐明公路工程造价的常用造价分析方法——实物量造价分析方法的基本原理与实践内容,对《公路工程建设项目概算预算编制办法》(JTG 3830—2018,简称18编办)和《公路工程基本建设项目概算预算编制办法》(JTG/T B06—2007,简称07编办)及其定额进行了阐述和对比,全书共分7章,每一章都列出了本章小结和思考题。

要理解实物量造价分析方法,可以从身边的生产生活事例开始观察和思考。如同一道菜,自己在家里厨房做、叫外卖和在星级饭店点餐的费用肯定是不同的,这是因为管理模式和烹饪条件不同造成了费用与成本的差别。若要精准计算宴会的成本和费用,可以把烹饪要素及过程和实物量造价分析方法的概念对应起来,即:宴会对应建设项目,一席菜的菜单对应工程项目的分项,每道菜的菜谱对应定额,超市或菜市场原材料的价格对应材料原价,厨房和仓库原材料的价格对应预算单价。按实物量造价分析方法的模型就可以比较准确地计算出宴会的烹饪成本和费用。

烹小鲜,能带来成就感和快乐,工程造价亦然。本书是近30年"道路工程计价"和"公路工程概预算"等课程教学的总结及工程造价实践和思考的结果。公路工程造价实践发展到一定程度,自然而然就会对"用商品生产商品、生产力与生产关系、分配制度、价值与价格"等问题进行进一步的思考与探讨。

本书编写分工为:昆明理工大学罗杏春撰写第1章~第5章,并负责全书的统稿工作;交通运输部路网检测与应急处置中心李宁撰写第6章和第7章。本书得到了许多公路工程造价行业同仁的鼓励与支持,得到了云南省交通运输厅工程造价管理局"云南省公路工程造价信息数据挖掘与应用技术研究"课题的资助,昆明海巍科技有限公司提供了HWcost造价软件,唐杨、杜云梦和张红娟等为本书的算例提供了很多帮助,在此一并表示感谢。

公路工程概预算和计量计价是一项技术性、经济性、政策性、实践性和经验性都很强的技术经济工作。本书只是抛砖引玉,希望广大造价人员对工程造价的理论与实践进行更系统的总结与思考。由于作者水平有限,本书缺点和错误在所难免,欢迎指正。

谨以此书献给热爱工程造价的人们!

罗杏春
2020年6月于昆明

目　录

第1章　绪论 ··· 1
  1.1　公路工程项目的经济属性 ··· 1
  1.2　公路工程基本建设程序 ··· 1
  1.3　公路工程项目的投资测算体系 ··· 5
  1.4　我国公路工程造价管理的历史沿革 ···································· 10
  1.5　实物量造价分析方法的定义与一般表达式 ···························· 11
  1.6　实物量造价分析方法的四个基本问题 ································· 11
  本章小结 ··· 13
  思考题 ··· 13

第2章　分项 ·· 14
  2.1　公路工程项目造价费用组成 ·· 15
  2.2　公路工程概算、预算项目表 ·· 21
  2.3　公路工程工程量清单 ··· 23
  2.4　公路工程项目设计图表 ·· 25
  2.5　公路工程项目管理台账及分项原理 ··································· 46
  本章小结 ··· 51
  思考题 ··· 52

第3章　定额 ·· 53
  3.1　定额的定义、特点与管理体系 ·· 53
  3.2　定额的构成及常用测算方法 ·· 55
  3.3　公路工程定额体系及其应用 ·· 70

3.4　施工定额及人工和机械的幅度差 ………………………………………… 120
　　本章小结 …………………………………………………………………………… 123
　　思考题 ……………………………………………………………………………… 124

第4章　单价 …………………………………………………………………………… 125
　　4.1　人工工日单价 ……………………………………………………………… 125
　　4.2　材料预算单价 ……………………………………………………………… 126
　　4.3　机械台班预算单价 ………………………………………………………… 129
　　4.4　设备预算单价 ……………………………………………………………… 129
　　本章小结 …………………………………………………………………………… 130
　　思考题 ……………………………………………………………………………… 130

第5章　费率 …………………………………………………………………………… 131
　　5.1　07编办规定的费率与费用 ………………………………………………… 133
　　5.2　18编办规定的费率与费用 ………………………………………………… 145
　　本章小结 …………………………………………………………………………… 154
　　思考题 ……………………………………………………………………………… 154

第6章　公路工程概算、预算的编制与审查和计量、计价技巧 …………………… 155
　　6.1　公路工程造价的各项费用计算 …………………………………………… 155
　　6.2　公路工程概算、预算文件组成及其报表 ………………………………… 158
　　6.3　概算、预算的编制流程与示例 …………………………………………… 196
　　本章小结 …………………………………………………………………………… 243
　　思考题 ……………………………………………………………………………… 243

第7章　公路工程造价的标准化与信息化 …………………………………………… 244
　　7.1　公路工程造价依据的标准化 ……………………………………………… 244
　　7.2　公路工程造价文件的信息化 ……………………………………………… 245
　　7.3　快速、高效编制公路工程造价文件 ……………………………………… 246
　　本章小结 …………………………………………………………………………… 251
　　思考题 ……………………………………………………………………………… 252

参考文献 ………………………………………………………………………………… 253

第1章 绪 论

1.1 公路工程项目的经济属性

公路工程项目具有规模庞大、复杂多样、整体难分和不能移动的特征,其生产和施工还具有流动性、单件性、生产周期长、受气候影响大等特点。公路工程项目作为商品或服务在被生产和消费时,会给没有直接参与市场交换(如公路建设、养护与管理等)的外界其他人带来有益或有害的附加影响。因此,公路工程产品和服务具有公共产品和准公共产品的经济属性,是一种在消费或使用上具有非竞争性和在受益上具有一定的排他性的产品(即准公共产品),与在消费或使用上具有非竞争性和在受益上具有非排他性的公共产品既有联系又有区别,与在消费或使用上具有竞争性和在受益上具有排他性的私人产品同样既有联系又有区别。

1.2 公路工程基本建设程序

《中华人民共和国公路法》规定:"公路建设应当按照国家规定的基本建设程序和有关规定进行。"

基本建设程序是基本建设项目从决策、设计、施工、竣工验收到交付使用,整个建设过程中各个阶段的划分及其先后次序。基本建设程序是由基本建设进程的客观规律(包括自然规律和经济规律)决定的,受地质、水文等自然条件和物质、管理等技术条件的严格制约,必须按符合既定需要和有科学根据的总体设计来进行建设。公路基本建设程序不仅是公路建设质量的保障,也是公路建设科学管理的主要内容。

《公路建设监督管理办法》(交通部令2006年第6号)规定,"公路建设应当按照国家规定的建设程序和有关规定进行。政府投资公路建设项目实行审批制,企业投资公路建设项目实行核准制。县级以上人民政府交通主管部门应当按职责权限审批或核准公路建设项目,不得越权审批、核准项目或擅自简化建设程序。"

公路建设项目监督管理包括以下内容:工程可行性研究报告,城镇发展规划审查,水土保持方案论证,环境影响评价,用地预审,压覆重要矿产资源评估,地质灾害危险性评估,文物调查,防洪影响评价,地震安全性评价,通航安全影响论证,通航标准和技术要求审查,跨河方案审查,跨越铁路方案审查,勘察设计招标,初步设计审查,征用林地报批、征用草原报批、征用土地报批,施工图设计审查,施工和监理招标,办理质量监督手续,施工许可,重大和较大变更审批,交工验收,环保、水保、档案等专项验收(收费站、服务区等房建工程还要进行消防验收),决算审计,竣工验收,项目后评价等报批或核准环节。

《公路建设监督管理办法》规定,政府投资公路建设项目的实施应当按照下列程序进行:

①根据规划,编制项目建议书。
②根据批准的项目建议书,进行工程可行性研究,编制可行性研究报告。
③根据批准的可行性研究报告,编制初步设计文件。
④根据批准的初步设计文件,编制施工图设计文件。
⑤根据批准的施工图设计文件,组织项目招标。
⑥根据国家有关规定,进行征地、拆迁等施工前准备工作,并向交通主管部门申报施工许可。
⑦根据批准的项目施工许可,组织项目实施。
⑧项目完工后,编制竣工图表、工程决算和竣工财务决算,办理项目交、竣工验收和财产移交手续。
⑨竣工验收合格后,组织项目后评价。

企业投资公路建设项目还应增加"组织投资人招标工作,依法确定投资人"的环节。

各阶段的具体内容如下:

(1)项目建议书。

项目建议书是基本建设程序中的最初阶段,是各部门、各地区、各企业根据国民经济的长远规划和公路网建设规划提出的。项目建议书是对建设项目提出包括目标、要求、资源、建设条件、投资估算和资金筹措设想、发行债券或利用外资项目的可能性以及偿还贷款能力的大体测算等,作为选择建设项目和有计划地进行可行性研究与建设的依据。

(2)可行性研究。

根据国民经济发展长远规划和公路网建设规划以及项目建议书,对建设项目进行可行性研究,以减少建设项目决策的盲目性,使建设项目的确定具有切实的科学性和经济合理性。

可行性研究按其工作深度,分为预可行性研究和工程可行性研究。

编制预可行性研究报告,应以国民经济与社会发展规划、路网规划为依据,重点阐明项目的必要性;通过踏勘和调查研究,提出建设项目的规模、技术标准,进行简要的经济效益分析。预可行性研究报告通过审批后,作为编制工程可行性研究报告的依据。

编制工程可行性研究报告,应以批准的预可行性研究报告或项目建议书为依据,通过必要的测量、地质勘探(大桥、隧道及不良地质地段等),在认真调查研究、掌握必要资料的基础上,对不同建设方案从经济上、技术上进行综合论证,提出推荐建设方案,审批后作为编制设计招标的依据。工程可行性研究的投资估算与初步设计概算之差,应控制在10%以内。

公路建设项目可行性研究报告的主要内容及主要工作应包括:建设项目的依据、历史背景;建设地区综合运输现状和建设项目在交通运输网中的地位及作用;原有公路的技术状况及适应程度;论述建设项目所在地区的经济特征,研究建设项目与经济发展的内在联系,预测交通量、交通量及其发展水平;建设项目的地理位置、地形、地质、地震、气候、水文等自然特征;筑路材料来源及运输条件;论证不同建设方案的路线起讫点和主要控制点、建设规模、标准等,并提出推荐意见;评价建设项目对环境的影响;测算主要工程数量、征地拆迁数量,估算投资,提出资金筹措方式,提出勘测、设计、施工计划安排;确定运输成本及有关经济参数,进行经济评价、敏感性分析,对收费公路、桥梁、隧道还需做财务分析;评价推荐方案,提出可能存在的问题和有关建议。

(3)勘察设计招标。

《公路工程勘察设计招标投标管理办法》(交通部令2001年第6号,交通运输部令2013年第3号修正)规定:

公路工程勘察设计招标指招标人按照国家基本建设程序,依据批准的可行性研究报告,对公路工程初步设计、施工图设计通过招标方式选定勘察设计单位。

公路工程勘察设计招标可以实行一次性招标、分阶段招标,有特殊要求的关键工程可以进行方案招标。

公路工程勘察设计招标的招标人是符合公路建设市场准入条件,依照《公路工程勘察设计招标投标管理办法》规定提出公路工程勘察设计招标项目、进行招标的项目法人。

公路建设项目的勘察、设计单项合同估算价在50万元人民币以上,或者建设项目总投资额在3000万元人民币以上的,必须进行勘察设计招标。公路建设项目有下列情形之一的,可以不进行勘察设计招标:

①涉及国家安全、国家秘密、抢险救灾或者属于利用扶贫资金实行以工代赈等特殊情况。
②需要采用不可替代的专利或者专有技术。
③采购人依法能够自行提供勘察设计。
④已通过招标方式选定的特许经营项目投资人依法能够自行提供勘察设计。
⑤需要向原中标人采购勘察设计,否则将影响施工或者功能配套要求。
⑥国家规定的其他特殊情形。

《公路工程标准勘察设计招标文件》(2011年版,交公路发〔2010〕742号)对公路工程勘察设计招标的具体内容和要求进行了详细的规定并给出了具体范本格式。

(4)设计文件。

公路工程基本建设项目一般采用两阶段设计,即初步设计和施工图设计。技术简单、方案明确的小型建设项目,可采用一阶段设计,即一阶段施工图设计;对技术上复杂而又缺乏经验的建设项目或建设项目中的个别路段、特殊大桥、互通式立体交叉、隧道等,必要时采用三阶段设计,即初步设计、技术设计和施工图设计。

初步设计应根据批准的可行性研究或测设合同的要求和初测资料,拟定修建原则,制订设计方案,计算主要工程数量,提出施工方案的意见,编制设计概算,提供文字说明及图表资料。初步设计经审查批准后,是控制建设项目投资及编制施工图设计文件或技术设计文件(采用三阶段设计时)的依据,并且可为安排重大科研试验项目、征用土地等的筹划提供资料。

技术设计应根据批准的初步设计和补充初测(或定测)资料,对重大、复杂的技术问题通过科学实验、专题研究,加深勘探调查及分析比较,解决初步设计中未解决的问题,落实技术方案,计算工程数量,提出修正的设计方案,编制修正设计概算,批准后作为编制施工图设计的依据。

一阶段施工图设计应根据批准的可行性研究或测设合同和定测资料,拟定修建原则,确定设计方案和工程数量,提出文字说明和图表资料以及施工组织计划,编制施工图预算,满足审批的要求,适应施工的需要。

两阶段(或三阶段)施工图设计应根据批准的初步设计(或技术设计)和定测(或补充定测)资料,进一步对审定的修建原则、设计方案、技术措施加以具体和深化,最终确定工程数量,提出文字说明、适应施工需要的图表资料以及施工组织计划,编制施工图预算。

(5)施工和监理招标。

《公路工程施工招标投标管理办法》(2015年修订)和《公路工程施工监理招标投标管理办法》(交通部令2006年第5号)对公路工程项目的施工和监理招标与投标作出了具体的规定:公路工程包括路基、路面、桥涵、隧道、交通工程及沿线设施、绿化环保设施等的新建、改(扩)建工程的施工,可以实行总承包招标,也可以分阶段、分专业招标,标段的划分应当有利于项目管理和标准化施工,不得利用划分标段规避招标。

依法必须进行施工招标的公路工程,在招标时应当具备下列条件:

①招标人已经依法成立。

②施工图设计文件已被批准。

③有相应资金或者资金来源已经落实。

采用资格预审方式的,满足以上第①、③项条件且初步设计文件已被批准,可以进行资格预审。

《公路工程标准施工招标文件》(2018年版)和《公路工程标准施工招标资格预审文件》(2018年版)对公路工程施工招标的具体内容和要求进行了详细的规定并给出了具体范本格式。

(6)施工许可及施工准备。

《公路建设市场管理办法》(2004年12月21日交通部发布,根据2011年11月30日交通运输部《关于修改〈公路建设市场管理办法〉的决定》第一次修正,根据2015年6月26日交通运输部《关于修改〈公路建设市场管理办法〉的决定》第二次修正)明确施工许可是公路工程基本建设程序的重要环节,也是保障公路建设项目依法建设的重要措施。依法做好施工许可工作既是交通主管部门的重要责任,也是保证公路建设项目合法、有序建设的重要手段。《公路建设市场管理办法》第二十四条规定,准予施工许可的项目应具备以下条件:

①项目已列入年度基本建设计划。

②施工图设计文件已经审批。
③建设资金已经落实,并经审计。
④建设用地(或单体控制性工程用地)已经批准,土地预审意见不能代替建设用地批复。
⑤施工、监理单位已依法招标确定。
⑥已办理质量监督手续。
⑦有明确的保证工程质量和安全生产的措施。保证工程质量和安全生产的措施应切实可行,具有针对性和可操作性,并明确相应的责任单位和责任人。

建设主管部门、项目法人、勘测设计单位、施工单位必须做好各项准备工作。建设主管部门应做好施工沿线有关单位和部门的协调工作,抓紧配套工程项目的落实,组织分工范围内的技术资料、材料、设备的供应;勘测设计单位,应按照勘测协议,按时提供各种图纸资料,做好施工图纸的会审及移交工作;施工单位应组织施工机具和人员的进场,进行施工测量,修整便道及生产、生活等临时设施,组织材料、物资的采购、加工、运输、供应、储备,做好施工图纸的接收工作,熟悉图纸要求,编制实施性施工组织设计和施工预算,提出开工报告,按投资隶属关系报请主管部门核备。

(7)施工管理。

施工单位遵照合同文件和施工程序合理组织施工,按照有关规定实行建设监理制度、招投标制度、项目法人制度及合同制度等四项基本制度。施工过程中,应严格按照设计要求和施工技术规范,确保工程质量,安全施工,推广应用新工艺、新技术,努力缩短工期,降低造价。注意做好施工记录,建好施工档案。

(8)竣工验收、交付使用。

建设项目的竣工验收是基本建设过程的最后一个程序。工程验收是一项十分细致而严肃的工作,必须按照国家和交通运输部颁布的公路工程验收办法的要求,认真负责地对全部基本建设工程进行总验收。竣工验收包括对工程质量、数量、期限、生产能力、建设规模、使用条件等的审查。对建设单位和施工企业编报的固定资产移交清单、隐蔽工程说明和竣工决算等也要进行细致的检查。特别是竣工决算,它是反映整个基本建设工作所消耗的全部建设资金的综合性文件,也是通过货币指标对全部基本建设工作的全面总结。

当全部基本建设工程经过验收合格,完全符合设计要求后,应立即移交给生产部门正式营运使用。办理固定资产交付使用的转账手续,加强固定资产的管理。在验收时,对遗留问题,由验收委员会(或小组)确定具体处理办法,报告主管部门批准,交有关单位执行。

(9)项目后评价、养护及大、中修管理。

项目后评价、养护及大、中修工程,即固定资产的更新与技术改造,原则上也是参照基本建设程序,按交通运输部有关规定执行。

1.3 公路工程项目的投资测算体系

工程项目投资,即工程造价,指进行某项工程建设花费的全部费用,即该工程项目有计划地进行固定资产再生产和形成最低量(铺底)流动资金的一次性投入费用的总和。它主要由建筑安装工程投资、设备和工器具及家具购置投资和工程建设其他投资组成。

公路工程基本建设投资的管理与控制可分为以下三个层次：

第一个层次是政府和行业管理部门。国家通过基本建设计划、有关政策和法律从宏观上对基本建设投资进行管理和控制，如制定基本建设程序管理办法，要求每一个基本建设项目严格遵守基本建设程序；发展和改革委员会代表国家根据建设项目可行性研究报告的评审意见进行项目审批，并通过批复项目的设计概算来控制投资总额。

第二个层次是项目法人，即项目建设单位。项目建设单位具体对基本建设项目的造价进行控制，自行或委托设计单位编制可行性研究报告，提出项目建议书，并根据批准的可行性研究报告组织设计，根据批准的设计概算（或施工图预算）编制标底组织施工和监理招标，确定施工单位和监理单位。在施工过程中，委托监理工程师对工程费用进行严格管理。通过这一系列工作对建设成本（或造价）进行控制。

第三个层次是承包单位或其他参与单位。建设项目由施工单位或其他承包人具体实施，并在施工前编制施工预算，对工程成本进行严格控制。

以上三个层次涉及计划、建设、设计、监理和施工及咨询等其他参与单位，它们都要维护各自利益，从各自的工作和需要出发，对基本建设项目进行严格和科学的管理。

从项目决策到竣工交付使用的整个过程中，根据不同阶段投资额的作用和精度要求的不同，形成了投资估算、设计概算、施工图预算、招标控制价（标底）、投标报价、施工预算、结算和决算等投资测算文件，并由此构成了建设项目投资额的测算体系。在以上投资测算文件中，工程概算、预算具有特别重要的作用和意义，是基本建设工程投资管理的基本环节。概算、预算是编制公路工程经济文件的主要依据，也是其他测算方式（投资估算除外）的基础。

工程项目设计概算和施工图预算，指在执行基本建设程序过程中，根据不同设计阶段设计文件的具体内容和国家规定的定额、指标及各项费用的取费标准，预先计算和确定每项新建、扩建、改建和重建工程所需要的全部投资额的文件，它是从经济上反映工程项目在不同建设阶段的特点，是按照国家规定的特定计价程序，预先计算和确定基本建设工程价格的造价文件，是基本建设程序的重要组成部分。由于概算、预算的重要性，其在投资额测算体系中居于主导和基础地位。

我国的设计和概算、预算文件编制以及管理办法，对公路基本建设工程有如下规定：

①采用两阶段设计的建设项目，在初步设计阶段，必须编制总概算；在施工图设计阶段，必须编制施工图预算。

②采用三阶段设计的建设项目，除按上述要求外，在技术设计阶段，还必须编制修正概算。

③在基本建设全过程中，根据基本建设程序的要求和国家有关文件的规定，除编制概算、预算文件外，在其他建设阶段，还必须编制以概算、预算为基础（投资估算除外）的其他有关投资额测算文件。

投资额按公路工程的建设程序进行分类，有以下几种：

(1) 投资估算。

投资估算，一般指在投资前期（规划、项目建议书、可行性研究报告）阶段，建设单位向国家申请拟定项目或国家对拟定项目进行决策时，确定建设项目在规划、项目建议书、可行性研究报告等不同阶段的相应投资总额而编制的经济文件。

国家对任何一个拟建项目，都要通过对可行性研究报告进行全面评审后，才能决定是否正式立项。在可行性研究中，除考虑国家经济发展上的需要和技术上的可行性外，还要考虑经济上的合理性。投资估算为投资决策提供数量依据,也是建设项目经济效益分析中确定成本的主要依据,因此,它是建设项目在初步设计前各阶段工作中,作为论证拟建项目在经济上是否合理的重要文件。

(2)概算。

概算又分为设计概算和修正概算两种。设计概算和修正概算指在初步设计或技术设计阶段,由设计单位根据设计图纸、概算定额、各类费用定额、建设地区的自然条件和技术经济条件等资料,预先计算和确定建设项目从筹建至竣工验收的全部建设费用的经济文件。它是设计文件的重要组成部分,是国家确定和控制公路基本建设投资总额,安排基本建设项目,选择最优设计方案的依据。建设项目的总概算一经批准,作为建设项目的最高投资限额在其随后的其他阶段是不能随意突破的。

(3)施工图预算。

公路基本建设工程不论采用几个阶段设计,设计单位在施工图设计阶段均应编制施工图预算。施工图预算是以设计单位为主,必要时可邀请施工单位及建设单位参加,根据施工图设计的工程量和施工方案,按预算定额和各类费用定额编制的反映工程造价的经济文件。它是考核施工图设计经济合理性的依据,对于进行施工招标的工程,施工图预算也是编制工程标底和控制价的依据;同时,它也是施工单位加强经营管理,搞好经济核算的基础。

施工图预算必须以施工图图纸、说明书、施工组织设计(或施工方案)以及编制预算的法令性文件为依据。

(4)招标控制价(标底)。

招标控制价(标底)由招标单位对招标的工程,按招标的工程内容(通常由工程量清单来明确)、设计文件、合同条件以及技术规范和有关定额等资料进行编制。招标控制价(标底或投标最高限价)是一项重要的投资额测算,是评标的一个基本依据,也是衡量投标人报价水平高低的基本指标,在招投标工作中起着很重要的作用。招标控制价(标底)一方面应遵守国家的有关规定和要求,另一方面应力求准确。招标控制价(标底)一般以设计概算和施工图预算为基础编制,以其中的建筑安装工程费为主,且不准超过批准的相应概算或施工图预算。

(5)投标报价。

报价是由投标单位根据招标文件及有关定额(通常是投标单位根据自身的施工经验与管理水平所制定的企业定额),并根据招标项目所在地区的自然、社会和经济条件及施工组织方案、投标单位的自身条件,计算完成招标工程所需各项费用的经济文件。报价是投标文件最重要的组成部分,是投标工作的关键和核心,也是决定能否中标的主要因素。报价过高,中标率就会降低;报价过低,尽管中标率增大,但要承担工程亏本的风险。因此,能否准确计算和合理确定投标报价,是施工企业在投标竞争中能否获胜的前提条件。中标单位的报价是工程承包合同价的主要基础,并对将来的施工过程起着严格的制约作用。承包单位和建设单位均不能随意更改中标价,即合同价。

报价同施工预算虽然比较接近,但不同于施工预算。报价的费用组成和计算方法同概算、预算类似,但其编制体系和要求均不同于概算、预算。尤其目前招投标工作中,一般采用单价合同,因而使报价时的费用分摊与概算、预算的费用计算方式有很大差别。总的看来,报价和概算、预算的差别主要体现在两个方面:一是概算、预算文件必须按国家有关规定进行编制,尤其是各费用的计算,但投标报价只能参考编制办法的规定,必须根据施工企业、项目实际和工程量清单的规定灵活确定,更能体现投标单位的实际水平;二是概算、预算经设计单位编制完成后,必须经建设单位或其主管部门等审查批准后才能作为造价管理的依据;而报价则可以根据投标单位对工程项目和招标文件的理解程度,对预算造价向下浮动,无须管理部门审核。因此,报价比概算、预算更复杂,也比概算、预算更灵活。

报价与招标控制价(标底)有极为密切的关系,招标控制价(标底)同概算、预算的性质很相近,编制方式也基本相同,都有较为严格的要求。报价则比招标控制价(标底)编制要灵活,虽然二者有很明显的差别,并且从不同角度来对同一工程的价值进行预测,计算结果很难完全相同,但又有极密切的相关关系。随着公路工程投资体制的进一步改革(如项目建设单位责任制和PPP(Public-Private-Pantnership)项目的推行),公路工程招投标制度的进一步完善和公路施工监理制度的推广,将会进一步加强和完善招标控制价(标底)与报价这两种测算工作。

(6)施工预算。

施工预算是施工单位对中标进行成本控制与成本核算的依据,也是施工单位进行劳动组织与安排,以及进行材料和机械管理的依据,对施工组织和施工生产有着极为重要的作用。

施工预算是指施工阶段,在施工图预算的控制下,施工单位根据施工图计算的分项工程量、施工定额、施工组织设计或分部分项工程施工过程的设计及其他有关技术资料,通过工料等实物消耗的分析,计算和确定完成一个工程项目或一个单位工程或其中的分部分项工程所需的人工、材料、机械台班消耗量及其他相应费用的经济文件。

(7)工程结算。

工程结算的主要内容包括货物结算、劳务供应结算、工程(费用)结算及其他货币资金的结算等。

工程费用结算又称为工程价款结算,是项目结算中最重要和最关键的部分,是项目结算的主体内容,占整个项目结算额的75%~80%。工程价款结算,一般以实际完成的工程量和有关合同单价以及施工过程中现场实际情况的变化资料(如工程变更通知,计日工使用记录等)计算当月应付的工程价款。施工单位将实际完成的工作内容、工程量填入各种报表,按月送交驻地监理工程师验收签认,然后向建设单位提交当月工程价款结算单。根据结算应付的工程价款,经总监理工程师签认支付证书,财务部门才能正式支付。实行FIDIC条款的合同,则明确规定了计量支付条款,对结算内容、结算方式、结算时间、结算程序给予了明确规定,一般是按月申报,期中支付,分段结算,最终结清。

(8)竣工决算。

竣工决算是指在工程项目完工后竣工验收阶段,由建设单位编制的工程项目从筹建到建成投产或使用的全部实际成本的技术经济文件。它是公路建设投资管理的重要环节,是公路工程竣工验收、交付使用的重要依据,也是进行公路建设项目财务总结,投资人对其实行监督的必要手段。其内容由文字说明和决算报表两部分组成。其中,文字说明主要包括:工程概况,设计概算和基本建设规划执行情况,各项技术经济指标完成情况,各项拨款(或贷款)使用情况,建设成本和投资效果的分析以及建设过程中的主要经验,存在的问题和解决意见等。

应当注意,施工单位往往也根据工程结算结果,编制单位工程竣工成本决算,核算单位工程的预算成本、实际成本和成本降低额。工程结算作为企业内部成本分析、反映经营效果、总结经验、提高经营管理水平的手段,与建设项目的竣工决算在概念上是不同的。

投资活动的进展顺序及相关工作内容和投资额测算的相互关系如图1-1所示。

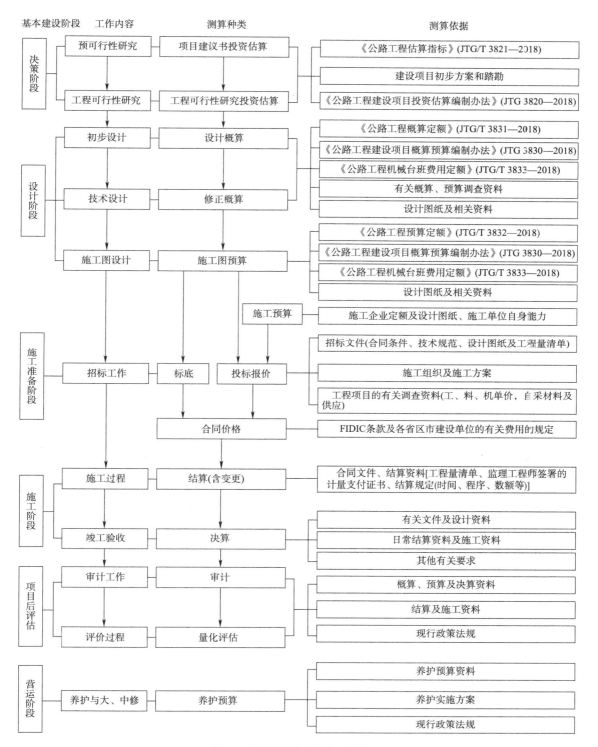

图1-1 投资进程与投资额测算关系

从图1-1可以看出,估算、概算、预算、标底、报价和结算以及决算都是以价值形态贯穿整个投资过程,从申请建设项目,确定和控制基本建设投资额,进行基本建设经济管理和施工单位进行经济核算,到最后以决算形成固定资产,这些构成了一个有机整体,缺一不可。因此,在一定意义上说,它们是基本建设投资活动的血液,也是联结参与项目建设活动各经济实体的纽带。申报项目要编投资估算,设计要编概算和施工图预算,招标要编控制价或标底,投标要编报价,施工前要编施工预算,施工过程中要进行结算,施工完成要编决算。就动态投资额来说,理论上要求决算不能超过预算,预算不能超过概算,概算则不能超出估算所允许的幅度范围,结算不能突破合同价的允许范围,合同价不能偏离报价与标底太多,而报价(指中标价)则不能超出标底的规定幅度范围,并且标底不允许超出概算。总之,各种测算环环相扣,紧密联系,共同对投资额进行有效测算和控制。

1.4 我国公路工程造价管理的历史沿革

随着我国社会经济的不断发展,公路工程造价管理也在不断发展和完善。

1958年,交通部在对公路工程定额进行测定的基础上制定了全国统一的《公路工程预算定额》,各省区市制定了地方性的《公路工程预算定额》或《公路工程施工定额》,基本解决了当时急需公路工程投资控制和造价管理的问题。

1971年,交通部根据我国当时公路工程技术标准、技术规范以及设计和施工图纸的变化,特别是在考虑了当时公路建设采用专业队伍与民工相结合的施工方式所对应的定额水平的前提下,对1964年和1958年的定额进行了综合调整,于1973年颁发了《公路工程概算定额》和《公路工程预算定额》。1983年,交通部颁发了《公路工程概算定额》和《公路工程预算定额》。

1992年,交通部以交工发〔1992〕65号通知发布《公路工程概算定额》和《公路工程预算定额》。此后,为适应国内建筑市场的需要,经过科学的测定,对1992年的公路工程概算、预算定额,机械台班费用定额,公路基本建设工程概算、预算编制办法进行了适当的调整和补充,于1996年颁布《公路工程机械台班费用定额》《公路基本建设工程概算预算编制办法》《公路工程概算定额》和《公路工程预算定额》基价表,同时颁布了《公路工程估算指标》和《公路基本建设工程投资估算编制办法》,与1992年的公路工程概算、预算定额同时施行。

2007年,交通部以〔2007〕第33号公告颁布了《公路工程概算定额》(JTG/T B06-01—2007)、《公路工程预算定额》(JTG/T B06-02—2007)、《公路工程机械台班费用定额》(JTG/T B06-03—2007)和《公路工程基本建设项目概算预算编制办法》(JTG B06—2007),自2008年1月1日起施行,与2011年颁布的《公路工程估算指标》(JTG/T M21—2011)和《公路基本建设工程投资估算编制办法》(JTG M20—2011)作为我国现行公路建设造价文件编制的依据和工具。2013年交通运输部组织对《公路工程基本建设项目概算预算编制办法》《概算、预算配套定额》及《公路养护工程预算编制导则》进行修订,于2018年12月18日发布,《公路工程建设项目投资估算编制办法》(JTG 3820—2018)、《公路工程建设项目概算预算编制办法》(JTG 3830—2018)作为公路工程行业标准,《公路工程估算指标》(JTG/T 3821—2018)、《公路工程概算定额》(JTG/T 3831—2018)、《公路工程预算定额》(JTG/T 3832—2018)、《公路工程机械台班费用定额》(JTG/T 3833—2018)作为公路工程行业推荐性标准。

1.5 实物量造价分析方法的定义与一般表达式

实物量造价分析方法是首先对拟分析造价的项目或预期产品进行合理的分项(对预期项目进行科学的认知和合理的表达),然后分析测算各分项的实物(人工、材料、机械台班等)和费用消耗,确定各实物当时当地的单价,再计算出各分项的实物金额和费率金额,最后汇总预期项目总造价的一种造价分析方法。

$$工程造价 = \sum_{项目}\sum_{子目}\sum_{定额}\sum_{实物}(量 \times 价 + 基数 \times 费率)$$

因此,对拟分析造价的工程项目有效地分项,对确定了的分项计算子目选择合适的定额或费用,对选择的定额中用到的实物资源合理地计算预算单价,对每一条定额或费用匹配最适宜的费率等是实物量造价分析方法的基本内容,也是公路工程概算、预算和计量、计价等造价工作的基本实践。

1.6 实物量造价分析方法的四个基本问题

实物量造价分析方法分析建设项目的造价要解决"干什么""怎么干""多少价"和"什么费"四个基本问题。

"干什么"是指根据要编制造价的建设项目的设计文件的设计图表、编制办法规定的分项标准形成建设项目造价的项目表,表示建设项目的工作内容及其分项层次,要求造价人员必须有扎实的专业知识。

"怎么干"是指根据建设项目的项目表工作内容及其分项层次和施工组织方案对每一分项进行组价,即套定额,项目表分项的工作内容必须和定额表组合的工作内容保持一致,因此要求造价人员既要熟悉本专业的施工技术,又要熟悉本专业的定额体系和内容。

"多少价"是指根据套定额分析出的实物资源确定其当时当地的预算单价,收集当时当地的相关文件和规定(如人工工资、运费和车船税标准等),并调查价格信息和运杂费方案等基础数据。

"什么费"是指取什么样的费率标准,由哪些费用组成,其费率的大小,编制概算、预算时按规定取费,而投标报价和编制标底则要根据建设项目的实际情况来灵活调整和确定。

实物量造价分析软件使用手册

【测一测】

校园内宽度为10.0m的三条水泥混凝土路面(编号分别为1、2、3号路),长度分别为300m、600m和900m,厚度分别为22cm、24cm和26cm,传力杆和拉杆的设置满足相关规范要求,如图 1-2、表 1-1 和表 1-2 所示。

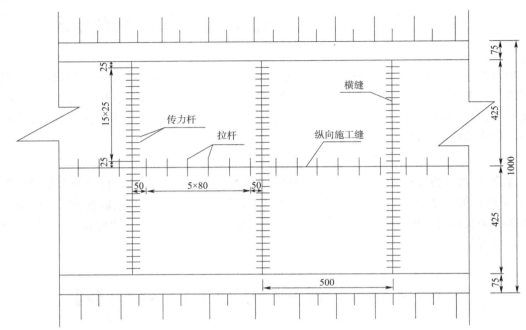

图 1-2　传力杆和拉杆的设置示意图(尺寸单位:cm)

不同间距对应的传力杆尺寸:直径×长度×间距(单位:mm)　　　　表 1-1

面层厚度 (mm)	到自由边或未设拉杆纵缝的距离(m)					
	3.00	3.50	3.75	4.50	6.00	7.50
200~250	14×700×900	14×700×800	14×700×700	14×700×600	14×700×500	14×700×400
260~300	16×800×900	16×800×800	16×800×700	16×800×600	16×800×500	16×800×400

拉杆直径、长度和间距(单位:mm)　　　　表 1-2

面层厚度	直径	最小长度	最大间距
220	28	400	300
240	30	400	300
260	32	450	300
280	35	450	300
300	38	500	300

(1)计算校园 1、2、3 号路传力杆和拉杆数量,与两位以上同学核对计算结果和计算过程,总结哪个计算方法更有效?

(2)列出校园 1、2、3 号路可能的全部分项,并说明每一种分项的管理目标是什么?

(3)熟记《公路工程预算定额》(JTG/T 3832—2018)定额表名称,讨论公路工程各构筑物的主要施工方法。

(4)列式计算《公路工程预算定额》(JTG/T 3832—2018)定额中表 2-2-17 水泥混凝土路面中人工、材料和机械台班的预算单价,材料原价取定额基价、材料运距取学号的后两位,其他参数取造价软件中云南运杂费模板参数。

(5)比较"构筑物Ⅲ"和"构筑物Ⅰ"两个费率的大小和两个工程类别计算结果的差别。

(6)应用造价分析软件快速计算大学城12个校区的校园1、2、3号路(假设工程量相同)的施工图预算。

【本章小结】

公路工程项目具有规模庞大、复杂多样、整体难分和不能移动的特征,其生产和施工还具有流动性、单件性、生产周期长、受气候影响大等特点。

公路工程项目具有公共产品和准公共产品的特性,外部性和自然垄断性是其主要的经济属性。与国防和外交一样,国家应提供足够的公路工程项目和服务以满足国民生产生活的需要,并对其进行严格的监督和管理。

公路工程项目应当按照国家规定的基本建设程序和有关规定进行,基本建设程序分为决策阶段(包括预可行性研究和工程可行性研究两个环节)、设计阶段(包括初步设计、技术设计和施工图设计三个环节)、施工阶段(包括施工准备、施工管理、交竣工验收等环节)和营运阶段(包括后评价及审计、营运管理和维修养护等环节)四个阶段和十一个环节,每个环节都应对项目造价和投资额进行测算,形成了投资估算、设计概算、修正概算、施工图预算、工程量清单预算、中标价(控制价、投标报价)、施工预算、结算和决算等测算方式和经济文件,并由此构成了建设项目投资额的测算体系。

实物量造价分析方法是首先对拟分析造价的项目或预期产品进行合理的分项(即对预期项目科学的认知和合理的表达),然后分析测算各分项的实物(人工、材料、机械台班等)和费用消耗,确定各实物当时当地的单价,再计算出各分项的实物金额和费率金额,最后汇总预期项目总造价的一种造价分析方法。

【思考题】

1. 什么是工程造价?
2. 什么是投资和投资额?公路工程项目各阶段有哪些投资额?
3. 如何管理与控制公路工程项目的投资?
4. 什么是公路工程基本建设程序?有哪些阶段和具体环节?
5. 简述实物量造价分析方法的定义、一般表达式和基本问题。

第 2 章 分　项

分项是对具体项目科学的认知和合理的表达,宏观方面通常从公路工程的管理形态和实物形态两方面来考虑分项的组成。公路工程的管理形态主要有投资控制、造价管理和项目成本核算等;公路工程的实物形态由许多部分组成。基本建设工程可依次划分为基本建设项目、单项工程、单位工程、分部工程和分项工程等。

(1)基本建设项目。

每项基本建设工程就是一个建设项目。建设项目一般应有总体设计,经济上实行独立核算,行政上具有独立组织形式的建设单位或法人。在我国基本建设工作中,通常以一个企业、事业单位,或一个独立工程作为一个建设项目,如一条公路、一条铁路、一个港口,工业建设方面的一个矿井等。

(2)单项工程。

单项工程是具有独立的设计文件,竣工后可以独立发挥生产能力或效益的工程,如某公路建设项目中的一个合同段或某独立大、中桥梁工程,某隧道工程等,它是建设项目的组成部分。一个建设项目,可以是一个单项工程,也可包括许多单项工程。

(3)单位工程。

单位工程是单项工程的组成部分,一般指不能独立发挥生产能力(或效益),但具有独立施工条件的工程。如隧道单项工程可分为土建工程、照明和通风工程等单位工程;一条公路或一个合同段可分为路线工程、桥涵工程等单位工程。

(4)分部工程。

分部工程是单位工程的组成部分,一般是按照单位工程的各个部位划分的,例如基础工程,桥梁上、下部工程,路面工程,路基工程等。

(5)分项工程。

分项工程是分部工程的组成部分,是按照工程的不同结构、不同材料和不同施工方法等因素划分的。如基础工程可划分为围堰、挖基、基础砌筑、回填等分项工程。分项工程的独立存在是没有意义的,它只是建筑或安装工程的一种基本的构成因素,是为了确定建筑及设备安装工程造价而区分的一种构成产品。从定额管理的视角看,依据动素分析法,分项工程还可以细分为工序、动作和动素等。

编制预期项目造价时,是根据预期项目的设计图表、各专业分项表和相关的造价编制规则和地方规定来合理地分项,因此,实物量造价分析方法的分项既有专业特点,也有地方特色和项目特性及时代特征。

各项目根据不同的管理目的和管理视角会有不同的项目表,现行典型的公路工程项目表主要有:公路工程项目造价费用组成(概算、预算总金额)项目表,施工定额项目表,预算定额项目表,概算定额项目表,估算指标项目表,概算、预算项目表,估算项目表,工程量清单和质量评定项目表等。

建立分项表视频

2.1 公路工程项目造价费用组成

公路工程项目造价费用组成即概算、预算总金额的具体组成,是和公路工程基本建设的管理水平和施工技术水平等相适应的,反映了当时的生产关系和生产力水平,具有很强的时代特征。我国几个公路工程基本建设概算、预算编制办法规定的费用组成的纵向比较结果,可以清楚地看出其内容的变化历程(图2-1~图2-7)。

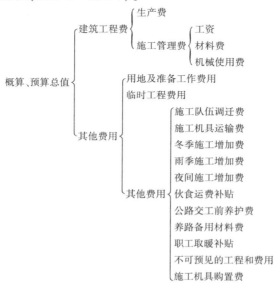

图2-1 〔73〕交公路字709号通知公布的概算、预算总金额的费用组成

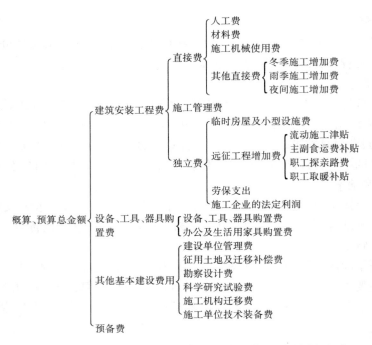

图 2-2 〔82〕交公路字 713 号通知公布的概算、预算总金额的费用组成

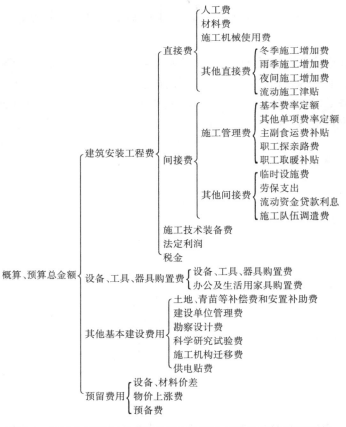

图 2-3 〔87〕交公路字 250 号通知公布的概算、预算总金额的费用组成

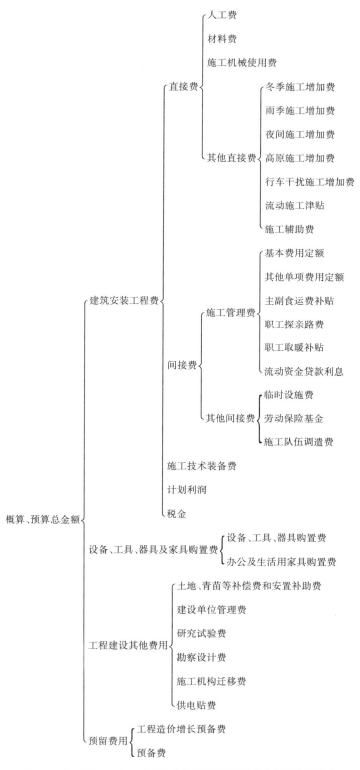

图 2-4　交工发〔1992〕65 号通知公布的概算、预算总金额的费用组成

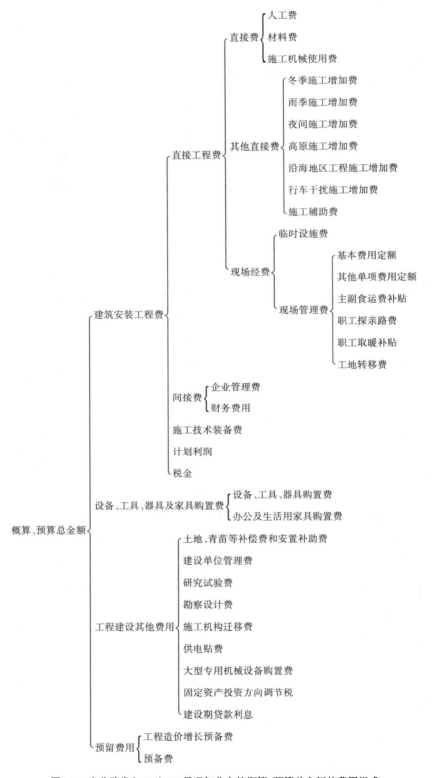

图 2-5 交公路发〔1996〕612 号通知公布的概算、预算总金额的费用组成

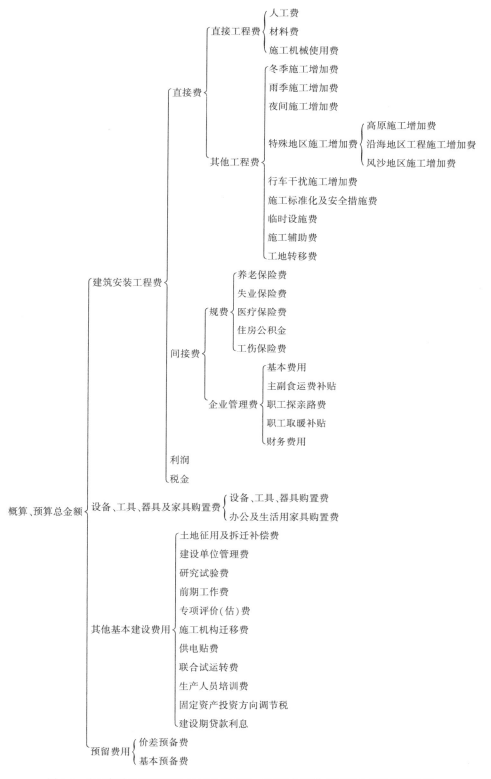

图 2-6　交通部公告〔2007〕33 号（JTG/T B06—2007）中概算、预算总金额的费用组成

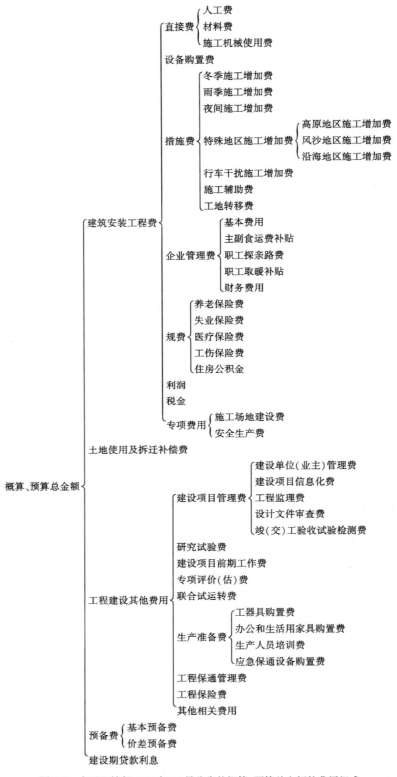

图 2-7　交通运输部 2018 年 86 号公告的概算、预算总金额的费用组成

由上面列出的历次概算、预算编制办法规定的概算、预算总金额的费用组成可以清楚地看出：2018年之前的概算、预算费用中的静态投资是由建筑安装工程费，设备、工具、器具及家具购置费，其他基本建设费用三部分费用组成的，动态投资在静态投资的基础上考虑了预留费用（包括价差预备费和基本预备费）。2018年的概算、预算编制办法则把设备费并入建筑安装工程费中计算，工具、器具及家具购置费则并入其他基本建设费用的生产准备费中计算，土地征用及拆迁补偿费和建设期贷款利息则从其他基本建设费用中单列出来。

概算、预算总金额的费用组成是通过概算、预算项目表具体体现的，包含了实体形态，即分部分项的工程分项和费用分项两类分项，具体内容见概算、预算项目表。

2.2 公路工程概算、预算项目表

《公路工程建设项目概算预算编制办法》(JTG 3830—2018)分项编号采用部分、项、子项、目、子目、节、细目、微细目8个层次，并将路基、路面、涵洞、桥梁、隧道、安全设施、绿化及环境保护工程等专业分项模块化，使用时直接引用相应模块；比传统概算、预算项目的部分、项、目、节分项层次多出了四个层次，是为了满足公路工程项目专业化和精细化管理需要，尽量和招标及管理的工程量清单接轨，但也为概算、预算分项编制增加了不少的工作量。

概算、预算项目的分项应按编制办法规定的项目表的序列及内容编制，如实际出现的工程和费用项目与项目表的内容不完全相符时，第一、二、三部分和"项"的序号应保留不变，"目""节"可随需要增减，并按项目表的顺序以实际出现的"目""节"依次排列，不保留缺少的"目""节"的序号。如第二部分，设备、工具、器具购置费在该项工程中不发生时，第三部分工程建设其他费用仍为第三部分，同样，路线工程第一部分第五项为隧道工程，第六项为其他工程及沿线设施，若路线中无隧道工程项目，但其序号仍保留，其他工程及沿线设施仍为第六项。但如"目"或"节"发生这种情况时，可依次递补改变序号。路线建设项目中的互通式立体交叉、辅道、支线，如工程规模较大时，也可按概算、预算项目表单独编制建筑安装工程，然后将其概算、预算建安工程总金额列入路线的总概算、预算表中相应的项目。1996年及以前的概算、预算编制办法把路线工程和独立桥梁工程分列概算、预算项目表，2007年及以后的概算、预算编制办法则把路线工程和独立桥梁工程统一为一个概算、预算项目表。

1996年概算、预算编制办法中路线工程概算、预算项目主要包括以下内容：

第一部分　建筑安装工程
 第一项　路基工程
 第二项　路面工程
 第三项　桥梁涵洞工程
 第四项　交叉工程
 第五项　隧道工程
 第六项　其他工程及沿线设施
 第七项　临时工程
 第八项　管理、养护及服务房屋
 第九项　施工技术装备费

第十项　计划利润
　　第十一项　税金
第二部分　设备及工具、器具购置费
第三部分　工程建设其他费用
1996 年概算、预算编制办法中独立桥梁工程概算、预算项目主要包括以下内容：
第一部分　建筑安装工程
　　第一项　桥头引道
　　第二项　基础
　　第三项　下部构造
　　第四项　上部构造
　　第五项　沿线构造
　　第六项　调治及其他工程
　　第七项　临时工程
　　第八项　施工技术装备费
　　第九项　计划利润
　　第十项　税金
第二部分　设备及工具、器具购置费
第三部分　工程建设其他费用
2007 年概算、预算编制办法中概算、预算项目主要包括以下内容：
第一部分　建筑安装工程费
　　第一项　临时工程
　　第二项　路基工程
　　第三项　路面工程
　　第四项　桥梁涵洞工程
　　第五项　交叉工程
　　第六项　隧道工程
　　第七项　公路设施及预埋管线工程
　　第八项　绿化及环境保护工程
　　第九项　管理、养护及服务房屋
第二部分　设备及工具、器具购置费
第三部分　工程建设其他费用
2018 年概算、预算编制办法中概算、预算项目主要包括以下内容：
第一部分　建筑安装工程费
　　第一项　临时工程
　　第二项　路基工程
　　第三项　路面工程
　　第四项　桥梁涵洞工程
　　第五项　隧道工程
　　第六项　交叉工程

第七项　交通工程及沿线设施
　　第八项　绿化及环境保护工程
　　第九项　其他工程
　　第十项　专项费用
　　　　　　1. 施工场地建设费
　　　　　　2. 安全生产费
第二部分　土地征用及拆迁补偿费
第三部分　工程建设其他费
第四部分　预备费
第五部分　建设期贷款利息

2.3　公路工程工程量清单

　　工程量清单是一份与技术规范相对应的文件，是单价合同的产物，详细说明了技术规范中各工程项目的数量、价格及工程内容，是招标文件和合同文件的组成部分，是一份将设计图纸及规格说明书和技术规范等要求化为一系列施工项目及工程数量的文件。

　　工程量清单是工程项目施工管理的核心内容，是工程项目工程量和施工实物量的科学分解与具体表现，设计文件、合同文件及技术规范是对工程项目实施的明确规定，都是为工程量清单服务的。

　　工程量清单有以下特点：

　　(1) 工程量清单是招标投标的产物，是招标文件和合同文件（特别是单价合同）的重要组成部分。

　　(2) 工程量清单必须和招标文件的技术规范、图纸相一致，图纸上要完成的工程内容和细目应该在工程量清单中反映出来。

　　(3) 工程量清单各章编号应和技术规范相应章次编号相对应，工程量清单中各章的工程细目应与技术规范相应章次的计量与支付条款结合起来理解。如招标文件的技术规范中没有计量与支付的说明时，则需在工程量清单中增加各工程细目的工作范围和内容及计量与支付的说明。

　　(4) 工程量清单的工程细目与预算定额的工程项目有些是规定相同，有些是名称相同但内涵不同，有些则是预算定额没有的（如第100章总则中的有些细目），计量方法与国内概算、预算定额的规定也有一定差异，具体应用时要特别注意。

　　(5) 工程量清单中所列的工程数量是预计数量，只能作为投标的共同基础，不作为最终结算与支付的依据，结算和支付应以监理工程师认可的、按技术规范要求完成的实际工程数量为依据。

　　(6) 工程量清单中有标价的单价或总额包括工、料、机、管理、缺陷修复、税收等全部费用，以及合同明示或暗示的所有责任、义务和风险。

　　(7) 在合同履行过程中，标有单价的工程量清单是办理结算进而确定工程造价建筑安装工程费的依据。

我国《建设工程工程量清单计价规范》是根据《中华人民共和国建筑法》《中华人民共和国合同法》《中华人民共和国招标投标法》等法律以及最高人民法院《关于审理建设工程施工合同纠纷案件适用法律问题的解释》（法释200414号），按照我国工程造价管理改革的总体目标，本着国家宏观调控、市场竞争形成价格的原则制定的。

目前执行的《建设工程工程量清单计价规范》（GB 50500—2013）总结了《建设工程工程量清单计价规范》（GB 50500—2008）实施以来的经验，针对执行中存在的问题，特别是清理拖欠工程款工作中普遍反映的，在工程实施阶段中有关工程价款调整、支付、结算等方面缺乏依据的问题，主要修订了原规范正文中不尽合理、可操作性不强的条款及表格格式，特别增加了采用工程量清单计价如何编制工程量清单和招标控制价、投标报价、合同价款约定以及工程计量与价款支付、工程价款调整、索赔、竣工结算、工程计价争议处理等内容，并增加了条文说明。

建设工程招标工程量清单包括一般规定、分部分项工程、措施项目、其他项目、规费、税金等六部分内容，《建设工程工程量清单计价规范》（GB 50500—2013）附录A、附录B、附录C、附录D、附录E、附录F应作为编制工程量清单的依据，分别适用于工业与民用建筑物和构筑物工程、工业与民用建筑物和构筑物的装饰装修工程、工业与民用安装工程、城市市政建设工程、园林绿化工程、矿山工程等不同的专业。

工程量清单作为工程项目实施和施工管理的核心，是为工程项目招标和投标提供统一的初始工程量，提供合同中关于工程量的足够信息，以使投标单位能有效而精确地编制投标文件；是为工程项目的财务控制提供依据，标有单价的工程量清单是办理中期支付和结算的依据；是项目实施中各种资源的载体，工程量清单不仅有量也有价，还是带资源消耗的，在工程项目实施和计划时，建立的分部分段的工程量台账也是隐含资源消耗的，为工程项目实施的资源控制提供了方便的条件。

工程量清单的标准化必须遵循"系统、概括、可行、风险共担"的原则。工程量清单不仅要与技术规范、设计文件及合同条件保持一致性，而且要完整地反映工程项目的全部工作内容；工程细目的划分要大小适中，善于概括，便于计量与支付；工程量清单既要便于合同管理及处理工程变更，又要保持合同的公平性。

构建公路工程工程量清单标准库，大量技术人员和造价人员就可以从烦琐的重复劳动中解放出来，把更多的精力投入方案比选和项目管理中；工程量清单的标准化是公路界同仁共同努力的结果和智慧的结晶，可以避免因工程量清单失误带来的索赔等损失；工程量清单的标准化使造价资源的积累更加有效，不仅能加强横向比较，而且能加强纵向比较。

招标项目的工程量清单是对招标人和投标人都有约束力的重要文件，是招标投标活动的依据。能否编制出完整、严谨的工程量清单，直接影响招标的质量，也是招标成败的关键。因此，在招标准备阶段，必须聘请具有编制工程量清单能力的造价师或具有相应资质的公司编制工程量清单。由于不同项目的工程量清单对分部分项工程的划分以及各分部分项工程所包含的内容可能不完全相同，因此在每一个分部分项工程工程量计算时，要详细说明该分项所包含的项目、工作内容和质量要求，只有这样才能避免漏项、缺项和重复计算。招标项目的工程量清单编制应遵循下列原则：

（1）系统、概括、可行和风险共担的原则。编制工程量清单的工作是一项枯燥烦琐且花费时间长的工作，需要计算人员耐心细致，一丝不苟，努力将误差减小到最低限度。首先应熟悉和读懂设计图纸及说明，以工程所在地范本的工程量计算规则为依据，结合工程现场情况，考虑市场上常用的合理的施工方法和施工机械,分部分项地逐一计算。

(2)全面、真实、准确的原则。编制人员要有良好的职业道德,要站在客观公正的立场上,兼顾建设单位和施工单位双方的利益,严格依据设计图纸和资料,按现行的范本和有关文件以及国家制定的技术规程和规范进行编制,避免人为地提高或压低工程量,以保证工程量清单的客观公正性。

(3)认真复核的原则。工程量清单编制完成后必须进行全面复核,常用的复核方法有:技术经济指标复核法、相关工程量之间的关系复核法及按主要要素和施工工序复核法等。同时,应实行编制人员内部交叉复核,最后审核的制度,确保工程量清单符合实际,科学合理。

公路工程工程量清单的内容包括:第100章总则,第200章路基工程,第300章路面工程,第400章桥梁、涵洞工程,第500章隧道工程,第600章安全设施及预埋管线工程,第700章绿化及环境保护设施工程,第800~1300章管理房屋、机电等内容,具体内容如下:

第100章总则,包括通则、工程管理、临时工程与设施和承包人驻地建设的内容,其计量支付子目均不构成永久工程,是将工程管理特别重要的内容单列出来计量与支付,每一个子目应以相应的合同内容、施工组织设计和项目管理的实际情况为依据进行细致的分析,来确定其工程量或金额。

第200章路基工程,其工作内容包括路基土石方工程、排水工程及路基防护工程的施工及其有关的作业,其中,路基土石方工程包括填方路基、挖方路基和特殊路基处理及其有关的作业;排水工程包括坡面排水的施工及其有关的作业;路基防护工程包括石砌护坡、护面墙、挡土墙、抗滑桩、河道防护及锥坡和其他防护工程的砌筑。

第300章路面工程,其工作内容包括在已完成并经监理工程师验收合格的路基上铺筑各种垫层、底基层、基层和面层;路面及中央分隔带排水施工;培土路肩、中央分隔带回填及路缘石设置,以及修筑路面附属设施等有关的作业。

第400章桥梁、涵洞工程,其工作内容包括桥梁、涵洞及其附属结构物的施工。

第500章隧道工程,其工作内容包括隧道的施工准备、洞口与明洞工程、洞身开挖、洞身衬砌、防水与排水、风水电作业及通风防尘、监控量测、特殊地质地段施工与地质预报等,以及其他有关工程的施工作业。

第600章安全设施及预埋管线工程,其工作内容包括护栏、隔离栅、道路交通标志、道路交通标线、防眩设施、通信管道及电力管道、预埋(预留)基础、收费设施和地下通道等的施工及有关作业。

第700章绿化及环境保护设施工程,其工作内容为公路沿线及附属结构地域内,为净化空气、减小噪声、防止水土流失、美化环境等所增设的必要设施的施工及其管理等的有关作业。

第800~1300章为管理房屋、机电等内容。

一份完整的公路工程工程量清单由工程量清单说明、工程量清单表、工程量清单子目表、计日工表、暂估价表、投标报价汇总表等组成。

2.4 公路工程项目设计图表

要准确确定公路工程项目各分项的工程量,必须经过科学的公路工程勘测与设计,绘制一整套设计图表。《公路工程基本建设项目设计文件编制办法》也经历了1973年试行版本、1987年版本、交公路发〔1995〕1036号和交公路发〔2007〕358号等几个版本。

公路勘测设计指具体完成一条公路所进行的外业勘测和内业设计的全部工作。由于涉及面广、影响因素多,必须经历一个"调查研究范围由大到小、工作深度由浅到深"的过程,按照公路的使用性质、技术等级和建设规模,通常分成一阶段、两阶段或三阶段。

一阶段设计适用于技术简单、方案明确的小型建设项目,也称为一阶段施工图设计。一阶段施工图设计采用一次定测,即不经过初测和初步设计,按照工程可行性研究报告所确定的修建原则和路线走向方案,在现场进行局部的方案比选与优化,及时完成纵断面设计、横断面设计以及桥涵、防护工程等的布置,以便及时综合检查和修改。对地形十分复杂、现场定线十分困难的地段,也可先测导线、测绘地形图进行纸上定线后再实地放线。

绝大部分公路设计采用两阶段设计,包括初测、初步设计、设计概算,定测、施工图设计、施工图预算等勘测设计过程。初步设计根据批复的可行性研究报告和初测资料编制;施工图设计根据批复的初步设计和定测资料编制。

对于技术复杂、基础资料缺乏的建设项目或建设项目中的特大桥、互通式立体交叉、隧道、高速公路和一级公路的交通工程及沿线设计中的机电设备等,必要时采用三阶段设计,即初测、初步设计、设计概算,定测、技术设计、修正概算,补充定测、施工图设计、施工图预算。技术设计应根据批复的初步设计和定测、详勘资料进行编制;施工图设计应根据批复的技术设计和补充定测、补充详勘资料进行编制。

初步设计阶段的主要目的是确定设计方案,明确各设计方案公路工程项目的实体(材料)的工程量及投资概算,即根据批复的可行性研究报告,拟定修建原则,选定设计方案,计算工程数量及主要材料数量,提出施工方案的意见,编制设计概算,提供文字说明及图表资料。

初步设计文件经审查批复后,可以为计划采购的主要材料、机具、设备,安排重大科研试验项目,联系征用土地、拆迁,施工准备,编制施工图设计文件和控制建设项目投资等提供基础依据。采用三阶段设计时,经审查批复的初步设计也是编制技术设计文件的依据。

初步设计在选定方案时,应对路线的走向、控制点和方案进行现场核查,征求沿线地方人民政府和建设单位的意见,基本落实路线布置方案,一般应先进行纸上定线,再赴实地核对,落实并放出必要的控制线位桩。对复杂困难地段的路线、互通式立体交叉、隧道、特大桥、大桥的位置等,一般应选择两个或两个以上的方案进行同深度、同精度的测设工作和方案比选,提出技术先进、投资省、效益好的推荐方案,在满足功能要求的前提下,比较具体项目的造价。

施工图设计(或一阶段设计)是在两阶段初步设计(或三阶段技术设计)的基础上,根据批复意见,进一步对所审定的修建原则、设计方案、技术决定加以具体和深化,最终确定各项施工项目明细的工程数量,提出文字说明和适应施工需要的图表资料以及施工组织计划,并编制施工图预算。

《公路工程基本建设项目设计文件编制办法》和《公路工程基本建设项目设计文件图表示例》对初步设计、技术设计和施工图设计进行了具体的规定,包括以下内容:

第一篇 总体设计
第二篇 路线

第三篇　路基、路面
第四篇　桥梁、涵洞
第五篇　隧道
第六篇　路线交叉
第七篇　交通工程及沿线设施
第八篇　环境保护与景观设计
第九篇　其他工程
第十篇　筑路材料
第十一篇　施工方案
第十二篇　设计概算或施工图预算
附件　基础资料

下面以施工图设计图表为例说明公路工程概算、预算和计量、计价应熟悉和掌握的设计图表的工程内容。

1）施工图设计应完成的内容以及与分项计量、计价相关的主要工程内容

(1)确定路线具体位置,即要确定从起点到终点唯一的首尾相接的路线方案。

(2)确定路基标准横断面和高填深挖路基、特殊路基横断面,绘制路基超高、加宽设计图;计算土石方数量并进行调配;确定路基取土、弃土的位置,绘制取土坑、弃土场设计图;提供精确确定路基土石方即挖方和填方等实体(材料)分项数量的设计图表。

(3)确定路基路面排水系统和支挡、防护工程的结构类型及尺寸,绘制相应布置图和结构设计图;提供能精确确定排水和防护等结构的圬工砌体和混凝土及钢材等实体(材料)分项数量的设计图表。

(4)确定高填深挖、陡坡路堤及特殊路基设计的结构形式及尺寸,并绘制设计图。

(5)确定各路段的路面结构类型、路面混合料类型,并绘制路面结构图;提供能够精确确定路面结构的水泥混凝土、沥青混凝土、混合料等实体(材料)分项数量的设计图表。

(6)确定特大、大、中桥的位置、孔数及孔径、结构类型及各部尺寸,绘制结构设计图;提供能够精确确定桥梁结构的基础挖方、混凝土、钢材等实体(材料)分项数量的设计图表。

(7)确定小桥、涵洞、漫水桥及过水路面等的位置,孔数及孔径,结构类型及各部尺寸,绘制布置图。特殊设计的,应绘制特殊设计详图;提供能够精确确定桥梁和涵洞等结构的基础挖方、混凝土、钢材等实体(材料)分项数量的设计图表。

(8)确定隧道及其附属设施的形式及尺寸,绘制布置图和设计详图;提供能够精确确定隧道的挖方、混凝土、钢材等实体(材料)分项数量的设计图表。

(9)确定路线交叉形式、结构类型及各部尺寸,绘制布置图和设计详图;提供能够精确确定交叉工程的土石方、混凝土、钢材等实体(材料)分项数量的设计图表。

(10)确定交通工程及沿线设施的各项工程的位置、类型及各部尺寸,绘制布置图和设计详图;提供能够精确确定交通工程的基础挖方、混凝土、钢材等土建实体(材料)分项和机电分项数量的设计图表。

(11)确定改(扩)建工程施工期间的交通组织设计详图。

(12)确定环境保护与景观工程的位置、类型及数量,绘制布置图和设计详图;提供能够精确确定绿化工程的基坑挖方、各品种绿化自然体等实体(材料)分项数量的设计图表。

(13)确定改路、改渠(河)等其他工程的位置、结构形式及尺寸,绘制相应的布置图和设计详图;提供能够精确确定改路、改渠(河)等的土石方、混凝土、钢材等实体(材料)分项数量的设计图表。

(14)落实沿线筑路材料的质量、储藏量、供应量及运距,绘制筑路材料运输示意图。

(15)确定征用土地、拆迁建筑物及电力、电信等的数量。

(16)计算各项工程数量;统计计算实体工程量分项、工作工程量和工序工程量等不同层次分项的工程数量。

(17)提出施工组织计划。

(18)提出人工数量及主要材料、机具、设备的规格及数量。

(19)编制施工图预算。

2)施工图设计文件第一篇总体设计的主要内容

(1)项目地理位置图。

项目地理位置图示出了路线在省级以上交通网络图中及沿线主要城镇等的概略位置,既是确定分项数量和分析价格的宏观依据,也是可行性研究、初步设计和施工图设计等不同设计阶段都必须有的共性内容。

(2)施工图设计总说明。

①扼要说明任务依据及测设经过。

②技术标准的使用情况。

③路线起讫点、中间控制点、全长、沿线主要城镇、河流、公路及铁路等及技术标准、工程概况。

④初步设计批复意见执行情况及初步设计(或技术设计)所拟定的修建原则、设计方案、技术决定等的变更依据及理由。

⑤沿线地形、地质、地震、气候、水文等自然地理特征及其与公路建设的关系。

⑥沿线筑路材料、水、电等建设条件及与公路建设的关系。

⑦与周围环境和自然景观相协调情况。

⑧山区公路复杂路段局部路线方案的优化及比选论证情况。

⑨分期修建工程分期实施设计的说明和对工程实施的建议。

⑩各项工程施工的总体实施步骤的建议和有关工序衔接等技术问题的说明以及有关注意事项。

⑪新技术、新材料、新设备、新工艺的采用等情况。

⑫与有关部门协商情况。

施工图设计总说明书是对公路工程项目施工和管理的各种影响因素进行全面的说明和详细的交底。编制其概算、预算等造价文件和计量计价前必须全面阅读和理解总说明书的每一项内容,做到心中有数,具体应用时,要反复核实,多方论证,确保其合理性。

(3)路线平、纵面缩图。

初步设计平面缩图示出了路线(包括比较方案)起讫点、5km(或10km)桩标注、控制点、地形、主要城镇与其他交通路线的关系以及县以上境界。简明示出特大桥、大桥、隧道、主要路线交叉、主要沿线设施等的位置和形式(对制约路线方案的不良地质、滞洪区、文物古迹、城镇规划、风景区等的分布范围,必要时可着色,醒目示出其分布),这是建设项目的大环境,是影响建设项目造价的宏观因素。

纵断面缩图一般绘于平面缩图之下,必要时也可单独绘制,简明示出主要公路、铁路、河流、特大桥、大桥、隧道及主要路线交叉等的位置、名称与高程,标注设计高程。

施工图设计平面缩图相对于初步设计增加了标段划分的桩号与合同段的名称,不绘路线比较方案。

(4)施工图设计主要技术经济指标表。

主要技术经济指标表包括实体(材料)分项经济指标表、公路总体设置一览表、路基和路面设置一览表、桥梁设置一览表、涵洞设置一览表、隧道设置一览表、交叉工程设置一览表、交通工程及沿线设施设置一览表、环境保护及景观工程设置一览表、其他工程设置一览表等,这些一览表方便分项工程量的统计和查询,也是公路平面总体设计图的具体体现。

(5)总体设计附件。

附件内容包括初步设计(或技术设计)批复意见、测设合同的必要内容、有关指示、协议和纪要等复印件。

(6)公路平面总体设计图。

设计图中示出了地形、地物、平面控制点、高程控制点、坐标网格、路线位置[桩号、断链、路中心线、中央分隔带、路基边线、坡脚(或坡顶)线、示坡线及曲线主要桩位]与其他交通路线的关系、沿线排水系统、改移河道(沟渠)及道路、县以上境界、用地界等,还标出了桥梁、涵洞、隧道、路线交叉及防护工程的位置(桥梁按孔数及孔径、长度标绘,注明桥名、结构类型、孔数及孔径、中心桩号;隧道是按长度标绘,注明了名称、长度、桩号;互通式立体交叉绘出了平面布置形式,注明了跨线桥名称、结构类型、孔数及孔径、交叉方式;平面交叉示出了平面形式;涵洞与通道是按孔数标绘,示出了结构类型、孔数及孔径,通道还注明了类别;防护工程注明了类型),示出了服务区、停车区、收费站等。对设置爬坡车道、应急车道、紧急停车带、公共汽车停车站的路段,示出了其设置位置及起讫点桩号。

公路平面总体设计图是体现公路工程项目全貌的核心资料,也是全面把握分项内容和工程量的核心依据。

3)施工图设计文件第二篇路线的主要内容

(1)路线的设计说明。

①初步设计(或技术设计)批复意见执行情况。

②路线平面、纵断面设计说明。

③施工注意事项。

(2)路线平面图。

平面图中示出了地形、地物、路线(初步设计绘制比较方案)位置及桩号、断链、平曲线主要桩位与其他交通路线的关系以及县以上境界等,标注了平面控制点和高程控制点及坐标网格和指北图式,示出了涵洞、桥梁、隧道、路线交叉(标明交叉方式和形式)位置、中心桩号、尺寸及结构类型等;还示意出主要改路、改渠等,列出了平曲线要素表,标注了地形图的坐标和高程体系以及中央子午线经度或投影轴经度。公路平面总体设计图是在路线平面图的基础上绘制的。

(3)路线纵断面图。

断面图中示出了网格线、高程、地面线、设计线、竖曲线及其要素、桥涵、隧道、路线交叉的位置[桥梁按桥型、孔数及孔径标绘,注明了桥名、结构类型、中心桩号、设计水位;跨线桥示出了交叉方式;隧道是按长度、高度标绘,注明名称;涵洞通道是按桩号及底高绘出,注明孔数及孔径、结构类型、水准点(位置、编号、高程)]及断链等;下部各栏示出了地质概况、填挖高度、地面高程、设计高程、坡长及坡度、直线及平曲线(包括缓和曲线)、超高、桩号。路线纵断面图是核实土石比例划分和桥梁下部及通涵等基础的地质情况的依据。

(4)直线、曲线及转角表。

该表列出了交点号、交点桩号、交点坐标、偏角、曲线各要素数值、曲线控制桩号、直线长、计算方位角或方向角、备注路线起讫点桩号、坐标系统等。

(5)纵坡、竖曲线表。

该表列出了变坡号、变坡桩号、偏角、曲线各要素数值、曲线控制桩号、直线长等。

(6)总里程及断链桩号表。

该表列出了总里程、测量桩号、断链桩号断链(增长、减短)、断链累计(长链、短链)、换算连续里程等。

(7)公路用地表。

该表列出了用地起讫桩号、长度、宽度、所属县、乡、村、土地类别及数量等,是征地、拆迁管理的直接依据。

(8)公路用地图。

该图示出了路线用地界线(变宽点处注明前后用地宽度及里程桩号)、土地类别、分界桩号及地表附着物,土地所属县、乡等;高速公路、一级公路在用地范围以外还应标出建筑红线。

(9)赔偿树木、青苗表。

该表列出了桩号、位置、所有者、树木、青苗类别及数量等,是进行拆迁补偿管理的直接依据。

(10)砍树挖根数量表。

该表列出了桩号、长度、宽度以及除草、砍灌木林、砍树挖根、挖竹根的数量等[也可与耕地填前夯(压)实数量表、挖淤泥排水数量表放在一起列入路基工程中],是清场分项数量统计的依据。

(11)拆迁建筑物表。

该表列出了建筑物所在路线的桩号、距路中心线的距离(左右)、所属单位(或个人)、建筑物的种类及数量等,是拆迁补偿和清场分项数量统计的依据。

(12)拆迁电力、电信设施表。

该表列出了各项设施所在桩号、交叉角度、所属单位、用途、拆迁长度、设备种类和数量等(需要时应根据电压进行分类合计)。

(13)纸上移线图。

在编制三、四级公路施工图设计文件时,如发现路线有局部修改需作纸上移线的应绘本图。

(14)路线逐桩坐标表。

高速公路、一级公路列出桩号、纵、横坐标等,并注明坐标系统及中央子午线经度或投影轴经度。

(15)控制测量成果表。

该表包括导线点成果表、水准点表。

导线点成果表,列出了导线点编号、点名、坐标、边长、方位角及高程等并注明坐标系统、高程系统及中央子午线经度或投影轴经度;水准点表,列出了水准点编号、高程、位置等。

(16)安全设施图表。

①区域路网交通标志布置图。

②安全设施工程数量汇总表。

③沿线标志、标线平面布置图。

④标志设置一览表。

⑤标线设置一览表。

⑥突起路标(路钮)设置一览表。

⑦护栏设置一览表。

⑧隔离栅设置一览表。

⑨轮廓标设置一览表。

⑩防眩板设置一览表。

⑪防落网设置一览表。

⑫诱导标设置一览表。

⑬标志版面布置图。

⑭单柱式标志一般构造图。

⑮双柱式标志一般构造图。

⑯单悬臂标志一般构造图。

⑰双悬臂标志一般构造图。

⑱门架式标志一般构造图。

⑲互通标志布设图。

⑳服务区(停车区)标志布设图。

㉑收费广场标志布设图。

㉒主线标线及导向箭头设计图。

㉓振荡标线设计图。

㉔减速标线设计图。

㉕出口标线设计图。

㉖入口标线设计图。

㉗突起路标一般布置图。

㉘互通式立体交叉区标线设计图。

㉙平面交叉口导流标线设计图。

㉚路侧波形梁护栏一般构造图。

㉛中央分隔带波形梁护栏结构设计图。

㉜护栏立柱及附件一般构造图。

㉝活动护栏一般构造图。

㉞分合流护栏一般布置图。

㉟混凝土护栏一般构造图。

㊱防眩板一般构造图。

㊲防撞设施构造图。

㊳减速垄设计图。

㊴焊接网隔离栅一般构造图。

㊵焊接网隔离栅安装设计图。

㊶刺铁丝隔离栅一般构造图。

㊷刺铁丝隔离栅安装设计图。

㊸防落网一般构造图。

㊹轮廓标一般构造图。

㊺栏式轮廓标设计图。

㊻界碑、百米牌及锥形路标一般构造图。

㊼里程牌一般构造图。

交通安全设施包括交通标志、标线、护栏、视线诱导设施、隔离栅、防落网、防眩设施、防风栅、防雪栅、防沙栅、积雪标杆等，应按具体的设计图表计算各分项数量。

4）施工图设计文件第三篇路基、路面的主要内容

（1）路基、路面设计说明。

①初步设计（或技术设计）批复意见执行情况。

②施工图标段（合同段）划分情况说明。

③路基设计原则、路基横断面布置及加宽、超高方案的说明。

④路基设计（包括高填深挖路基、特殊路基设计）、施工工艺、参数、材料要求等的说明（特殊处理的高填深挖路基、滑坡、崩塌、泥石流、采空区等大型特殊路基设计应按工点编制设计说明）。

⑤路基压实标准与压实度及填料强度要求的说明。

⑥路基支挡、加固及防护工程设计说明。

⑦路基、路面排水系统及其防护设计说明。

⑧取土、弃土设计方案，环保及节约用地措施。

⑨路面结构设计（主线、互通式立体交叉匝道、被交道路、收费站广场、桥面铺装、隧道路面等各种类型），材料要求、混合料要求、级配组成及施工要求等。

⑩路床顶面验收标准说明。

⑪施工方案及注意事项。

⑫动态设计及监控方案说明。

（2）路基、路面设计图表。

①路基设计表。

该表列出了平曲线要素、纵坡（坡度、坡长、变坡点桩号及高程）、竖曲线要素、桩号、地面高程、设计高程、填挖高度、路基宽度（原宽、加宽、加宽后总宽）、缓和长度、超高值（左、右）、路基边缘高程与设计高程之差（左、右）等。

高速公路、一级公路列出了平曲线要素、纵坡（坡度、坡长、变坡点桩号及高程）、竖曲线要素、桩号、地面高程、设计高程、填挖高度、路基宽度（中央分隔带、左右幅分别按行车带及路缘带、硬路肩、土路肩填列）、各点高程与设计高程之差（左、右幅分别按左侧路缘外缘、硬路肩外缘、土路肩外缘各点填列），并说明加宽、超高情况。

②边沟(排水沟)设计表。

高速公路、一级公路列出了桩号、地面高程、设计高程,并按左、右侧分别列出边沟或排水沟的形式及尺寸、沟中心至中桩的距离、沟底纵坡(设计资料、沟底高程、说明等)。

③路基标准横断面图。

该断面图示出了路中心线、行车道、拦水缘石(如果有)、路肩、路拱横坡、边坡、护坡道、边沟、碎落台、截水沟、用地界碑等各部分组成及其尺寸,路面宽度及概略结构。高速公路、一级公路按整体式路基、分离式路基分别绘制,还示出了中央分隔带、缘石(如果有)、左侧路缘带、硬路肩(含右侧路缘带)、护栏、隔离栅、预埋管道(如果有)等设置位置。

④一般路基设计图。

该图绘出了一般路堤、低填路堤(路基高度较小且需特殊处理)、路堑、半填半挖路基,陡坡路基、填石路基、半路半桥路基、悬出路台或半山洞路基(如果有)、水田内路堤及沿河(江)或水塘(库)等不同形式的代表性路基设计图,并分别示出了路基、边沟、碎落台、截水沟、护坡道、排水沟、边坡坡率、护脚墙、护肩、护坡、挡土墙等结构类型及防护加固结构形式且标注了主要尺寸。

⑤路基横断面设计图。

该图绘出了所有整桩、加桩的横断面图,示出加宽、超高、边坡及坡率(包括各分级边坡)、边沟、截水沟、碎落台、护坡道、边坡平台、路侧取土坑(如果有)、开挖台阶及视距台等,注明了用地界;绘出了挡土墙、护面墙、护脚、护肩、护岸、边坡加固、边沟(排水沟)及截水沟加固等,并注明了起讫桩号、防护类型及断面尺寸(另绘有防护工程设计图的只绘出示意图,注明起讫桩号和设计图编号);高速公路、一级公路还标出了设计高程、路基边缘高程、边沟(排水沟)底设计高程等。

⑥超高方式图。

该图分类型绘出了超高纵断面、缓和段代表性超高横断面,注明了主要尺寸、超高渐变率、横坡及超高值。

⑦隧道进出口过渡设计图。

该图绘出了连拱隧道、小净距隧道进出口段与路基段的中央分隔带宽度、行车道的位置、路基边坡设计及其防护工程的过渡平面图,标明了过渡段长度、方式及各部分尺寸。

⑧耕地填前夯(压)实数量表。

该表列出了夯(压)实段起讫桩号、长度、夯实面积等。

⑨挖淤泥排水数量表。

该表列出了一般地基路段挖淤泥桩号、长度、宽度、淤泥厚度、水深、挖淤泥及排水数量等,软土地基段计入特殊路基工程部分。

⑩高填深挖路基工程数量表。

该表分别列出了高填方路堤、深挖方路堑段起讫桩号、长度、路基中心最大填挖高度及最大边坡高度,地基、路基及边坡处理加固措施、工程及材料数量等。

⑪高填深挖路基设计图。

该图分别逐段绘出了高填方路堤、深挖方路堑段控制横断面及其断面布设、地基或边坡地质情况、填料种类及要求,地基处理、原地面处理及边坡处理或防护、排水措施等。对特殊处理高填深挖路基要求绘制工程平面图、立面图、逐桩及处理措施有变化的横断面图、支挡结构详细设计图等。

⑫低填浅挖路基处理工程数量表。

该表列出了低路堤开挖、回填土方数量及特殊处理的工程数量等。

⑬低填浅挖路基处理设计图。

该图示出了平原地区低填路基填筑中清表和填前夯实的厚度,并且按不同路基高度分别说明路基各层采用的填料种类、强度、是否改性及改性剂的类型和剂量等。

⑭桥头路基处理工程数量表。

该表分别列出了桥头路堤起讫桩号、处理措施及工程数量等。

⑮桥头路基处理设计图。

该图示出了桥头路基处理设计、具体尺寸及材料要求、施工注意事项等。

⑯陡坡路堤或填挖交界处理工程数量表。

该表列出了陡坡路堤或填挖交界处起讫桩号、设计处理措施及压实度要求、工程数量等。

⑰陡坡路堤或填挖交界处理设计图。

该图示出了陡坡路堤或填挖交界处路基处理详细设计图及施工注意事项等。

⑱特殊路基设计表。

该表列出了地基处理段落、处理方案、填土高度、填土控制速率、预压设计(包括预压高度、预压时间、预压期沉降、总沉降及工后沉降、预压期末高程)、桩(板)的间距、长度、桩径以及施工各阶段施工控制高程等。

⑲特殊路基设计工程数量表。

该表分别列出了软土、膨胀土、湿陷性黄土、盐渍土、多年冻土、岩溶等不良岩土以及滑坡、崩塌、泥石流、采空区病害地段等自然因素影响强烈的路基段的起讫桩号、位置、长度、宽度、处理方式或措施、工程及材料数量等。

⑳特殊路基设计图。

该图绘出了软土、膨胀土、湿陷性黄土、盐渍土、多年冻土、岩溶等不良岩土以及滑坡、崩塌、泥石流、采空区、病害地段或受水、气候等自然因素影响强烈的路基段的路基处理设计图,并标注了地质资料。滑坡等病害地段还绘制了工程平面图、地质断面图、主滑断面设计图等。

㉑特殊路基处理段地质纵断面图。

该图示出了工程地质纵断面,并描述了地质概况,给出了路基填土高度、地基处理方法及处理参数等。

㉒中间带设计图。

该图绘出了中央分隔带平面、断面设计图及路缘石大样图,示出了预埋管道及轮廓尺寸等,列出了每延米工程及材料数量表。

㉓中央分隔带开口设计图。

该图按类型分别绘出了平面布置图、中央分隔带渐变段断面图、开口处路面结构图、缘石大样图,列出了中央分隔带开口一览表、一个开口工程材料数量表及总数量表等。

㉔路基土石方数量表。

该表列出了桩号、断面积、平均断面积、挖方(包括挖路槽的总体积、土类、石类)、清表土方数量、填方(总体积、填土及填石分压实方和自然方)、本桩利用方、余方、欠方、远运利用方、调配示意、运量、借方(分土类、石类、运距、运量)、弃方(土、石、运距、运量)等。

㉕路基每公里土石方数量表。

该表列出了起讫桩号、长度、挖方(总体积、土类、石类)、清除表土、填方(总体积、填土及填石分压实方和自然方、本桩利用方、远运利用方、借方、弃方、总运量、计价土石方总数等)。并说明了表土的利用措施、平均运距、临时占地等。

㉖路基土石方运量统计表。

该表列出了起讫桩号、施工方法、人工施工土方、推土机施工土方、铲运机施工土方、挖土机配自卸汽车施工土方、人工施工石方、机械施工石方(人工清运)、机械施工石方(机械清运)、数量、平均运距等。

㉗取土坑(场)、弃土堆(场)一览表。

该表列出了取土或弃土地段起讫桩号、取土或弃土位置(路线左、右侧)、上下路桩号、支线长度、运距、取土坑(范围、土名、土类、击实试验结果、最大挖深、可取量、计划用量)、占用土地(永久或临时)、开挖方式及运输条件、弃土堆(土、石方数量、运距)、临时工程(便道、便桥等)、防护、排水、绿化、复垦工程数量,并列出了取土坑(场)、弃土堆表层种植土的数量,说明了表层种植土的利用措施。取土坑(场)或弃土堆(场)分别列表。

㉘取土坑(场)、弃土堆(场)设计图。

该图示出了地形、地物、位置、范围、运输道路、防护、排水、绿化及复垦的设计要求及平面、断面图等内容,以及现场实景照片及施工注意事项等。

㉙路基防护工程数量表。

该表列出了路基支挡、防护工程起讫桩号、工程名称、主要尺寸及说明、单位、数量(左、右)工程及材料数量等(包括护坡、挡土墙、护墙、护脚、护肩、边坡加固、驳岸、护岸、防水堤坝等)。

㉚路基支挡、防护工程设计图。

该图绘出了各项支挡、防护工程的立面、断面及详细结构设计图。按不同情况列出每延米或每处工程数量及材料数量表。挡土墙设计还绘制平、纵面图、逐桩及墙高变化处的横断面图、挡土墙断面大样图、挡土墙顶部护栏基础设计图,以及不同墙高对应的尺寸和每延米数量,并计列每处(段)工程及材料数量表。

㉛路面工程数量表。

该表列出了起讫桩号、长度、结构类型、各结构层次名称及厚度[分行车道、路肩加固计列,高速公路、一级公路分行车道、路缘带、硬路肩、中央分隔带(缘石、填土等)、爬坡车道、紧急停车带等计列]、培路肩等。

㉜路面结构图。

该图示出了自然区划、每个行车道交通量累计轴次、设计弯沉及土基回弹模量等设计参数,并分别示出了行车道、路肩加固以及隧道、桥面铺装、桥头路基的路面结构与厚度(高速公路、一级公路分行车道、路缘带、硬路肩、紧急停车带、爬坡车道、互通式立体交叉匝道、被交道路、收费站广场等)。绘出了路面边缘大样图,列出了单位(1000m^2)工程及材料数量表。

㉝水泥混凝土路面设计图。

该图绘出了水泥混凝土路面分块布置、接缝构造和补强设计及水泥混凝土路面和沥青路面过渡设计图等。

㉞平曲线上路面加宽表。

该表列出了平曲线交点(交点号、桩号)、半径、加宽宽度、圆曲线长度、缓和长度、加宽长度及面积等。

㉟路基、路面排水系统布置图。

一般公路排水系统困难地段应专门绘制本图,高速公路、一级公路绘在路线平面总体设计图内,根据排水详细设计。

㊱路基、路面排水工程数量表。

该表列出了起讫桩号、工程名称、单位、断面形式和主要尺寸说明、工程及材料数量(包括边沟、跌水井、排水沟、截水沟、盲沟、急流槽以及高速公路、一级公路中间带的纵向排水沟、集水井、横向排水管、拦水带及超高段路面排水等)。

㊲路基、路面排水工程设计图。

该图绘出了各项排水工程平面布置、立面、断面及结构设计图和有关大样图。列出了急流槽、集水井与横向排水管的设置位置及每延米或每处工程数量表。

5)施工图设计文件第四篇桥梁、涵洞的主要内容

(1)桥梁、涵洞设计说明。

①初步设计(或技术设计)批复意见执行情况。

②各特大、大、中桥的桥位、桥型,墩台及基础埋置深度等修正以及各特大、大、中桥的结构设计说明。

③小桥、涵洞设计说明。

④主要材料及新技术、新工艺的采用情况。

⑤桥梁结构分析计算及计算参数的选取情况。

⑥桥梁耐久性设计、养护维修设施设计情况。

⑦各桥梁施工方法及施工注意事项。

(2)特大、大、中桥工程数量表。

该表列出了采用标准图编号、上下部构造、工程及材料数量等,是统计和计算各桥梁分项数量的依据。

(3)各特大、大、中桥设计图。

①桥位平面图。

该图示出了桥位地形、桥梁位置、墩台位置、指北针、高程系统及调治构造物、防护工程等。桥头接线示出了路线中心线、公里及百米桩、直线或平曲线半径、缓和曲线参数,桥梁长度、桥梁中心桩号和交角;高速公路、一级公路增绘了中央分隔带、坡脚线,地质钻孔在平面上的位置和编号等内容。

②桥位工程地质纵断面图。

特大桥、大桥及地质复杂中桥应绘制本图,它是确定桥台和桥墩的基础的地质情况的直接依据。

③桥型布置图。

该图绘出了立面(或纵断面)、平面、横断面,示出了河床断面、地质分界线、钻孔位置及编号、特征水位、冲刷深度、墩台高度及基础埋置深度、桥面纵坡以及各部尺寸和高程;弯桥或斜桥还示出了桥轴半径、水流方向和斜交角度,设计要素栏内列出了里程桩号、设计高程、地面高

程、坡度、坡长、竖曲线要素、平曲线要素等。

④结构设计图。

该图绘出了各桥上下部结构、基础及其他细部结构设计图,当采用标准图时,在桥型布置图中注明采用的标准图名称及编号。

⑤调治构造物及附属工程设计图。

该图绘出了调治构造物的平面、横断面和立面图,附属工程结构各细部的结构设计图。

(4)小桥工程数量表。

该表列出了中心桩号、河流名称或桥名、交角、孔数及孔径、长度、上下结构类型、采用标准图或通用图的编号、上下部构造、墩台工程、材料数量等。

(5)小桥设计图。

①各小桥布置图。

该图绘出了立面(或纵断面)、平面、横断面。示出了河床断面,注明了特征水位、地质概况、各部尺寸、高程和里程。

②各小桥结构设计图。

该图采用标准图或通用图的在布置图中注明了标准图或通用图的名称及编号,以便直接查看相应的标准图或通用图。特殊设计的小桥绘出了各桥上下部结构、基础及其他细部结构设计图。

(6)涵洞工程数量表。

该表列出了中心桩号、交角、孔数及孔径、涵长、结构类型、进出口形式采用标准图或通用图的编号、工程、材料数量等。

(7)涵洞设计图。

①布置图。

该图绘出了设置涵洞处原地面线及涵洞纵向布置,斜涵绘出了平面和进口的立面图。示出了地基土质情况、各部尺寸和高程。

②结构设计图。

该图采用标准图或通用图的在布置图中注明了标准图或通用图的名称及编号,以便直接查看相应的标准图或通用图。特殊设计的(包括进出口式样特殊或铺砌复杂的)绘制了各部详图。

6)施工图设计文件第五篇隧道的主要内容

(1)隧道设计说明。

①设计依据以及总体原则。

②初步设计(或技术设计)批复意见以及相关咨询意见的执行情况。

③隧道设计的详细情况。

④特殊地质条件下隧道设计情况。

⑤辅助坑道设计情况。

⑥长、特长隧道通风、防灾、救援设计情况。

⑦隧道施工监控预测、地质预报设计情况及注意事项。

⑧隧道机电设施设计(包括监控、通风、标志、消防及救援设施、照明、供配电等)的说明。

⑨环境保护设计情况。

⑩隧道施工方法及注意事项。

(2)隧道表。

该表列出了隧道名称、起讫桩号、长度、净空、洞内路线线形(纵坡及坡长)、平曲线半径及平曲线长度、工程地质说明、围岩类别及衬砌长度(含明洞)、洞门形式(进口、出口)、照明、通风方式等。高速公路、一级公路按左、右线分列。

(3)隧道工程数量表。

该表列出了洞身工程(开挖、初期支护、二次衬砌)、洞口工程(洞门、明洞、截水沟等)、防排水工程(洞身防水、洞身排水、路面排水)、横洞、预留洞室、路面、通风、照明、消防、供配电等的工程、材料数量。高速公路、一级公路按左、右线分别列制,工程材料数量包括机电设施的预埋件。

(4)隧道设计图。

①隧道(地质)平面图。示出了地形、地物、导线点、坐标网格、路线线形及交点要素,地层的岩性、界线、地质构造及其产状等,绘出了隧道洞口、洞身、斜井、竖井、避车洞,标出了钻孔、坑、槽探和物探测线等位置及编号。高速公路、一级公路还示出了人行横洞、车行横洞、紧急停车带的位置和联络道等。

②隧道(地质)纵断面图。示出了地面线,钻孔柱状图式、坑、槽探和物探测线位置,地层和构造带的岩性、产状及界面线,绘出了隧道进口位置及桩号、洞身、斜井、竖井、避车洞及消防等设施预留洞等,图的下部各栏示出了工程地质、水文地质、坡度及坡长、地面高程、设计高程、里程桩号、围岩级别、衬砌形式及长度。高速公路、一级公路还示出了人行横洞、车行横洞等。

③隧道(横洞)建筑限界及内轮廓图。列出了不同类型隧道的建筑限界及内轮廓。

④隧道一般设计图。按不同形式绘出了洞口、洞门、洞身立、纵、平面的一般设计图,标注了各部尺寸。

⑤隧道结构设计图。绘出了洞口及洞门、洞身及衬砌(明洞衬砌、复合式衬砌等)、斜井、竖井、防水与排水、避车洞等设计图,高速公路、一级公路还绘出了人行横洞、车行横洞、紧急停车带、预留洞室及电缆管(沟)等。

⑥隧道超前支护设计图。

⑦特殊地质隧道支护衬砌结构设计图。

⑧隧道不良地质处治设计图。

⑨隧道施工方案图。

⑩隧道施工监控量测设计图。

⑪隧道地质超前预报图。

⑫隧道各类辅助坑道平、纵面(地质)支护衬砌设计图。

⑬隧道弃渣场地图。

⑭隧道施工场地布置图。

⑮隧道路面工程设计图。

⑯地下风机房设计图。

(5)隧道机电设施设计图。

①入口设施设计图。

②通风设施设计图。

③照明设计图。
④供配电设计图。
⑤消防设计图。
⑥紧急救援设计图。
⑦通风与照明控制设施设计图。

7)施工图设计文件第六篇路线交叉的主要内容

(1)路线交叉设计说明。

①初步设计(或技术设计)批复意见执行情况。

②路线交叉(包括互通式立体交叉、服务设施主体工程、分离式立体交叉、通道、天桥、平面交叉及管线交叉)设计情况说明。

③路线交叉的施工方法及注意事项。

(2)互通式立体交叉设计图表。

①互通式立体交叉一览表。列出了全线各互通式立体交叉的名称、交叉桩号、起讫桩号、互通形式、交叉方式、被交叉道路名称及等级,分别按主线、匝道、被交叉道路或连接线列出最小平曲线半径、最大纵坡、全长、路面结构类型及厚度、跨线桥、匝道桥结构类型及数量(米/座),以及涵洞、通道等其他附属工程。

②互通式立体交叉平面图。示出了主线、匝道、变速车道、被交叉道路位置[中心线、路基边线、坡脚(或坡顶)线、平曲线半径、缓和曲线参数、平曲线要素点及百米桩],加减速车道及渐变段长度、匝道编号、跨线桥位置及交角、导线点、坐标网格、收费站及管理区、桥涵、通道的位置。示出了互通式立体交叉区综合排水系统(位置、水流方向),支挡构造物的设置(工程名称、位置)及改路、改渠等其他工程(工程名称、位置),并绘出了主线、被交叉道路、匝道的代表性横断面等。

③互通式立体交叉线位图。绘出了坐标网格并标注坐标,示出主线、被交叉公路及匝道(含变速车道)中心线、桩号(公里桩、百米桩、平曲线主要桩位)、平曲线要素等。

④直线、曲线及转角表。平曲线主要桩位附有坐标,收费站广场边线进行了专门设计,并在直曲表中反映出来,便于控制施工质量。

⑤逐桩坐标表。

⑥互通式立体交叉纵断面图。绘制出了主线、被交叉公路、匝道的纵断面,示出了互通式立体交叉简图及纵断面图位置。

⑦匝道连接部设计图。示出了互通式立体交叉简图及连接部位置,绘出匝道与主线、匝道与被交叉道路、匝道与收费站、匝道与匝道等连接部分设计图(包括中心线、行车道、路缘带、路肩、鼻端边线等),示出了桩号、各部分宽度等。当路基宽度(行车道、硬路肩等)发生变化时,在附注中说明了变化段的情况(起讫桩号、宽度值、变化方式等),并绘出了缘石平面图和断面图。

⑧匝道连接部高程数据图。示出了互通式立体交叉简图及连接部位置,绘出了连接细部平面(包括中心线、中央分隔带、路缘带、行车道、硬路肩、土路肩、鼻端边线等),示出了各断面桩号、路拱横坡和断面中心线以及各部分宽度,未能在纵断面图中表达到的超高变化情况,在附注中进行了明确说明。

⑨互通式立体交叉区内路基设计表。

⑩互通式立体交叉区内路基土石方数量表。参照第三篇路基土石方数量表编制。
⑪互通式立体交叉区内路基、路面设计图表。
⑫主线及匝道跨线桥桥型布置图表。
⑬主线及匝道跨线桥结构设计图表。
⑭互通式立体交叉区内通道设计图表。
⑮互通式立体交叉区内涵洞设计图表。
⑯互通式立体交叉区内管线交叉设计图表。
⑰互通式立体交叉区内附属设施设计图。示出了互通式立体交叉区内其他各项工程(包括挡土墙、交通工程及沿线设施预埋管道、阶梯、绿化等)的位置、形式和设计图。

(3)服务区、停车区等服务设施主体工程设计图。
①平面图。示出了主线、匝道、变速车道、服务区和停车区道路位置[中心线、路基边线、坡脚(或坡顶)线、平曲线半径、缓和曲线参数、平曲线要素点及百米桩],加减速车道及渐变段长度、匝道编号、跨线桥位置及交角、导线点、坐标网格、收费站及管理区、桥涵、通道的位置。示出了服务区区综合排水系统(位置、水流方向),支挡构造物的设置(工程名称、位置)及改路、改渠等其他工程(工程名称、位置),并绘出了主线、服务区和停车区道路、匝道的代表性横断面等。
②线位图。示出了主线、连接道路(含变速车道)中心线、桩号(公里桩、百米桩、平曲线主要桩位)、平曲线要素等。
③直线、曲线及转角表。
④逐桩坐标表。
⑤纵断面图。参照路线纵断面图绘制出了主线、连接道路的纵断面,示出了服务设施简图及纵断面图位置。
⑥连接部设计图。示出了服务设施简图及连接部位置,绘出了连接道路与主线连接部分设计图(包括中心线、行车道、路缘带、路肩、鼻端边线等),示出了桩号、各部分宽度等。当路基宽度(行车道、硬路肩等)发生变化时,在附注中说明了变化段的情况(起讫桩号、宽度值、变化方式等),并绘出了缘石平面图和断面图。
⑦连接部高程数据图。示出了服务设施简图及连接部位置,绘出了连接细部平面(包括中心线、中央分隔带、路缘带、行车道、硬路肩、土路肩、鼻端边线等),示出了各断面桩号、路拱横坡和断面中心线以及各部分宽度,对于未能在纵断面图中表达到的超高变化情况,在附注中进行了明确说明。
⑧路基设计表。
⑨路基土石方数量表。
⑩服务设施区内路基、路面设计图表。
⑪天桥设计图表。
⑫通道设计图表。
⑬涵洞设计图表。
⑭管线交叉设计图表。
⑮附属设施设计图。示出了其他各项工程(包括挡土墙、交通工程及沿线设施预埋管道、阶梯、绿化等)的位置、形式,并绘制了设计图。

(4)分离式立体交叉设计图表。

①分离式立体交叉一览表。

②分离式立体交叉工程数量表。列出了除交通工程及沿线设施外引道及主体的所有工程、材料数量。

③分离式立体交叉平面图。其范围包括桥梁两端的全部引道,示出了主线、被交叉公路或铁路、跨线桥及其交角、里程桩号和平曲线要素,护栏、防护网、管线及排水设施的位置等。

④分离式立体交叉纵断面图。

⑤被交叉公路横断面图和路基、路面设计图。

⑥分离式立体交叉桥桥型布置图。

⑦分离式立体交叉桥结构设计图。

⑧其他构造物设计图。当被交叉公路内有挡土墙、涵洞、管线等其他构造物时,参照相应项目要求绘制设计图。

(5)通道、天桥设计图表。

①通道、天桥工程数量表。除交通工程及沿线设施外,还列出了天桥的所有工程、材料数量。

②通道设计图。

a.通道布置图。示出了全部引道在内的平面、纵断面、横断面,地质断面、地下水位等。

b.通道结构设计图。

③天桥设计图。

(6)平面交叉设计图表。

①平面交叉设置及工程数量一览表。

②平面交叉布置图。绘出了地形、地物、主线、被交叉公路或铁路、交通岛,注明了交叉点桩号及交角、水准点位置及其编号和高程、管线及排水设施等的位置。

③平面交叉设计图。绘出了环形和渠化交叉的平面、纵断面、横断面及高程数据图,平面图中注明了控制点处的坐标(如交通岛、转弯平曲线圆心及起终点等),高程数据图中注明了路面水水流方向等。

(7)管线交叉设计图表。

①管线交叉工程数量表。列出了管线交叉桩号、地名、被交叉的管线长度及管线类型、所属单位、交角、管线交叉方式(上跨或下穿)、净空或埋深及工程、材料数量。

②管线交叉设计图。绘制了管线交叉的人工构造物的设计图。

8)施工图设计文件第七篇交通工程及沿线设施的主要内容

(1)交通工程及沿线设施设计说明。

①总体设计说明。

a.交通工程的任务依据和设计调查过程。

b.设计所采用的主要技术标准、规范及指南等。

c.主线的技术标准、工程规模及特点。项目的技术标准,路线起、终点及长度,主要控制点,互通式立体交叉分布及形式,桥梁、隧道的主要工程规模等及项目的建设条件和工程实施计划。

d.初步设计(或技术设计)批复意见执行情况。对初步设计(或技术设计)所拟定的设计原则、方案和系统构成、功能等如有变更时,应说明变更理由及报批情况。

　　e.交通工程及沿线设施建设标准与规模。

　　f.设计界面及标段划分情况。

　　g.新材料、新技术、新设备、新工艺的采用情况。

　　h.施工图预算与批准的设计概算(或修正概算)的比较情况。

　　i.与有关部门的协调情况。

　　j.主要技术经济指标一览表。

　　k.施工方法及注意事项。分标段、专业说明所采用的施工工序、工艺及注意事项等,当采用了特殊工具、设备及对施工人员技能有特殊要求时,也予以说明。

　　②专业设计说明。

　　分别说明了各专业所采用的主要设备、材料等的关键技术参数、性能指标,并说明设备安装调试注意事项、施工方法、工艺、工序等要求。

　　(2)交通工程及沿线设施设计图表。

　　①总体设计图表。

　　a.路线地理位置图。

　　b.交通工程及沿线设施平面布设总图。

　　c.交通工程及沿线设施建设规模汇总表。

　　d.管理、养护机构设置方案。

　　e.管理、养护机构业务流程图。

　　f.管理、养护机构业务人员编制表。

　　g.管理、养护机构建筑面积及占地一览表。

　　h.管理、养护设备机具配置表。

　　②监控设施设计图表。

　　a.系统部分设计图表。

　　包括监控设施汇总表、监控设备及主要材料数量汇总表、监控外场设备设置一览表、监控系统结构图、监控外场设备布置图、监控系统构成图、监控系统软件构成图、监控系统软件流程图、监控系统操作流程图、监控系统数据传输图、监控(分)中心设计图、外场设备设计图。

　　其中,监控(分)中心设计图给出了监控系统视频图像传输图、监控(分)中心闭路电视系统构成图、监控(分)中心计算机系统构成图、监控(分)中心显示墙体设计图、控制操作台设计、机房平面布置、机房防雷接地设计、监控室线缆敷设路由及监控室配电箱接线图等;外场设备设计图给出了各种监控外场设备的基础平面布置图、设备安装图、门架(立柱、支架)设计图以及设备电气构成或接线图等。

　　b.土建部分设计图表。

　　包括监控系统土建工程数量表、电力电缆敷设设计图、外场设备基础设计图、人(手)孔设计图。

　　其中,电力电缆敷设设计图分别给出了电力电缆埋设横断面图、电力线缆保护管过桥方式图、过桥管支架结构图、电缆标识桩构造图;外场设备基础设计图给出了各种监控外场设备的安装图、基础平面布置图、基础构造图、预埋件及预埋管线设计图等;手孔设计图给出了电力手孔和监控手孔(弱电信号转接)的构造图、结构图及井盖设计图。

③通信设施设计图表。

a.系统部分设计图表。

包括通信设施汇总表、通信设备及主要材料数量汇总表、通信站布设及网络结构图、通信系统传输网络构成图、通路组织图、光纤线芯分配图、电话交换网构成图、程控交换机中继方式图、指令电话系统构成图、紧急电话系统构成图、监控及收费系统数据传输网络构成图、通信站设计图、光电缆线路分配图、光缆接线盒连接方式图、光终端分配架示意图、通信主干光缆配盘设置表、通信站设计图、其他图表等。

其中,通信站设计图分别给出了通信分中心(人站)、无人站光纤数字传输系统构成图、通信分中心交换机配置图、通信站接入设备配置图、通信站 DDF(数字配线架)与 ODF(光纤配线架)端子板分布图、通信站 MDF 分配表、电源监控系统图、通信电源系统示意图、有人通信站机房平面布设图、无人通信站机房平面布设图、通信机柜安装图、通信机柜底座加工图、通信站地线盘安装图等。

b.土建部分设计图表。

包括通信土建工程数量汇总表、通信管道及其敷设设计图、紧急电话基础设计图、人(手)孔设计图、管道过桥设计图及其他图表。

其中,通信管道及其敷设设计图给出了中央分隔带管道铺设及人孔布置标准断面图、硅芯管颜色排列图、通信管道通过桥台布置图、通信管道通过中墩布置图、中央分隔带桥上通信管道托架结构图、通信管道过桥采光井通道设置图、路侧硅芯管过桥构造图、路侧硅芯管过桥设施(支架)图、桥上玻璃钢管箱结构图、桥上玻璃钢分歧管箱结构图、主线硅芯管分歧进站布置图、管道通过桥面设计图、紧急电话分歧钢管铺设断面图等。

紧急电话基础设计图给出了紧急电话平台构造图、紧急电话平台配筋图、紧急电话平台栏杆构造图、桥上紧急电话平台构造图、中央分隔带直通人孔构造图。

人(手)孔设计图给出了中央分隔带直通人孔、路肩人孔的构造图、配筋图及井盖设计图等。

④收费设施设计图表。

a.系统部分设计图表。

包括收费设施汇总表,收费设备及主要材料数量汇总表,收费制式及站点设置方案图,收费制式及站点设置方案比较表,收费系统构成总框图,收费(分)中心系统构成图,收费站系统软件总框图,收费系统数据流程图,收费站系统构成图,入口、出口收费车道设备构成图,入口、出口收费车道操作流程图,不停车收费车道操作流程图,ETC 系统 POS 部分构成图,ETC 收费入口、出口车道系统构成图,非接触式 IC 卡通行券管理流程图,收费中心通行卡管理软件模块,收费站设备配电系统图,计重收费系统构成图,主线站、匝道收费站亭内设备布设图,收费岛设备布设图,接地装置示意图。

其中,收费岛设备布设图分别示出了匝道站入口单向收费岛、匝道站出口单向收费岛、匝道站双向岛、ETC 收费岛设备布设示意图。

b.土建部分设计图表。

包括收费土建工程数量汇总表、收费站平面布置图、收费站广场一般布置图、收费广场设备基础、管线布置总图、收费岛设计图、人(手)孔设计图、地下通道设计图及其他图表。

其中,收费岛设计图给了出入口、出口、ETC 及双向收费岛的一般构造图,收费岛上设备基础与管线布置图,岛头(岛尾、岛缘石)配筋图,单(双)向收费亭设计图,收费亭基础构造与配筋图,收费岛防撞柱及护栏设计图,收费岛设备基础布设图,收费岛管线预埋图,收费岛设备基础设计图,收费岛立面标记设计图等。

人(手)孔设计图给出了收费亭下人孔构造图与配筋图、路肩人(手)孔构造与配筋图等。

地下通道设计图列出了地下通道工程数量表、材料数量明细表等,给出了地下通道平面图、建筑详图、结构图、地下通道入(出)口结构图、栏杆设计图等。

⑤供配电设施设计图表。

a. 系统部分设计图表。

包括供电设施汇总表、供电设施设备数量表、沿线设施用电负荷计算表、供电系统构成图、变电所设备布置及接地系统图、变电所供电系统图、高压开关柜主接线图、变电所主接线图、供电线缆敷设路由图。

b. 土建部分设计图表。

包括供电系统土建工程数量汇总表、箱式变电站基础图、箱式变电站外形尺寸图、电力电缆敷设图。

其中,电力电缆敷设图给出了电力电缆敷设路由图、电力电缆管箱设置方案图、直埋型电缆沟与标识桩设计图、电缆过基时钢管敷设图、电缆标识构造图、电力电缆埋设断面布置图、配电箱基础构造图、配电箱基础配筋图等。

⑥照明设施设计图表。

a. 系统部分设计图表。

包括照明设施汇总表、照明设施设备数量表、互通区照明平面布置图、收费广场照明平面布置图、收费广场照明系统图、照明灯杆结构示意图。

b. 土建部分设计图表。

包括照明系统土建工程数量汇总表、照明灯具安装基础设计图。

其中,照明灯具安装基础设计图分别给出了高杆灯、中杆灯及低杆灯的安装结构图、基础结构图、基础预埋件设计图等。

⑦房屋建筑设计图表。

a. 房屋建筑主要工程数量汇总表。

b. 通信及监控、收费预埋管路总平面图。

总平面、建筑、结构、建筑电气、给水排水、采暖通风与空气调节、热能动力等专业设计说明与图表参照住房和城乡建设部《建筑工程设计文件编制深度规定》进行设计。

9)施工图设计文件第八篇环境保护与景观设计的主要内容

(1)环境保护与景观工程设计说明。

①初步设计(或技术设计)批复意见执行情况。

②相关部门和建设单位的意见及落实情况。

③公路工程及设施与沿线自然环境的协调情况及采取的措施等。

④景观设计的理念、原则及表现手法等。

⑤主要场地自然条件(包括土壤、水分、降水量、风力风向、自然物种等)分析及对策。

⑥拟采用的植物配置及特性。

⑦环境保护与景观设计情况。

⑧土地复垦与利用情况。

⑨施工中的环境保护措施及注意事项。
(2)环境保护工程数量表。
(3)降噪设计图。绘出了降噪设计(如声屏障、降噪林等)的位置、结构类型、主要尺寸及规格等,并列出了单位材料数量表。
(4)污水处理设计图。绘出了污水处理平面布置总图、构造详图,并列出了单位设备、材料数量表。
(5)其他环保工程设计图。
(6)植物配置表。
(7)景观工程数量表。
(8)景观工程设计图。绘出了各区段景观绿化设计图及大样图,硬质景观设计图及大样图。

10)施工图设计文件第九篇其他工程的主要内容
(1)其他工程设计说明。
①初步设计(或技术设计)批复意见执行情况。
②渡口码头、改路改渠等其他工程的说明。
③施工方法及注意事项。
(2)渡口码头数量表。
该表列出了桩号、河名或地名、河流宽度、工程和设备名称、单位数量、采用图纸编号、工程或设备数量。
(3)渡口码头设计图。
该图示出了渡口码头平面位置、渡口管理机构平面位置、码头停车场位置、引道纵坡和有关结构图及各部尺寸、河流方向、水位。
(4)其他工程数量表。
该表列出了改移公路、辅道、支线及分离式立体交叉桥与通道端的接线、改移河道、悬出路台、防雪走廊、港湾式停车带、观景台等的桩号、数量等。
(5)其他工程设计图。
该图按不同工程分别绘制了防雪走廊平面、横断面图及结构设计详图;改移道路、沟渠(河)平面、纵断面和横断面图等。

11)施工图设计文件第十篇筑路材料的主要内容
(1)设计说明。
①初步设计(或技术设计)批复意见执行情况。
②沿线筑路材料质量、储量及采运条件的说明。
③大型料场的说明。
④与地方政府就料场开采、运输的意向协议等。
(2)沿线筑路材料料场表。
该表列出了料场编号、材料名称、料场位置(距路线距离、上路桩号)、料场说明、储藏量、计划用量(路面、特大桥、大桥、中桥、其他构造物)、覆盖层(种类、厚度、面积)、开采时间、运输方式、通往料场的道路情况及所需便道、便桥长度等。
(3)沿线筑路材料试验资料表。
要求与初步设计相同。

(4)沿线筑路材料供应示意图。

该图示出了路线的桩号、特大桥、大桥、中桥、隧道、互通式立交体叉、分离式立体交叉、大型挡土墙及两侧主要料场的位置、材料上路桩号及距离。特大桥、大桥、隧道、互通式立交体叉应分别计算运距。中桥和分离式立体交叉及大型挡土墙也可分别计算运距。路面及其他构造物等可全线分段计算平均运距。计算运距时可根据施工组织设计及招标段落划分情况,考虑集中预制、集中拌和因素,计算各项工程原材料、成品及半成品的运距。

12)施工图设计文件第十一篇施工组织计划的主要内容

(1)设计说明。

①初步设计(或技术设计)批复意见执行情况。

②施工组织、施工期限、主要工程的施工方法、工期、进度及措施。

③主要材料供应、运输方案及临时工程的安排。

④对缺水、风沙、高原、严寒等地区以及冬季、雨季施工所采取的措施。

⑤对交通工程及沿线设施施工协调和分期实施有关问题的说明。

⑥施工准备工作的意见(如拆迁、用地、修便道、便桥、临时房屋、架设临时电力设施等)。

(2)施工便道主要工程数量表。

该表列出了施工便道的长度、宽度、防护工程圬工数量、便桥数量等。

(3)其他临时工程数量表。

该表包括独立便桥、预制场、拌和场、施工场地、电力线等。列出了地点或桩号、工程名称、工程说明、工程数量等。

(4)公路临时用地表。

该表列出了位置或桩号、工程名称、隶属(县、乡、个人)、长度、宽度、土地类别及数量。

每一个工程项目都必须有完整的设计图表,即使是三边工程,也要边勘测、边设计、边施工。

2.5 公路工程项目管理台账及分项原理

台账原指摆放在工作台上供记录和翻阅的账簿,是管理和工作的流水账及明细记录表,也是信息系统和管理平台必要的原始数据。

公路工程项目管理台账是与公路工程项目管理办法相对应的一系列管理表格和明细记录表,与项目管理的进度、质量、成本和安全四大目标相关的台账主要有:计划与形象进度台账、试验与检验台账、计量与支付台账(含零号台账和变更台账)、安全管理与监督台账及合同台账等,零号台账是公路工程项目管理所有台账的基础和出发点。

零号台账是施工图设计图表将工程项目的内容具体化、直观化,并作为控制投资、进度、变更、计量及竣工决算等管理的基本依据,也是实现计划进度引导计量、质量检测控制计量的规范化管理的必要手段。下面以湖南某高速公路项目中两个通涵工程为例说明零号台账编码和详细的台账内容。

湖南某高速公路项目零号台账编码由26位阿拉伯数字和英文字母组成进行,共分为5段,第一段为标段唯一识别码,后面四段按照单位工程、分部分项进行分类编码。

第一段(01~13位):为合同段的唯一识别码,由项目建设单位统一分配编码,共13位,含建设项目、建设单位、监理、承包人等代号信息。

第二段(14~16位):第14位为第一分类号(英文字母),一般表示单位工程;第15、16位为本分类号(对应于第一分类号)的流水号,取值01、02、03……。

第三段(17~19位):第17位为第二分类号(英文字母),一般表示分部工程;第18、19位为本分类号(对应于第二分类号)的流水号,取值01、02、03……。

第四段(20~22位):第20位为第三分类号(英文字母),一般表示分项工程;第21、22位为本分类号(对应于第三分类号)的流水号。

第五段(23~26位):第23位为第四分类号(英文字母),一般表示子项工程;第24、25、26位为本分类号(对应于第四分类号)的流水号。

示例见表2-1。

涵洞工程台账　　　　　　　　　　　表2-1

台账编号	清单代号	细目名称	单位	设计数量	工程部位	图　号
T06J01H01QT01J01	420-3-c-3	C30混凝土基础	m³	229.40	K78+329盖板涵基础	S4-6-2(1/1)、S4-7-1-2(1/2)
T06J01H01QT01S01	420-4-c	C30混凝土涵(墙)身	m³	285.64	K78+329盖板涵墙身	S4-6-2(1/1)、S4-7-1-2(1/2)
T06J01H01QT01G01	420-2-a	盖板光圆钢筋(HPB300)	kg	1135.20	K78+329盖板涵盖板	S4-6-2(1/1)、S4-7-1-2(1/2)
T06J01H01QT01G01	420-2-b	盖板带肋钢筋(HRB400)	kg	5069.40	K78+329盖板涵盖板	S4-6-2(1/1)、S4-7-1-2(1/2)
T06J01H01QT01G01	420-5-a	C30混凝土盖板	m³	65.90	K78+329盖板涵盖板	S4-6-2(1/1)、S4-7-1-2(1/2)
T06J01H01QT01K01	420-3-c-1	C20混凝土八字墙基础	m³	30.80	K78+329盖板涵洞口工程	S4-6-2(1/1)、S4-7-1-2(1/2)
T06J01H01QT01K01	420-3-a	基础、铺砌、截水墙M7.5浆砌片石	m³	76.40	K78+329盖板涵洞口工程	S4-6-2(1/1)、S4-7-1-2(1/2)
T06J01H01QT01K01	420-3-a	基础、铺砌、截水墙M7.5浆砌片石	m³	25.20	K78+329盖板涵洞口工程	S4-6-2(1/1)、S4-7-1-2(1/2)
T06J01H01QT01K01	420-3-a	基础、铺砌、截水墙M7.5浆砌片石	m³	7.60	K78+329盖板涵洞口工程	S4-6-2(1/1)、S4-7-1-2(1/2)
T06J01H01QT01K01	420-8-c	C30混凝土帽石	m³	1.00	K78+329盖板涵洞口工程	S4-6-2(1/1)、S4-7-1-2(1/2)
T06J01H01QT01Q01	420-1	挖基土石方	m³	1167.00	K78+329盖板涵其他工程	S4-6-2(1/1)、S4-7-1-2(1/2)
T06J01H01QT01Q01	420-7-e	C20片石混凝土基础垫层	m³	296.00	K78+329盖板涵其他工程	S4-6-2(1/1)、S4-7-1-2(1/2)
T06J01H01QT01Q01	420-3-a	基础、铺砌、截水墙M7.5浆砌片石	m³	320.00	K78+329盖板涵其他工程	S4-6-2(1/1)、S4-7-1-2(1/2)
T06J01H01QT01Q01	204-3-a	台背回填碎石土	m³	1665.00	K78+329盖板涵其他工程	S4-6-2(1/1)、S4-7-1-2(1/2)

续上表

台账编号	清单代号	细目名称	单位	设计数量	工程部位	图号
T06J01H01QT02J01	420-2-a	基础光圆钢筋（HPB300）	kg	1025.50	K78+377盖板通道基础	S6-2-2-14-1(1/42)、S6-2-2-13-1(1/2)
T06J01H01QT02J01	420-2-b	基础带肋钢筋（HRB400）	kg	4764.20	K78+377盖板通道基础	S6-2-2-14-1(1/42)、S6-2-2-13-1(1/2)
T06J01H01QT02J01	420-3-c-3	C30混凝土基础	m³	234.50	K78+377盖板通道基础	S6-2-2-14-1(1/42)、S6-2-2-13-1(1/2)
T06J01H01QT02S01	420-4-c	C30混凝土涵（墙）身	m³	427.70	K78+377盖板通道墙身	S6-2-2-14-1(1/42)、S6-2-2-13-1(1/2)
T06J01H01QT02G01	420-2-a	盖板光圆钢筋（HPB300）	kg	1694.70	K78+377盖板通道盖板	S6-2-2-14-1(1/42)、S6-2-2-13-1(1/2)
T06J01H01QT02G01	420-2-b	盖板带肋钢筋（HRB400）	kg	4795.40	K78+377盖板通道盖板	S6-2-2-14-1(1/42)、S6-2-2-13-1(1/2)
T06J01H01QT02G01	420-5-a	C30混凝土盖板	m³	62.30	K78+377盖板通道盖板	S6-2-2-14-1(1/42)、S6-2-2-13-1(1/2)
T06J01H01QT02K01	420-3-c-1	C20混凝土八字墙基础	m³	39.60	K78+377盖板通道洞口工程	S6-2-2-14-1(1/42)、S6-2-2-13-1(1/2)
T06J01H01QT02K01	420-3-a	基础、铺砌、截水墙M7.5浆砌片石	m³	114.80	K78+377盖板通道洞口工程	S6-2-2-14-1(1/42)、S6-2-2-13-1(1/2)
T06J01H01QT02K01	420-3-a	基础、铺砌、截水墙M7.5浆砌片石	m³	32.40	K78+377盖板通道洞口工程	S6-2-2-14-1(1/42)、S6-2-2-13-1(1/2)
T06J01H01QT02K01	420-3-a	基础、铺砌、截水墙M7.5浆砌片石	m³	8.20	K78+377盖板通道洞口工程	S6-2-2-14-1(1/42)、S6-2-2-13-1(1/2)
T06J01H01QT02K01	420-8-c	C30混凝土帽石	m³	1.00	K78+377盖板通道洞口工程	S6-2-2-14-1(1/42)、S6-2-2-13-1(1/2)
T06J01H01QT02Q01	420-1	挖基土石方	m³	550.00	K78+377盖板通道其他工程	S6-2-2-14-1(1/42)、S6-2-2-13-1(1/2)
T06J01H01QT02Q01	420-7-e	C20片石混凝土基础垫层	m³	112.00	K78+377盖板通道其他工程	S6-2-2-14-1(1/42)、S6-2-2-13-1(1/2)
T06J01H01QT02Q01	420-7-d	基础换填片石	m³	210.00	K78+377盖板通道其他工程	S6-2-2-14-1(1/42)、S6-2-2-13-1(1/2)
T06J01H01QT02Q01	204-3-a	台背回填碎石土	m³	2100.00	K78+377盖板通道其他工程	S6-2-2-14-1(1/42)、S6-2-2-13-1(1/2)
T06J01H01QT02X01	420-8-b-1	洞内水沟M7.5浆砌片石	m³	22.10	K78+377盖板通道接线工程	S6-2-2-14-1(1/42)、S6-2-2-13-1(1/2)
T06J01H01QT02X01	312-1-c	混凝土通道路面面层	m²	1120.00	K78+377盖板通道接线工程	S6-2-2-14-1(1/42)、S6-2-2-13-1(1/2)
T06J01H01QT02X01	305-2-b	水泥稳定碎石路面垫层	m²	1120.00	K78+377盖板通道接线工程	S6-2-2-14-1(1/42)、S6-2-2-13-1(1/2)
T06J01H01QT02X01	420-8-a	洞内回填土	m³	98.00	K78+377盖板通道接线工程	S6-2-2-14-1(1/42)、S6-2-2-13-1(1/2)

分项是对具体项目科学的认知和合理的表达,是项目管理的基本内容,其原理就是工作分解结构。

工作分解结构(Work Breakdown Structure,WBS)是把项目管理过程中可交付成果和项目工作分解成较小的、更易于管理的组成部分的过程,即把一个项目按一定的原则分解成任务,任务再分解成一项项工作,再把一项项工作分配到每个人或小组的日常工作中,归纳和定义了项目的整个工作范围,每下降一层代表对项目工作进行了更详细的定义,是制订进度计划、资源需求、成本预算、风险管理计划和采购计划等的重要基础,也是控制项目变更的重要基础,同时也是一个项目的综合工具。

工作(work):可以产生有形结果的工作任务。

分解(breakdown):是一种逐步细分和分类的层级结构。

结构(structure):按照一定的模式组织各部分。

根据这些概念,WBS 相应的构成因子主要有:

(1)结构化编码。

编码是最显著和最关键的 WBS 构成因子,将 WBS 彻底结构化。通过编码体系,可以很容易识别 WBS 元素的层级关系、分组类别和特性,使 WBS 信息与组织结构信息、成本数据、进度数据、合同信息、产品数据、报告信息等紧密地联系起来。公路工程项目分项编码的规范化与标准化越来越被重视,公路工程造价行业也一直在努力做这方面的工作。

(2)工作包。

工作包是 WBS 的最底层元素,最底层次的工作包是最小的"可交付成果",很容易识别出完成这些工作包的活动、成本和组织以及资源信息。正是这些组织/成本/进度/绩效信息使工作包乃至 WBS 成为项目管理的基础。

(3)WBS 元素。

WBS 元素实际上就是 WBS 结构上的一个个"节点",代表了独立的、具有隶属关系或汇总关系的"可交付成果"。WBS 结构必须与项目目标有关,必须面向最终产品或可交付成果,因此,WBS 元素更适于描述输出产品的名词组成;不同组织、文化等工作人员为完成同一工作所使用的方法、程序和资源不同,但是他们的结果必须相同,必须满足规定的要求。只有抓住最核心的可交付结果才能最有效地控制和管理项目;只有识别出可交付结果才能识别内部和外部组织完成此工作所使用的方法、程序和资源,工作包是最底层的 WBS 元素。

(4)WBS 字典。

WBS 字典用于描述和定义 WBS 元素中的工作文档,相当于对某一 WBS 元素的规范,即 WBS 元素必须完成的工作以及对工作的详细描述,工作成果的描述和相应规范标准,元素上下级关系以及元素成果输入输出关系等。同时,WBS 字典对于清晰的定义项目范围也有着巨大的规范作用,它使得 WBS 易于理解和被组织以外的参与者(如承包商)接受。如工程量清单规范就是典型的工作包级别的 WBS 字典,达到管理规范化、标准化的目标。

WBS 是一个描述思路的规划和设计工具,它帮助项目经理和项目团队确定和有效地管理项目的工作,主要用途如下:

(1)WBS 是一个清晰地表示各项目工作之间的相互联系的结构设计工具。

(2)WBS 是一个展现项目全貌,详细说明为完成项目所必须完成的各项工作的计划工具。

(3)WBS 定义了里程碑事件,可以向高级管理层和客户报告项目完成情况,作为项目状况的报告工具。

（4）WBS 防止遗漏项目的可交付成果。

（5）WBS 帮助项目经理关注项目目标和澄清职责。

（6）WBS 建立可视化的项目可交付成果，以便估算工作量和分配工作。

（7）WBS 帮助改进时间、成本和资源估计的准确度。

（8）WBS 帮助项目团队的建立和获得项目人员的承诺。

（9）WBS 为绩效测量和项目控制定义一个基准。

（10）WBS 辅助沟通清晰的工作责任。

（11）WBS 为其他项目计划的制定建立框架。

（12）WBS 帮助分析项目的最初风险。

WBS 的创建方法主要有以下两种：

（1）类比方法，参考类似项目的 WBS 创建新项目的 WBS。

（2）自上而下的方法，从项目的目标开始，逐级分解项目工作，直到参与者认为项目工作已经充分地得到定义。该方法由于可以将项目工作定义在适当的细节水平，对于项目工期、成本和资源需求的估计比较准确。

创建 WBS 时需要满足以下几点基本要求：

（1）某项任务应该在 WBS 中的一个地方且只应该在 WBS 中的一个地方出现。

（2）WBS 中某项任务的内容是其下所有 WBS 项的总和。

（3）一个 WBS 项只能由一个人或小组负责，即使许多人都可能在其上工作，也只能由一个人负责，其他人只能是参与者。

（4）WBS 必须与实际工作中的执行方式一致。

（5）应让项目团队成员积极参与创建 WBS，以确保 WBS 的一致性。

（6）每个 WBS 项都必须文档化，以确保准确理解已包括和未包括的工作范围。

（7）WBS 必须在根据范围说明书正常地维护项目工作内容的同时，也能适应无法避免的变更。

（8）WBS 的工作包的定义不超过正常工作时间。

（9）WBS 的层次不超过 10 层，建议为 4~6 层。

WBS 的分解可以采用以下三种方式进行：

（1）按项目的物理结构分解。

（2）按项目的功能分解。

（3）按照实施过程分解。

检验 WBS 是否定义完全、项目的所有任务是否都被完全分解主要依据以下标准：

（1）每个任务的状态和完成情况是可以量化的。

（2）明确定义了每个任务的开始和结束。

（3）每个任务都有一个可交付成果。

（4）工期易于估算且在可接受期限内。

（5）容易估算成本。

（6）各项任务是独立的。

（7）各项任务能被描述。

WBS 的主要种类有：

(1)纲要性工作分解结构。纲要性工作分解结构是指导性的、战略性的工作分解结构。

(2)项目纲要性工作分解结构。项目纲要性工作分解结构是针对某一特定项目，对纲要性工作分解结构进行裁剪得到的工作分解结构。

(3)工程公司标准工作分解结构。

(4)合同工作分解结构。合同工作分解结构是适用于特定合同或采购活动的完整的工作分解结构，确定了这些任务与项目的组织机构、技术状态的关系，为项目的性能、技术目标、进度和费用之间的联系确定了逻辑上的约束框架。合同工作分解结构应与合同规定的层次相一致。合同应指出在合同的哪一级别上进行费用累计。承包人为控制其费用而用到的合同 WBS 的扩延级，应具有费用累计的追溯能力。

在其他某些具体的应用领域，常见的分解结构主要包括：

(1)合同工作分解结构。它主要用于定义卖方提供给买方报告的层次，通常不如卖方管理工作使用的工作分解结构(WBS)详细。

(2)组织分解结构。用于显示各个工作元素被分配到哪个组织单元。

(3)资源分解结构。是组织分解结构的一种变异，通常在将工作元素分配到个人时使用。

(4)材料清单。表述了用于制造一个加工产品所需的实际部件、组件和构件的分级层次。

(5)项目分解结构。基本上与工作分解结构(WBS)的概念相同。

【本章小结】

要科学地认知和合理地表达公路工程项目，就应对其进行必要的分项，即根据不同的管理需要，对公路工程项目进行工作分解结构(Work Breakdown Structure，简称 WBS)，把公路工程项目管理过程中可交付成果和项目工作分解成较小的、更易于管理的组成部分，也就是把一个公路工程项目按一定的原则分解成任务，任务再分解成一项项工作，再把一项项工作分配到每个人或小组的日常工作中，归纳和定义公路工程项目的整个工作范围。分项通常包括公路工程项目的管理形态和实体形态(包含结构和材料两个要素)两方面，管理形态主要有投资控制、造价管理和项目成本核算；实体形态由许多部分组成，基本建设工程可依次划分为基本建设项目、单项工程、单位工程、分部工程和分项工程等。

编制预期项目造价时，是根据预期项目的设计图表、各专业分项表和相关的造价编制规则和地方规定来合理地分项，实物量造价分析方法的分项既有专业特点，又有地方特色和项目特性及时代特征。

不同的管理目的和管理视角会有不同的项目表，现行典型的公路工程项目表主要有公路工程项目造价费用组成(概算、预算总金额)项目表，施工定额项目表，预算定额项目表，概算定额项目表，估算指标项目表，概算、预算项目表，估算项目表，工程量清单和质量评定项目表等。

【思考题】

1. 什么是分项？具体分项包含哪三个要素？
2. 工作分解结构包含哪些内容和注意事项？
3. 概算、预算费用组成应怎么表示和应用？
4. 概算、预算项目表包含哪些具体内容？
5. 工程量清单有什么作用和意义？如何编制和管理工程量清单？
6. 施工图设计图表有哪些具体内容？与分项有什么关系？

第3章 定 额

为了适应工业的高速发展,解决生产率低下的矛盾,19世纪末美国工程师泰勒进行了动作研究,确定操作规程和动作规范以及劳动时间定额,完善科学的操作方法,以提高工效,从此在科学管理中正式出现了定额的概念。

公路工程定额是公路工程施工定额、预算定额、概算定额和估算指标等的总称。

3.1 定额的定义、特点与管理体系

定额,"定"是确定的定,"额"是数额的额,顾名思义,就是确定的数额;定额是在正常的技术条件和施工条件下,为完成单位合格产品所需要的人力、物力(含机械设备)、资金等消耗量的标准。

定额是为了科学管理,充分发掘生产潜力,将生产过程中投入的人力、物力、资金科学合理地组织起来,在保护工人安全和健康的前提下,以最少的劳动消耗,生产出质量最好、数量最多、成本最低、经济效益最好的产品和服务,不断提高劳动生产率水平。定额既是使工程建设活动中的计划、设计、施工、安装等各项工作取得最佳经济效益的有效工具和杠杆,又是衡量、考核上述各项工作的经济效益的尺度。

定额是经过科学的测定、分析、计算和综合后用数字加以规定的一个尺度,是组织施工的

基础,也是预测和计算工料机、资金消耗量的依据,还是工程计价的主要依据。定额反映了一定时期的社会生产力水平,随着生产技术的提高和生产管理水平的提高,定额需要及时得到修改及补充,与劳动生产率水平相适应。

定额具有科学性、系统性、统一性、法令性、相对稳定性等特点。

(1)定额的科学性。

定额的科学性表现在定额中的各类参数是遵循客观规律的要求,运用科学的方法测算和综合确定的。定额项目的内容采用了经过实践证明是成熟的、行之有效的先进技术和先进操作方法,同时在编制定额的技术方法上,吸取了现代科学管理的成就,具有一套科学的、严密的定额水平确定的手段和方法。因此,定额中各种消耗量指标,能正确反映当前社会生产力的水平。

(2)定额的系统性。

任何一种专业定额都是一个完整、独立的系统,公路工程定额也不例外,它从测定到使用,直至再修订都是为了全面地反映公路工程所有的工程内容和项目。公路定额与公路工程技术标准、规范配套,完全、准确地反映了公路工程施工工艺流程中的每一环节的工程内容。

公路工程定额是为公路建设和管理服务,虽然公路是一个庞大的实体,但定额将其项目分解为成千上万道工序,内容层次分明,如项、目、节、子目的划分。任何一个分部分项工程在公路定额中都能一一确定,如在概算定额中,一共用七章定额来将所有公路工程的内容进行分割和包容。而且在编制定额过程中,每一道不同工作都有对应的计算规则或计算模型,它们互相协调,组成一个完整的系统。

(3)定额的统一性。

公路定额由初期借助于国家统一的技术标准、规范到现在依据公路工程的统一标准、规范,在交通运输部相关部门的统一领导下,按照定额的制定、颁布和贯彻执行统一的制度,使定额管理有统一的程序、统一的原则、统一的要求和统一的标准。

(4)定额的法令性。

定额的法令性表现在定额是由国家行业主管部门或其他授权机关统一制定的,一经颁布便具有了法令的性质,只要在执行范围以内,任何单位都必须严格执行,不得任意变更定额的内容和水平。定额的法令性保证对工程项目有一个统一的核算尺度,使国家对设计的经济效果和施工管理水平能够实行统一的考核与监督。

(5)定额的相对稳定性。

定额所反映的是一定时期内施工技术和先进工艺的水平,所以表现为一定的稳定性,公路工程定额的稳定期一般为5~10年。但是,由于定额水平是一定时期内社会生产力水平的反映,因此,它不是一成不变的,而是随着生产力水平发展而变化。只是由于编制和修改定额是一项十分繁重的工作,需要动员和组织大量的人力、物力,而且需要很长的周期来收集大量的资料、数据,并进行反复的调查研究、测算、比较、平衡、审查、批准,最后才能公布发行。因此,当生产力水平变化不大时,有必要保持定额的相对稳定,但当生产力变化幅度较大时,定额必须随之变化。目前,随着信息技术和造价数据库等新技术在造价管理中的应用,及时收集项目信息和动态发布定额及造价指数将成为常态。

公路工程造价
依据信息

定额调整

定额管理指定额的制定、执行、统计、修订、应用等一系列管理工作,不同时期和不同的经济形式如计划经济和市场经济有不同的管理体系,但其内容是一致的,都是管理和制定定额的分项标准、确定其技术条件和施工条件、统计和分析其实物资源消耗数量,当前流行的工程造价数据库和造价指数的实质也是定额即时统计的一种表现形式,即定额管理体系和造价管理体系是基本一致的。

3.2 定额的构成及常用测算方法

公路工程定额有按生产因素和按定额用途两种分类方法。其中,按生产因素分类是基本方式;按用途分类的定额,实际上也包括了按生产因素分类的定额。具体划分如图 3-1 所示。

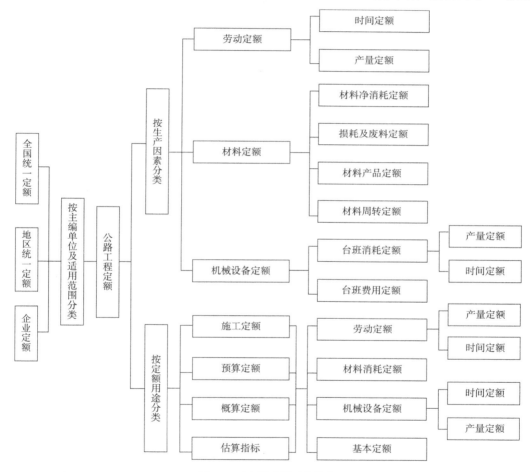

图 3-1 定额的分类及其构成

3.2.1 劳动定额

劳动定额又称劳动消耗定额、工时定额或人工定额,是在正常的生产技术和生产组织条件下,完成单位合格产品或工作所必需的劳动消耗(必要劳动时间)的数量标准。劳动定额的表现形式有工时定额和产量定额两种。

1)工时定额

工时定额指在技术条件正常、生产工具使用合理和劳动组织正确的条件下,工人为生产单位合格产品所必须消耗的工作时间。工人的工作时间包括定额时间和非定额时间两种,如图 3-2 所示,定额时间包括:与完成产品有直接关系的工作时间(有效工作时间),由于技术操作和施工组织的原因而中断的时间(不可避免的中断时间),工人工作中为了恢复体力所必需的短暂休息时间或喝水、大小便等生理上的要求所消耗的时间(必要休息时间)。

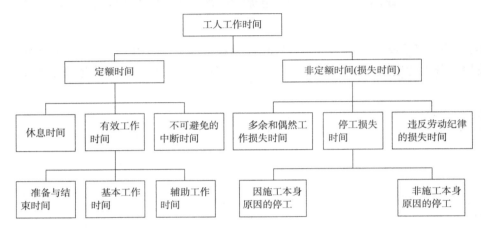

图 3-2 劳动时间的构成

工时定额以工日为单位,每个工日除潜水工作按 6h、隧道工作按 7h 计算外,其余均为 8h。时间定额的计算方法如下:

$$工时定额 = \frac{劳动量数量(工日)}{合格产品数量} \qquad (3-1)$$

2)产量定额

产量定额指在技术条件正常、生产工具使用合理和劳动组织正常的条件下,工人在单位时间内完成合格产品的数量。产量定额与时间定额是互为倒数的关系,其计算方法如下:

$$产量定额 = \frac{合格产品数量}{劳动量数量(工日)} = \frac{1}{工日定额} \qquad (3-2)$$

3)定额工时的测算方法

编制施工定额和劳动定额,首先应将复杂的公路工程施工过程细化分解到一道道工序,然后研究和测定完成一定工程量的工序工作所必需消耗的劳动时间、机械使用时间和材料用量。

(1)施工过程和工序分解。

施工过程就是在施工工地范围内所进行的生产过程,最终目的是建造、改建、修复或拆除建筑物或构筑物,如挖土、预制钢筋混凝土构件等。

施工过程应由不同工种、不同技术等级的工人来完成,并且必须有一定的劳动对象(施工材料、半成品、配件、预制品等)和一定的劳动工具(手动工具、小型工具和机械等)。

每个施工过程的结果都应获得一定的产品,并且该产品的尺寸、形状、表面结构、空间位置、强度等因素都必须符合设计及质量要求。只有合格的产品才能计入施工过程中消耗工作时间的劳动成果。

施工过程可分解为一个或多个工序,一个工序又可以分为若干个操作,一个操作又可分为若干个动作。

工序就是一个工人(或一个小组)在一个工地上,对同一个(或几个)劳动对象所完成的一切连续活动的总和。工序的主要特征是劳动者、劳动对象和所使用的劳动工具均不发生变化,如果其中一个发生变化,就意味着从一个工序转入了另一个工序。

工序可由一个工人来完成,也可由几个工人或者小组共同完成,前者叫作个人工序,后者则为小组工序。工序按照完成的方法通常分为手工工序和机械工序两种。机械工序由人工操纵施工机械来完成,如用搅拌机搅拌混凝土或砂浆,用起重机吊装各种预制构件等。

操作是一个个动作的总和,它是工序按劳动过程所划分的组成部分。

动作是操作的组成部分,每一个操作可以分解为若干个动作,它是工序中最小的一次性的不间断运动。

例如,"钢筋加工"的施工过程可分为调制、切断、弯曲、绑扎等几道主要工序;"弯曲钢筋"工序,则由"把钢筋放在工作台上""对准位置""把弯好的钢筋放置在一边"等操作组成;而"把钢筋放在工作台上"这一操作,又由"走向放钢筋处""拿起钢筋""返回工作台""把钢筋放在工作台上""把钢筋靠近立柱"等动作组成。

施工过程的各个工序,如果以同样的次序不断重复,并且每重复一次都可以产生出同一产品,则称为循环的施工过程。若施工过程的各个工序不是以同样的次序重复,或者生产出的产品各不相同,则称为非循环的施工过程。

编制施工定额时,工序是主要的研究对象,因此,将施工过程分解至工序即可。如果研究操作方法的改进或节约工时的方法,就要将施工过程分解至操作甚至动作为止。

(2)工作时间和定额时间。

工作时间就是工作班组的延续时间,一般工作为每日 8h 工作制。工作时间分为工人工作时间和机械工作时间。

工人工作时间可分为定额时间(必需消耗的时间)和非定额时间(损失时间)两大类,如图 3-2 所示。

定额时间指在正常施工条件下,工人为完成一定产品所必需消耗的工作时间。它包括有效工作时间、休息时间、不可避免的中断时间。

①有效工作时间。

有效工作时间是与完成产品有直接关系的工作时间消耗。其中包括准备与结束时间、基本工作时间、辅助工作时间。

a. 准备与结束时间。

准备与结束时间指工人在执行任务前的准备工作和完成任务后的结束工作所需要消耗的时间。它分为经常性的准备与结束工作时间和任务性的准备与结束工作时间。

经常性的准备工作时间,如领取材料工具,工作地点布置,检查安全技术措施,调整、保养机械等需要的时间;结束工作时间,如清理工作地点,退回工具、余料,产品交验、工作交接班等具有经常的或每天都要消耗的工作时间。

任务性的准备与结束工作时间,如接受任务时技术交底、熟悉施工图纸等不具有经常性,仅发生在接受新任务时所需的时间。

b. 基本工作时间。

基本工作时间指工人直接用于施工过程中完成产品的各个工序所消耗的时间,它与完成任务的大小成正比。通过基本工作,如钢筋弯曲成型、浇筑混凝土构件等可以使劳动对象发生直接变化。

c. 辅助工作时间。

辅助工作时间是为了保证基本工作的顺利进行而做的辅助性工作所需要消耗的时间。辅助性工作不直接导致产品的形态、性质、结构位置发生变化,如搭设跳板、修理便道、施工放线、自行检查等均属于辅助性工作。

②休息时间。

休息时间指工人在工作过程中为了恢复体力所必需的短暂间歇时间及因个人生理上的需要而消耗的时间。休息时间包括工作休息时间,工人喝水、上厕所等时间,根据工作的繁重程度、劳动条件和劳动性质作为劳动保护规定列入工作时间。

③不可避免的中断时间。

不可避免的中断时间是由于施工工艺特点引起的工作中断所必需的时间。例如,汽车驾驶员在汽车装卸货时消耗的时间;起重机吊预制构件时安装工需要等待的时间。

④非定额时间(损失时间)。

非定额时间是指工人或机械在工作班内与完成生产任务无关的时间消耗。非定额时间包括多余或偶然工作时间和违反劳动纪律时间。

a. 多余或偶然工作时间。

多余或偶然工作时间是在正常施工条件下不应发生的时间消耗,或由于意外情况所引起的工作所消耗的时间。如质量不符合要求,返工造成的多余的时间消耗。

b. 停工时间。

停工时间包括施工本身造成的和非施工本身造成的停工时间。施工本身造成的停工,是由于施工组织和劳动组织不善,材料供应不及时,施工准备工作做得不好而引起的停工。非施工本身而引起的停工,如设计图不能及时到达,水电供应临时中断,以及由于气象条件(如大雨、风暴、严寒、酷热等)所造成的停工损失时间。停工时间不包含在定额消耗时间内,但施工组织和施工管理中要充分考虑。

c. 违反劳动纪律时间。

违反劳动纪律时间指工人不遵守劳动纪律而造成的时间损失,如上班迟到、早退、擅自离开工作岗位、工作时聊天以及由于个别人违反劳动纪律而使别的工人无法工作的时间损失。

上述非定额时间,在确定定额水平时,均不予考虑。

(3)工时测算的主要方法。

工时研究是用科学的方法对工作时间进行观察、记录、整理、分析,是编制定额的基础工作。计时观察法是工时研究的基本方法,在施工现场对选定的施工过程进行观察、测时,计算实物和劳动产量,记录施工过程所处的施工条件和影响工时消耗的因素,然后整理、分析观察资料,进而得到完成单位合格产品所必需消耗的工作时间。

计时观察法的工作步骤如下:

①确定计时观察的施工过程。

②划分施工过程的组成部分。

③选择正常施工条件。

④选择观察对象。

⑤观察、测时。
⑥整理和分析观察资料。
⑦编制定额。

计时观察法通常分为测时法、写实记录法和工作日写实法三种主要方法。

①测时法。

测时法是一种精度比较高的测定方法,主要适用于研究以循环形式不断重复进行的作业,用于观测研究施工过程循环组成部分的工作时间消耗,不研究工人休息、准备与结束及其他非循环的工作时间,可以为编制劳动定额提供单位产品所必需的基本工作时间的技术数据;可以分析研究工人的操作或工作,总结先进经验,帮助施工班组提高劳动效率。

a. 记录时间的方法。

测时法按记录时间的方法不同,分为选择法测时和接续法测时两种。

a)选择法测时。

采用选择法测时时,从被观察的某一循环工作的组成部分开始,观察者立即开动秒表,当该组成部分终止,则立即停止秒表。然后把秒表上显示的延续时间记录到选择法测时记录(循环整理)表,并把秒针拨回零点。下一组成部分开始,再开动秒表,如此依次观察下去,并依次记录下延续时间,应特别注意掌握定时点,以避免影响测时资料的精确,在记录时间时仍在进行的工作组成部分,应不予观察。

选择法测时记录(循环整理)表,既可记录观察资料,又可进行观察资料的整理。测时之前,应先把表头部分和各组成部分的名称填好,观察时再依次填入各组成部分的延续时间,观察结束再行整理,求出平均修正值。

b)接续法测时。

接续法测时也称连续法测时,较选择法测时更准确、完善,但观察技术要求要复杂一些,在工作进行中和非循环组成部分出现之前一直不停止秒表,秒针走动过程中,观察者根据各组成部分之间的定时点,记录它的终点时间。在观察时,要使用双针秒表,以便使其辅助针停止在某一组成部分的结束时间上。

接续法测时使用接续法测时记录表,每一组成部分的基本计时资料分为互相平行的两行来填写,第一行记录组成部分的终止时间,第二行记录观察后计算出的组成部分延续时间。

b. 测时法的观察次数。

对某一施工活动进行测时时,观测次数直接影响测时资料的精度,要认真确定测定的次数,以保证测时资料的可靠性和代表性。一般来说,观测的次数越多,资料的准确性越高,但要花费的时间和人力也越多,这样既不经济,也不现实,应通过测时所得数据的算术平均值精确度与观测次数和稳定系数之间的关系来检查所测次数是否满足需要。

c. 测时数据的整理。

观测所得数据的算术平均值,即为所求工序各组成部分的延续时间。为使算术平均值更加真实地接近于各组成部分的延续时间,必须删去那些显然是错误的以及误差极大的观测值。应用数理统计的基本原理和方法,即通过清理后所得出的算术平均值,通常称为算术平均修正值,清理偏差较大的数据时,不能单凭主观想象,也不能预先规定出偏差的百分率,偏差百分率对某些组成部分可能显得太大,而对另一些组成部分又可能会显得不够,为了妥善清理此类误差,可参照经验的调整系数和误差极限算式进行。

②写实记录法。

写实记录法可研究所有种类的工作时间消耗,包括基本工作时间、辅助工作时间、不可避免的中断时间、准备与结束时间以及各种损失时间。通过写实记录可以获得分析工作时间消耗和制订定额时所必需的全部资料。这种测定方法比较简单,易于掌握,并能保证必要的精确度。因此,写实记录法在实际中得到广泛采用。

写实记录法分为个人写实和集体写实两种。由一个人单独操作及完成产品数量可单独计数时,采用个人写实记录。如果由小组集体操作,而产品数量又无法单独计算时,可采用集体写实记录。

a. 记录时间的方法。

记录时间的方法有数示法、图示法和混合法三种。计时一般使用有秒钟的普通计时表即可。

a) 数示法。

测定时直接用数字记录时间的方法,可同时对两个以内的工人进行测定,适应于组成部分较少而且较稳定的施工过程。记录时间的精确度为 5~10s。观察的时间应记录在数示法写实记录表中。

b) 图示法。

用图表的形式记录时间,记录时间的精确度可达 0.5~1min,适用于观察 3 个以内的工人共同完成某一产品的施工过程。与数示法相比,图示法的优点主要是记录技术简单,时间记录一目了然,原始记录整理方便。因此,在实际工作中,图示法较数示法的使用更为普遍。

记录时间时用铅笔在各组成部分相应的横行中画直线段,每个工人一条直线,每一线段的始端和末端应与该组成部分的开始时间和终止时间相符合。工作 1min,直线段延伸一个小格,测定两个以上的工人工作时,最好使用不同颜色的彩色铅笔,以便区分各个工人的线段。当工人的操作由一组成部分转入另一组成部分时,时间线段也应随着改变其位置,并应将前一线段的末端画一垂直线段与后一线段的始端相连接。

c) 混合法。

混合法组合了图示法和数示法的优点,用图示法表格记录所测施工过程各组成部分的延续时间,而完成每一组成部分的工人人数则用数字表示,适用于同时观察 3 个以上工人工作时的集体写实记录。

所测施工过程各组成部分的延续时间,用相应的直线段表示,完成该组成部分的工人人数用数字填写在其时间段的始端。当某一组成部分的工人人数有所变动时,必然要引起另一组组成部分或数个组成部分中工人人数的变动。因此,在观察过程中,应随时核对各组成部分在同一时间内的工人人数是否等于观察对象的总人数,如发现人数不符应立即纠正。

混合法记录时间,不论测定多少工人工作,在所测施工过程各组成部分的时间栏里只用一条直线段表示,当工人由一组成部分转向另一组成部分时,不作垂直线连接。

b. 写实记录法的延续时间。

延续时间指采用写实记录法进行测定时,测定每个施工过程或同时测定几个施工过程所需的总延续时间。延续时间的确定应立足于既不至消耗过多的时间,又能得到比较可靠和完善的结果。同时还必须注意所测施工过程的代表性和经济性,已经达到的工效水平的比较稳定的程度,同时测定不同类型施工过程的数目、被测定的工人人数以及测定完成产品的可能次数等,这些因素在确定延续时间时均应认真加以考虑。为了便于测定人员确定写实记录法的延续时间,应根据以往的实践经验拟定记录表供测定时参考使用。

记录表适用于一般施工过程,如遇个别施工过程的单位产品所消耗的时间过长时,可适当减少表中测定完成产品的最低次数,同时还应酌情增加测定的总延续时间;如遇个别施工过程的单位产品所需时间过短时,则应适当增加测定完成产品的最低次数,并酌情减少测定的延续时间。

c. 汇总整理。

汇总整理就是将写实记录法所取得的若干原始记录表记载的工作时间消耗和完成产品数量进行汇总,并根据调查的有关影响因素加以分析研究,调整各组成部分不合理的时间消耗,最后确定出单位产品所必需的时间消耗量。

③工作日写实法。

工作日写实法,是一种研究整个工作内的各种工时消耗的方法,其工作内容一是取得编制定额的基础资料;二是检查定额的执行情况,找出缺点,改进工作。

工作日写实法与测时法、写实记录法相比,具有技术简便、应用面广和资料全面的优点,是一种采用较广的编制定额的方法。

工作日写实法的基本要求如下。

a. 因素登记。

由于工作日写实法主要是研究工时利用和损失,不按工序研究基本工作时间和辅助工作时间的消耗,因此,在填写因素登记表时,对施工过程的组织和技术说明应简明扼要,不予详述。

b. 时间记录。

个人工作日写实采用图示法,小组工作日写实采用混合法,机械工作日写实采用混合法或数示法。

c. 延续时间。

工作日写实法以一个工作日为准,如其完成产品消耗大于8h,则应酌情延长观察时间。

d. 观察次数。

根据不同的目的要求确定观察次数。如为了总结先进工人的工时利用经验,应测定1~2次;为了掌握工时利用情况或指定标准工时规范,应测定3~5次;为了分析造成损失时间的原因,改进施工管理,应测定1~3次,以取得所需要的有价值的资料。

(4)劳动定额的编制方法。

编制劳动定额包括拟定施工的正常条件和拟定时间(产量)定额两部分工作。

①拟定施工的正常条件。

拟定施工的正常条件就是确定贯彻定额所应具备的条件,或者说,将技术测定所提供的资料以及综合分析所取得的正常条件,在定额的内容中加以明确和确定,这些条件应该适用于大多数企业和单位,符合当前生产实际情况。正确地拟定正常施工条件,既有利于定额的贯彻,也有利于促进劳动生产率的提高。正常施工条件是绝大多数企业和施工队、组在合理组织施工的条件下所能达到的施工条件。

a. 拟定工作地点的组织。

工作地点是工人施工、活动的场所,工作地点组织紊乱和不科学,往往是造成劳动效率不高甚至窝工的重要原因。在拟定工作地点的组织时,要特别注意使工人在操作时不受妨碍,所使用的工具和材料应按使用顺序放置于工人最便于取用的地方,以减少疲劳和提高工作效率,不用的工具和材料不应放置在工作地点,工作地点应保持场地清洁和秩序井然。

b. 拟定工作组成。

拟定工作组成就是将施工过程,按照拟定的劳动分工划分成若干工序,以达到合理使用技术工人的目的。

c. 拟定施工人员编制。

拟定施工人员编制就是确定小组人数,技术工人的配备,以及劳动的分工和协作。施工人员编制的原则是使每个工人都能充分发挥作用,均衡担负工作。

②拟定时间(产量)定额。

时间定额和产量定额是劳动定额的两种表现形式。拟定出时间定额,就可以计算出产量定额;反之亦然。制订时间定额的方法主要有技术测定法、比较类推法、经验估工法和统计分析法等。

a. 技术测定法。

技术测定法是根据先进合理的生产(施工)技术、操作工艺、合理劳动组织和正常的生产(施工)条件,对施工过程中的个体活动进行实地观察,详细地记录施工中的工人和机械的工作时间消耗、完成产品的数量及有关影响因素,将记录的结果加以整理,客观地分析、计算,制订劳动定额的方法。

这种方法有较高的准确性和科学性,是制订新定额和典型定额的主要方法。

技术测定法也就是计时观察法。确定的基本工作时间、辅助工作时间、准备与结束工作时间、不可避免中断时间和休息时间之和,是劳动定额的时间定额。

b. 比较类推法。

比较类推法又称典型定额法,是以同类或相似类型的产品或工序的典型定额项目的定额水平为标准,经过分析比较,类推出同一级定额中相邻项目的定额水平的方法。

一般流程是:选定相同(相似)类型的对比项目;分析新项目与定额项目之间的主要差异;确定新项目与定额项目相比的效率估计值;确定新项目的定额水平。

在施工(生产)过程中,由于所用建筑材料、构件的变化,有时还较多地采用这种方法。由于使用这种方法只需以相同或相似类的定额资料为基础,经过比较分析,即可确定新项目的定额水平,因而它具有经验分析和工作测定的特点,其优点是简便易行、工作量小,只要典型定额选择恰当,切合实际,具有代表性,类推出的定额一般也比较合理。

这种方法适合于同类型规格多,批量小的施工(生产)过程。为了提高定额水平的精度,通常采用主要项目作为典型定额来类推,并要注意掌握工序、产品的施工(生产)工艺和劳动组织类似或相近的特征,细致地分析施工(生产)过程的各种影响因素,防止将因素变化很大的项目作为典型定额比较类推。

c. 经验估工法

经验估工法是定额专业人员、工程技术人员和工人,根据施工图纸、技术规范、工艺操作规程,分析所使用的工具、设备、原材料及其施工技术组织条件和操作方法的繁简、难易等情况,凭实践经验估定劳动定额的一种方法。这种方法的特点是:方法简单,速度快,但易受参加制订人员的主观因素和局限性的影响,使制订的定额出现偏高或偏低的现象。因此,这种方法只适用于企业内部,作为某些局部项目的补充定额。

运用经验估工法制订定额,应以工序(或单项产品)为对象,将工序分为操作(或动作),分别做出操作(或动作)的基本工作时间,然后考虑辅助工作时间、准备时间、结束时间和休息时间,经过整理,并对整理结果优化处理,即得出该项工序(或产品)的时间定额或产量定额。

为了提高经验估工的精确度,使确定的定额水平相当,可用概率论的方法来估算定额。这种方法是请有经验的人员,分别对某一单位产品和施工过程进行估算,从而得出三个工时消耗数值:先进的(乐观估计)为 a,一般的(最大可能)为 m,保守的(悲观估计)为 b,从而求出它们的平均值 $\bar{t}$:

$$\bar{t} = \frac{a + 4m + b}{6} \tag{3-3}$$

均方差为:

$$\sigma = \frac{b - a}{6} \tag{3-4}$$

根据正态分布的工时,调整后的工时定额为:

$$t = \bar{t} + \lambda\sigma \tag{3-5}$$

式中:λ——σ 的系数。

d. 统计分析法。

统计分析法是利用过去同类工程项目或生产同类产品的实际工时消耗的资料,经过分析整理,结合当前的施工(生产)技术组织条件的变化因素制订劳动定额的一种方法。

这种方法的优点是以统计资料为依据,有一定说服力,能反映实际劳动效率,并且不需要专门进行测定即可取得工时消耗数据,因而工作量小,简单易行,能满足定额制订的快和全的要求。其缺点是定额水平一般偏于保守。为了克服统计分析资料的这个缺陷,使确定出来的定额水平保持平均先进的性质,可采用"二次平均法"计算平均先进值作为确定定额水平的依据。

a) 二次平均法。

二次平均法的步骤如下:

第一步:删除不合理数据。

删除统计资料中特别偏高、偏低的明显不合理的数据。

第二步:计算平均数。

$$\bar{t} = \frac{t_1 + t_2 + \cdots + t_n}{n} = \frac{\sum_{i=1}^{n} t_i}{n} \tag{3-6}$$

式中:n——数据个数。

第三步:计算平均先进值。

平均值与数列中小于平均值的各数值的平均值相加(相对于时间定额),再求其平均数,即第二次平均。此即确定时间定额的依据。

$$\overline{t_2} = \frac{\bar{t} + \overline{t_x}}{2} \tag{3-7}$$

式中：$\bar{t}_2$——二次平均后的平均先进值；

$\bar{t}$——全数平均值；

$\bar{t}_x$——小于平均值的各个数值的平均值。

把统计分析法和经验估工法的概率估计方法结合起来，可以帮助我们更加科学地掌握定额水平，使之先进合理，这种方法叫作概率测算法。

b）概率测算法。

概率测算法的步骤如下：

第一步：确定有效统计数据。

对取得的某一生产活动的若干个工时消耗数据进行整理和分析，把明显的偏高或偏低的数据删掉。

第二步：计算工时消耗的平均值 $\bar{t}$。

$$\bar{t} = \frac{\sum_{i=1}^{n} t_i}{n} \tag{3-8}$$

第三步：计算工时消耗数据的均方差 σ。

$$\sigma = \sqrt{\frac{\sum_{i=1}^{n}(t_i - \bar{t})^2}{n}} \tag{3-9}$$

第四步：运用正态分布确定时间定额 t。

$$t = \bar{t} + \lambda \sigma \tag{3-10}$$

3.2.2 材料消耗定额

材料消耗定额指在合理使用材料的条件下，生产单位合格产品所必须消耗的一定品种，一定规格的原材料、燃料、半成品、配件和水、电、动力等资源（统称为材料）的数量标准。它是项目核算材料消耗，考核材料节约或浪费的指标，也是项目编制材料需用量计划、运输计划、供应计划，计算仓库面积，签发限额领料单的根据，而且是提供编制预算定额的依据。

合理确定材料消耗定额，必须研究和区分材料在施工过程中消耗的性质。

施工中材料的消耗，可分为必需的材料消耗和损失的材料两类性质。

必需消耗的材料指在合理用料的条件下，生产合格产品所需消耗的材料，包括：

（1）直接用于建筑和安装工程的材料。

（2）不可避免的施工废料。

（3）不可避免的材料损耗。

必需消耗的材料属于施工正常消耗，是确定材料消耗定额的基本数据。

材料的净消耗指在不计废料和损耗的情况下，直接用于构造物上的材料量；材料的损耗及废料指施工中不可避免的废料和必要的工艺性损耗，一般包括施工损耗及由仓库或露天堆料场运至施工地点的运输损耗，但不包括可以避免的消耗和损失的材料。材料的损耗量与材料的净消耗量之比，称为材料的损耗率，一般材料消耗定额按下式计算：

$$材料损耗率 = \frac{材料损耗量}{材料净消耗量} \times 100\% \tag{3-11}$$

材料消耗定额 = (1 + 材料损耗率) × 完成单位产品的材料净消耗量   (3-12)

材料消耗定额还有两种表现形式,即材料产品定额和材料周转定额。

材料产品定额,指一定规格的原材料,在合理的操作条件下,获得合格产品的数量。这种定额形式在公路工程定额中应用较少。

材料周转定额,即周转性材料(如模板、支架的木料和钢材)的周转定额。产品所消耗材料中包括工程本身使用的材料和为工程服务的辅助材料,即所谓的周转性材料。周转性材料应按规定进行周转使用,其合理周转使用的次数和用量称为周转性材料的周转定额(见《预算定额》附录三)。在现行预算定额中,周转性材料均按正常周转次数摊入定额中,具体规定详见《预算定额》总说明书及附录。

材料消耗定额不仅是实行经济核算,保证材料合理使用的有效措施,也是确定材料需用量,编制材料计划的基础,同时也是施工承包或组织限额领料、考核和分析材料利用情况的依据,因此,应对材料定额的组成予以熟悉掌握。

1)编制直接性消耗材料定额的方法

根据工程需要直接构成实体消耗的材料,为直接性消耗材料。

编制材料消耗定额的基本方法有观察法、试验法、统计法和计算法。

(1)观察法。

观察法也称施工实验法,就是在施工现场,对生产某一产品的材料消耗量进行实际测算。通过产品数量、材料消耗量和材料的净用量的计算,确定该单位产品的材料损耗量或损耗率。

采用这种方法,首先要选择观察对象。观察对象应符合下列要求:

①建筑结构是典型的。

②施工符合技术规范要求。

③材料品种和质量符合设计要求。

④被测定的工人在节约材料和保证产品质量方面有较好的成绩。

其次,要做好观察前的准备工作。如准备好标准桶、标准运输工具、称量设备,并采取减少材料损耗的必要措施。观察测定的结果,要取得材料消耗的数量和产品数量的资料。

观察法主要适用于制定材料损耗定额,因为只有通过现场观察,才有可能测定出材料损耗数量,同时,也只有通过现场观察,才能区别出哪些是可以避免的损耗(这部分损耗不应列入定额),哪些属于难以避免的损耗。

(2)试验法。

试验法也称为实验室试验法,是在实验室内进行观察和测定工作。这种方法主要用于研究材料的强度与各种材料消耗量的数量关系,以获得多种配合比,以此为基础计算各种材料的消耗数量。例如,确定混凝土的配合比,然后计算出每立方米混凝土中的水泥、砂、石、水的消耗量。

试验法的优点是能更深入、更详细地研究各种因素对材料消耗的影响,缺陷是没有估计到或无法估计到施工中某些因素对材料消耗的影响。用于施工生产时,须加以必要的调整方可作为定额数据。

(3)统计法。

统计法,也称统计分析法。它是以现场积累的分部分项工程使用材料数量、完成产品数量、完成工作后材料的剩余数量的统计资料为基础,经过分析,计算出单位产品的材料消耗量的方法。

此法比较简单易行,不需要组织专人测定或试验。但是其准确程度受统计资料和实际使用材料的影响,所以要注意统计资料的真实性和系统性,要有准确的领、退料统计数据和完成工程量的统计资料,同时要有较多的统计资料作为依据,统计对象也应认真选择。

(4)计算法。

计算法也称理论计算法,是根据施工图纸和工程构造要求,用理论公式算出产品的净耗材料数量,从而制订材料的消耗定额。

计算法有三种具体方法,即直数法、样板裁截法、统筹下料法。

①直数法:就是按照图纸直接数出来,它是确定构件的材料(如五金零件——螺栓垫板、风钩、插销、合页等,又如电器材料——开关、灯头、闸门等)消耗定额时所采用的一种方法。

②样板裁截法:是确定不规则的板状产品的板材消耗定额所采取的方法。这种方法就是先将产品尺寸按比例缩小制成纸样板,图上选取最合理的截料方式,或按产品尺寸用纸制成样板,然后在板材上进行排料,选取最合理的截料方法。

③统筹下料法:又称组合选择法,就是线性规划下料问题求最优解。它是用来确定长尺寸材料和板状材料定额的。这种方法具体来说就是要先了解需要同规格的材料各种构件尺寸、数量和该规格的材料仓库现存数量,然后统一下料。下料前要进行截料方式选择,选择的方法就是将各种不同尺寸的构件(构件小于材料的)或长尺寸的板状的材料(构件大于材料的)排列组合成各种镶拼方式或各种截料方式,以选择总消耗量最小也就是损耗率最小的一种方法。

2)编制周转性材料的消耗量定额的方法

周转性材料指在施工中不是一次性消耗的材料,它是随着多次使用而逐渐消耗的材料,并在使用过程中不断补充、多次重复使用。如脚手架、挡土板、临时支撑、混凝土工程的模板等。因此,周期性材料的消耗量,应按照多次使用、分次摊销的方法进行计算。

周期性材料使用一次,在单位产品上的消耗量,称为摊销量。周转性材料的摊销量与周转次数有直接关系。

各种材料的周转及摊销定额,可按下式进行计算:

$$Q = \frac{A(1+k)}{nV} \tag{3-13}$$

式中:Q——周转材料的单位定额用量(m^3或kg/m^3);

A——周转材料的图纸一次用量(m^3或kg/m^3);

k——场内运输及操作损耗率(%);

n——周转及摊销次数;

V——工程设计实体(m^3)。

周转材料的图纸一次使用量是指为完成某种规格的产品每一次生产时所需要的周转材料数量,如浇筑一定尺寸的混凝土构件时一套模板的用量。

场内运输及操作损耗率在这里指周转性材料每次使用后因场内运输及操作过程中造成的损坏不能重复使用的数量占一次使用量的百分数。

周转次数指周转材料可重复使用的次数。

工程设计实体是根据周转材料施工的工程结构构件的设计尺寸计算得到的体积。

编制周转材料的消耗定额,基本上是以设计图纸或施工图纸为依据的。首先计算出公路工程的体积和各种周转材料的图纸一次使用量,然后按实测的周转及摊销次数进行计算。

确定某一种周转性材料的周转次数,是制订周转性材料消耗定额的关键,但它不能用计算的方法确定,而是采用长期的现场观察和大量的统计资料用统计分析法确定。

由于公路工程的结构形式不一,情况各异,能充分周转使用的次数也不尽相同,周转次数是在实际工作中比较难以确定的一个参数,通常是以实际施工生产经验资料结合工程的具体情况,在适当留有余地的基础上,分别对各种周转使预计可能达到的周转次数,作为计算周转材料的消耗定额。公路工程中各种材料的周转及摊销次数和场内运输及操作损耗率,一般通过施工实践测定。

3.2.3 机械设备使用定额

机械设备使用定额简称机械定额,一般可分为按台班数量计算的定额和以货币形式表示的定额(如小型机具使用费等)。按台班数量计算的机械设备使用定额又称机械台班消耗定额,指在正常的施工条件下,完成单位数量合格产品所消耗的台班数量标准,或在单位时间内机械完成的产品数量。机械台班消耗定额和劳动定额相同,具有两种表现形式,即机械时间定额和机械产量定额。

机械时间定额指在一定的操作内容及质量、安全要求的条件下,某种机械完成单位合格产品所必须消耗的工作时间和台班。机械的工作时间也与工人的工作时间相同,包括定额时间和非定额时间,如图3-3所示,在测定机械定额的时间定额时是不能将非定额时间纳入其中的。

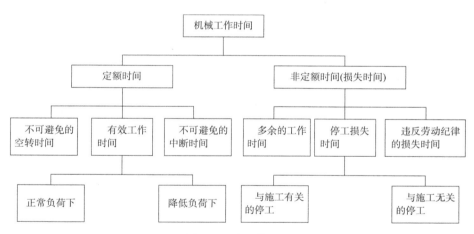

图3-3 机械工作时间

机械时间定额以"台时"或"台班"为单位,一台机械工作1h为一台时,潜水设备每台班按6h计算,变压器和配电设备每昼夜按一个台班计算,除此之外,各类机械每台班均按8h计算。

机械产量定额指在一定的操作内容及质量、安全要求的条件下,某种机械每单位作业量(如台班、台时等)所完成的合格产品的数量标准。机械时间定额和机械产量定额互成倒数。

1)定额时间

(1)有效工作时间。

有效工作时间包括正常负荷下和降低负荷下两种工作时间消耗。

①正常负荷下的工作时间,指机械在达到机械说明书规定的负荷下进行工作的时间。

在个别情况下,由于技术的原因,机械只能在低于规定负荷下工作,如汽车载运重量轻而体积大的货物时,不可能充分利用汽车的载重吨位,因而不得不降低负荷工作,此种情况亦视为正常负荷下工作。

②降低负荷下的工作时间,指由于施工管理人员或工人的过失,以及机械陈旧或发生故障等原因,使机械在降低负荷的情况下进行工作的时间。

(2)不可避免的无负荷工作时间。

不可避免的无负荷工作时间指由于施工过程的特性和机械结构的特点所造成的机械无负荷工作时间。如铲运机返回到铲土地点、工作班开始和结束时来回无负荷的空行或工作地段转移所消耗的时间。

(3)不可避免的中断时间。

不可避免的中断时间指由于施工过程的技术和组织的特性造成的机械工作中断时间。具体包括以下几个方面:

①与操作有关的不可避免的中断时间,如汽车装载、卸载的停歇时间。

②与机械有关的不可避免的中断时间,指用机械进行工作的人在准备与结束工作时使机械暂停的中断时间,或者在维护保养机械时必须使其停转所发生的中断时间。

③工人休息时间,指机械工人所必需的休息时间。

2)非定额时间

(1)多余或偶然工作时间。

多余或偶然工作时间有两种情况:一是可避免的机械无负荷工作,指工人没有及时供给机械用料引起的空转;二是机械在负荷下所做的多余工作,如混凝土搅拌机搅拌混凝土时超过规定的搅拌时间,即属于多余工作时间。

(2)停工时间。

按其性质可分为以下两种:

①施工本身造成的停工时间,指由于施工组织不善引起的机械停工时间,如临时没有工作面,未能及时供给机械用水、燃料和润滑油,以及机械损坏等引起的机械停工时间。

②非施工本身造成的停工时间,指由于外部的影响引起的机械停工时间,如水源、电源中断(不是由于施工原因),以及气候条件(暴风、冰冻等)的影响而引起的机械停工时间。

(3)违反劳动纪律时间。

由于机械工人违反劳动纪律而引起的机械停工时间。

3)施工机械设备使用定额的编制方法

编制施工机械设备使用定额主要包括拟定机械工作的正常条件、确定机械时间利用系数和小时生产率、计算施工机械定额等工作。

(1)拟定机械定额的正常条件。

机械工作和人工操作相比,劳动生产率受到施工条件的影响程度更大。因此,编制施工定额时更应重视、确定机械工作的正常条件。拟定机械工作正常条件,主要是拟定工作地点的合理组织和合理的工人编制。

工作地点的合理组织,就是对施工地点机械和材料的放置位置、工人从事操作的场所,做出科学、合理的平面布置和空间安排。它要求施工机械和操纵机械的工人在最小范围内移动,但又不阻碍机械运转和工人操作;应使机械的开关和操纵装置尽可能集中地装置在操纵工人的近旁,以节省工作时间和减轻劳动强度;应最大限度发挥机械的效能,减少工人的手工操作。

拟定合理的工人编制,就是根据施工机械的性能和设计能力以及工人的专业分工和劳动工效,合理确定操纵机械的工人和直接参加机械化施工过程的工人的编制人数。确定操纵和维护机械的工人编制人数及配合机械施工的工人编制,如配合吊装机械工作的工人等。工人的编制往往要通过计时观察、理论计算和经验资料来合理确定。

拟定合理的工人编制,应要求保持机械的正常生产率和工人正常的劳动工效。

(2)确定机械时间利用系数。

机械定额时间是机械为完成产品所必需消耗的时间。为便于应用,我们将机械施工过程的定额时间分为净工作时间和辅助消耗时间。

净工作时间指工人利用机械对劳动对象进行加工,用于完成基本操作所消耗的时间。

净工作时间主要包括机械的有效工作时间(机械直接为完成产品而工作的时间)、机械在工作循环中的不可避免的无负荷(运转)时间、与操作有关的循环的不可避免的中断时间(机械在生产循环中,由于工艺上或技术组织上的原因而发生停机的时间)。

辅助消耗时间包括定时的不可避免的无负荷工作时间、工人休息时机械不可避免的中断时间、工人进行装备与结束工作时的中断时间、定时的中断时间。

确定工作班内定额时间的构成,主要是确定净工作时间的具体数值或者与工作班延续时间的比值。这要依据对机械施工过程进行多次工作日写实的结果,并考虑机械说明书等有关资料,认真分析后确定。应尽可能提高机械净工作时间,减少其他工作时间,以保证机械在工作班内的最大生产率。

机械时间利用系数是机械的净工作时间和工作班延续时间之比,即:

$$机械时间利用系数 = \frac{机械的净工作时间}{工作班延续作班} = \frac{工作班延续作班 - 辅助工作时间}{工作班延续作班} \quad (3-14)$$

(3)确定机械小时生产率。

机械小时生产率指在正常施工组织条件下,由适合于技术水平的工人操作机械净工作1h完成的产量。

施工机械作业分为两类:循环动作作业和连续动作作业两种。

①循环动作机械小时生产率的确定。

循环动作机械小时生产率与每次循环的延续时间和每次循环内的产量有如下关系:

$$循环动作机械的小时产率 = \frac{60\min(或360s)}{每次循环的延续时间} \times 每次循环内的产量 \quad (3-15)$$

计算循环机械小时生产率的步骤是:

第一步:根据现场观察资料和机械说明书确定各循环组成部分的延续时间。

第二步:将各循环组成部分的延续时间相加,减去各组成部分之间的叠加时间,求出循环过程的净工作时间。

第三步:计算机械小时的循环次数。

第四步:计算循环机械小时的生产率。

②连续动作的机械小时生产率的确定。

连续动作的机械小时生产率与完成单位产品的净工作时间的关系式为:

$$连续动作的机械小时生产率 = \frac{60\min(或360s)}{完成单成单位产品的净时间} \quad (3-16)$$

(4)计算施工机械定额。
①机械台班产量定额。

$$机械台班产量定额 = 小时生产率 \times 一个台班延续续时 \times 时间利用系数 \quad (3-17)$$

②机械的时间定额。

$$机械的时间定额 = \frac{1}{机械台班产量定额} \quad (3-18)$$

3.3 公路工程定额体系及其应用

公路工程定额按使用性质分施工定额、预算定额、概算定额和估算指标四类,以及与之配套的编制办法规定的费用(率)定额和机械台班费用定额。

施工定额是在合理的劳动组织或工人小组正常施工的条件下,为完成单位合格产品所需劳动、机械、材料消耗的数量标准;是根据专业施工的作业对象和工艺测定制订的,应反映施工企业的技术水平、装备水平和管理水平,作为考核施工企业劳动生产率水平、管理水平的标尺和确定施工成本的依据,也是编制预算定额的基础。施工定额是施工企业内部管理的定额,定额水平反映的是先进的生产力水平,属于企业定额的性质,下一节将专门论述。

预算定额是施工图预算编制的计价依据之一,其项目表是结构部位、施工方法和组成材料三方面的有机组合,是对公路工程项目施工的全面总结和体现,主要内容包括路基工程、路面工程、隧道工程、桥涵工程、防护工程、交通工程及沿线设施、临时工程、材料采集及加工九章和四个附录。

概算定额是设计概算编制的计价依据之一,其项目表是对公路工程项目的分部分项适当综合后的有机组合,是对公路工程项目管理的全面总结和体现。

估算指标既不同于施工定额,也不同于概算定额和预算定额,是以某项目或其单位工程或单项工程为对象,综合项目全过程投资和建设成本的技术性经济指标,是在公路工程项目决策阶段编制投资估算的依据。

3.3.1 公路工程预算定额及其应用

预算定额是用于确定一定计量单位的分项工程或结构构件的人工、材料和机械台班消耗量的数量标准。预算定额是在施工定额的基础上,按照国家的方针政策编制的、经过国家或授权机关批准的、具有权威性质的一种指标性文件。

预算定额具有计价定额的性质,定额水平是先进合理的,它体现一个工程细目在正常技术和施工条件下,用货币形式描述一定时期生产力的发展水平,具有广泛的社会性。工程造价的确定是以预算定额为编制依据的。

预算定额的作用主要有:

(1)预算定额是编制施工图预算,确定和控制项目建筑安装工程造价的基础。

施工图预算是施工图设计文件之一,是控制和确定建筑安装工程造价的必要手段。预算定额是确定一定计量单位分项工程人工、材料、机械的消耗量的依据;也是计算分项工程单价的基础。因此,预算定额对建筑安装工程直接费影响甚大。

(2)预算定额是对设计方案进行技术经济比较和技术经济分析的依据。

设计方案在设计工作中居于中心地位,根据预算定额对方案进行技术经济分析和比较,是选择经济合理的设计方案的重要方法。对设计方案进行比较,主要是通过定额对不同方案所需的人工、材料和机械台班消耗量、材料重量、材料资源等进行比较。这种比较可以判明不同方案对工程造价的影响。

(3)预算定额是编制施工组织设计的依据。

在公路工程设计各个阶段,必须编制相应的施工组织设计文件。根据预算定额确定的劳动力、建筑材料、成品、半成品和施工机械台班的需用量,为组织材料供应和预制构件加工、平衡劳动力和施工机械提供可靠依据。

(4)预算定额是合理编制标底、投标报价的重要参考。

目前,在公路建设项目中,一般都实行招投标制度。建设单位在编制招标标底时应以预算定额为基础,施工单位投标报价应采用自己的企业定额,也可以预算定额作为投标报价的参考。

(5)预算定额是编制概算定额和估算指标的基础。

概算定额和估算指标就是在预算定额基础上经综合扩大编制而成的。

预算定额的组成内容如下:

《公路工程预算定额》(JTG/T B06-02—2007)于2007年10月19日由交通运输部颁布,2008年1月1日施行。其内容主要由颁发定额的公告、总说明、章说明、节说明、定额表及附录六部分组成。

1)定额的颁发公告

定额的颁发公告指刊印在《公路工程预算定额》(JTG/T B06-02—2007)前部分的交通部关于发布定额、施行日期、阐明定额性质、运用范围、负责解释部门等的法令性文件。

2)定额的总说明

总说明主要阐述了定额的编制原则、指导思想、编制依据、适用范围以及定额的作用。同时说明了编制定额时已经考虑和没有考虑的因素,使用方法及有关规定等。因此,要想正确而又熟练地运用定额,必须先透彻地理解总说明,并且争取全面记住这些说明。

3)章、节说明

《公路工程预算定额》(JTG/T B06-02—2007)包括路基工程、路面工程、隧道工程、桥涵工程、防护工程、交通工程及沿线设施、临时工程、材料采集及加工、材料运输九章及附录。根据工程项目特点及性质的不同,又将第一章的路基工程、第二章的路面工程各分为三节,第三章的隧道工程分为四节,第四章的桥涵工程分为十一节,第六章的交通工程及沿线设施分为七节。附录包括路面材料计算基础数据、基本定额、材料的周转及摊销以及定额基价人工、材料单位质量、单价表四部分内容;基本定额又包括砂浆及混凝土材料消耗等四个内容,材料的周转及摊销包括临时轨道铺设材料摊销次数等七部分内容。除了附录外,各章节前面均附有说明,章、节说明是本章节工程项目的统一规定、综合内容、允许抽换的规定及工程量计算的规则,因此,为了正确地运用定额,要求概算、预算专业人员和技术人员在使用每章、节的定额之前,必须先耐心地、反复地、全面地理解和牢记各章、节说明。

4)定额表

定额表是各种定额的最基本的组成部分,是定额指标数量的具体表示,由定额表名称、定额表号、工程内容、工程项目单位、顺序号、项目、项目单位、代号、工程细目、栏号、定额值、基价和小注组成。引用《公路工程预算定额》(JTG/T B06-02—2007)172～176页的定额表见表3-1,与《公路工程预算定额》(JTG/T 3832—2018)的相同定额见表3-2。举例说明如下:

(1)定额表名称。

定额表名称位于定额表的最上端,是定额表工程的项目名。如《公路工程预算定额》(JTG/T B06-02—2007)172页定额表名称为"水泥混凝土路面"。

(2)定额表号。

定额表号位于定额表名称之前,是定额表在定额中的排列编号。如《公路工程预算定额》(JTG/T B06-02—2007)172页的定额表号为"2-2-17",表示第二章路面工程的第二节路面面层的第17表。

(3)工程内容。

工程内容主要说明本定额表所包括的工程内容。查定额时,必须将实际发生的项目工程内容与表中内容进行比较,若不一致时,应进行抽换或采取其他调整措施,确保套用的定额组合的工程内容与拟分析造价的项目的工程内容保持一致。

(4)工程项目计量单位。

工程项目计量单位位于定额表的右上方,即定额概念所指的"单位合格产品"的数量标准;如定额表"2-2-17"的工程项目计量单位为"1000m^2路面或1t"(表3-1)。

(5)顺序号。

顺序号表示工、料、机及费用等实物资源的顺序号,起简化说明的作用。

(6)项目。

项目即本定额表的工程所需用人工、材料、机具、费用的名称和规格,项目中的其他材料费指项目中未列出,但实际使用的那部分材料的费用,项目中的小型机具使用费指未列入机械台班费用定额,但实际使用的小型机具的费用。

(7)项目单位。

项目单位是与定额表和其子目的单位不同的概念,指项目内容及实物资源对应的单位。

(8)代号。

当采用电算方法来编制造价文件时,可引用表中代号作为对工、料、机名称的识别符号,每个定额表中工、料、机均按代号由小到大进行排列,各种工、料、机所对应的代号详见《公路工程预算定额》(JTG/T B06-02—2007)附录四。

(9)工程细目。

工程细目表示定额表所包括的工程项目,如定额表"2-2-17"中共包括人工铺筑、轨道式摊铺机铺筑、滑模式摊铺机铺筑三种施工方法铺筑普通混凝土路面和钢纤维路面的六个细目,每个细目又分基本路面厚度20cm和每增减1cm两个栏目,以及人工及轨道式摊铺机铺筑、滑模式摊铺机铺筑的拉杆及传力杆两个细目及钢筋一个细目共九个细目。

(10)栏号。

栏号指工程细目编号,如定额表"2-2-17"所示,定额中"滑模式摊铺机铺筑筑普通混凝土路面和钢纤维路面"栏号为分别为5、6和11、12四栏。

(11)定额值。

定额值即定额表中各种实物资源的消耗量数量,预算定额表中部分定额值是带有括号的,括号内的数值一般指所需半成品的数量(定额值)或备用机械台班的数量,基价未包含此费用。

(12)基价。

基价亦称定额基价或定额表基价,指该工程细目以规定的工料机基价计算人工费、材料费、机械使用费的合计价值,基价中的人工费、材料费基本上是按预算定额规定的人工、材料基期预算价格计算的[详见《公路工程预算定额》(JTG/T B06-02—2007)附录四],机械使用费是按2007年交通运输部公布的《公路工程机械台班费用定额》(JTG/T B06-03—2007)计算的。

(13)注。

有些定额表下方列有"注",使用定额时,必须仔细阅读,以免发生错误。

《公路工程预算定额》(JTG/T B06-02—2007)定额样表　　　　表3-1

2-2-17　水泥混凝土路面

工程内容:(1)模板制作、安装、拆除、修理、涂脱模剂;(2)拉杆、传力杆及补强钢筋制作、安装;(3)混凝土配运料、拌和、运输、浇筑、捣固、真空吸水、抹平、压(刻)纹、养护;(4)切缝、灌注填缝料。

Ⅰ.普通混凝土　　　　　　　　　　　　　　　　　　　单位:1000m² 路面

顺序号	项目	单位	代号	人工铺筑		摊铺机铺筑			
						轨道式		滑模式	
				路面厚度(cm)					
				20	每增减1	20	每增减1	20	每增减1
				1	2	3	4	5	6
1	人工	工日	1	290.3	12.2	82.6	2.2	50.1	1.5
2	C30 水泥混凝土	m³	—	(204.00)	(10.20)	(204.00)	(10.20)	(204.00)	(10.20)
3	锯材	m³	102	0.066	0.003	0.058	0.003	0.001	—
4	光圆钢筋	t	111	0.004	—	0.003	—	—	—
5	型钢	t	182	0.054	0.003	0.001	—	0.001	—
6	32.5 级水泥	t	832	76.908	3.845	76.908	3.845	76.908	3.845
7	石油沥青	t	851	0.099	0.044	0.099	0.004	0.138	0.006
8	煤	t	864	0.020	0.001	0.020	0.001	0.028	0.001
9	水	m³	866	29	1	30	2	31	2
10	中(粗)砂	m³	899	93.84	4.69	93.84	4.69	93.84	4.69
11	碎石(4cm)	m³	952	169.32	8.47	169.32	8.47	169.32	8.47
12	其他材料费	元	996	273.0	3.9	273.3	3.9	304.1	5.0
13	3m³ 以内轮胎式装载机	台班	1051	—	—	1.26	0.06	0.90	0.05
14	滑模式水泥混凝土摊铺机	台班	1234	—	—	—	—	0.37	0.02
15	轨道式水泥混凝土摊铺机	台班	1235	—	—	0.47	0.02	—	—
16	水泥混凝土真空吸水机	台班	1239	3.48	—	—	—	—	—
17	混凝土刻纹机	台班	1243	—	—	8.91	—	8.91	—

续上表

顺序号	项目	单位	代号	人工铺筑		摊铺机铺筑			
						轨道式		滑模式	
				路面厚度(cm)					
				20	每增减1	20	每增减1	20	每增减1
				1	2	3	4	5	6
18	混凝土切缝机	台班	1245	3.36	—	3.38	—	3.82	—
19	250L以内混凝土搅拌机	台班	1272	7.43	0.37	—	—	—	—
20	6m³以内混凝土搅拌运输车	台班	1307	—	—	2.74	0.14	2.74	0.14
21	40m³/h以内混凝土搅拌站	台班	1325	—	—	1.00	0.05	—	—
22	60m³/h以内混凝土搅拌站	台班	1327	—	—	—	—	0.67	0.03
23	4000L以内洒水汽车	台班	1404	1.44	—	—	—	—	—
24	6000L以内洒水汽车	台班	1405	—	—	1.90	—	1.90	—
25	小型机具使用费	元	1998	283.2	14.1	—	—	—	—
26	基价	元	1999	57227	2663	53698	2412	52519	2403

Ⅱ．钢纤维混凝土　　　　　　　　　　　　　　　　单位：1000m² 路面

顺序号	项目	单位	代号	人工铺筑		摊铺机铺筑			
						轨道式		滑模式	
				路面厚度(cm)					
				16	每增减1	16	每增减1	16	每增减1
				7	8	9	10	11	12
1	人工	工日	1	240.1	12.4	71.1	2.5	36.2	1.7
2	C30水泥混凝土	m³	—	(163.20)	(10.20)	(163.20)	(10.20)	(163.20)	(10.20)
3	锯材	m³	102	0.059	0.004	0.052	0.003	0.001	—
4	光圆钢筋	t	111	0.003	—	0.003	—	—	—
5	型钢	t	182	0.042	0.003	0.001	—	0.001	—
6	钢纤维	t	225	7.943	0.496	7.943	0.496	7.943	0.496
7	32.5级水泥	t	832	68.087	4.255	68.087	4.255	68.087	4.255
8	石油沥青	t	851	0.032	0.003	0.032	0.003	0.070	0.004
9	煤	t	864	0.006	0.001	0.006	0.001	0.014	0.001
10	水	m³	866	29	2	29	2	29	2
11	中(粗)砂	m³	899	91.39	5.71	91.39	5.71	91.39	5.71
12	碎石(4cm)	m³	952	110.98	6.94	110.98	6.94	110.98	6.94
13	其他材料费	元	996	217.8	2.7	218.0	2.7	248.8	3.9
14	3m³以内轮胎式装载机	台班	1051	—	—	1.01	0.06	0.94	0.06
15	滑模式水泥混凝土摊铺机	台班	1234	—	—	—	—	0.30	0.02

续上表

顺序号	项 目	单位	代号	人工铺筑		摊铺机铺筑			
						轨道式		滑模式	
				路面厚度(cm)					
				16	每增减1	16	每增减1	16	每增减1
				7	8	9	10	11	12
16	轨道式水泥混凝土摊铺机	台班	1235	—	—	0.38	0.02	—	—
17	水泥混凝土真空吸水机	台班	1239	3.03	—	—	—	—	—
18	混凝土刻纹机	台班	1243	—	—	8.91	—	8.91	—
19	混凝土切缝机	台班	1245	1.89	—	1.91	—	2.35	—
20	250L以内混凝土搅拌机	台班	1272	5.95	0.50	—	—	—	—
21	6m³以内混凝土搅拌运输车	台班	1307	—	—	2.19	0.14	2.19	0.14
22	40m³/h以内混凝土搅拌站	台班	1325	—	—	0.80	0.05	—	—
23	60m³/h以内混凝土搅拌站	台班	1327	—	—	—	—	0.54	0.03
24	4000L以内洒水汽车	台班	1404	1.44	—	—	—	—	—
25	6000L以内洒水汽车	台班	1405	—	—	1.90	—	1.90	—
26	小型机具使用费	元	1998	226.8	19.1	—	—	—	—
27	基价	元	1999	82236	4948	79682	4683	78546	4674

Ⅲ. 拉杆、传力杆及钢筋

单位:1t

顺序号	项 目	单位	代号	拉杆及传力杆		钢 筋
				人工及轨道式摊铺机铺筑	滑模式摊铺机铺筑	
				13	14	15
1	人工	工日	1	8.2	4.9	6.0
2	光面钢筋	t	111	0.601	0.601	0.019
3	带肋钢筋	t	112	0.537	0.537	1.006
4	电焊条	kg	231	0.6	0.6	—
5	20~22号铁丝	kg	656	0.7	0.7	5.1
6	石油沥青	t	851	0.007	0.007	—
7	其他材料费	元	996	15.3	15.3	—
8	32kV·A以内交流电焊机	台班	1726	0.11	0.11	—
9	小型机具使用费	元	1998	12.4	12.4	11.1
10	基价	元	1999	4286	4123	3822

注:1. 本定额未包括混凝土拌和站的安拆费用,需要时按有关定额另行计算。
  2. 人工铺筑定额包含混凝土拌和,仅适用于一般数量不大的水泥混凝土路面,定额已含混凝土拌和。二级及以上等级公路的水泥混凝土路面应套用摊铺机铺筑定额。
  3. 摊铺机铺筑定额中不包括水泥混凝土的拌和、运输,需要时按有关定额另行计算。

《公路工程预算定额》(JTG/T 3832—2018)定额样表 表3-2

2-2-17 水泥混凝土路面

工程内容:(1)模板制作、安装、拆除、修理、涂脱模剂;(2)拉杆、传力杆及补强钢筋制作、安装;(3)人工铺筑混凝土拌和、浇筑、捣固、真空吸水、抹平、压(刻)纹、养护;(4)切缝,灌注填缝料。

Ⅰ.普通混凝土 单位:1000m² 路面

顺序号	项目	单位	代号	人工铺筑		摊铺机铺筑			
						轨道式		滑模式	
				路面厚度(cm)					
				20	每增减1	20	每增减1	20	每增减1
				1	2	3	4	5	6
1	人工	工日	1001001	174.2	7.3	66.1	1.8	40.1	1.2
2	普C30-32.5-4	m³	1503034	(204)	(10.20)	(204)	(10.20)	(204)	(10.20)
3	HPB300钢筋	t	2001001	0.004	—	0.003	—	—	—
4	型钢	t	2003004	0.054	0.003	0.001	—	0.001	—
5	石油沥青	t	3001001	0.099	0.004	0.099	0.004	0.138	0.006
6	煤	t	3005001	0.02	0.001	0.02	0.001	0.028	0.001
7	水	m³	3005004	29	1	30	2	31	2
8	锯材	m³	4003002	0.07	—	0.06	—	—	—
9	中(粗)砂	m³	5503005	93.84	4.69	93.84	4.69	93.84	4.69
10	碎石(4cm)	m³	5505013	169.32	8.47	169.32	8.47	169.32	8.47
11	32.5级水泥	t	5509001	76.908	3.845	76.908	3.845	76.908	3.845
12	其他材料费	元	7801001	265	3.8	265.3	3.8	295.2	4.9
13	3.0~9.0m滑模式水泥混凝土摊铺机	台班	8003076	—	—	—	—	0.33	0.02
14	2.5~4.5m轨道式水泥混凝土摊铺机	台班	8003077	—	—	0.41	0.02	—	—
15	混凝土电动真空吸水机组	台班	8003079	2.47	—	—	—	—	—
16	混凝土电动刻纹机	台班	8003083	—	—	7.22	—	7.22	—
17	混凝土电动切缝机	台班	8003085	2.486	—	2.501	—	2.827	—
18	250L以内强制式混凝土搅拌机	台班	8005002	5.28	0.26	—	—	—	—
19	10000L以内洒水汽车	台班	8007043	1.12	—	1.48	—	1.48	—
20	小型机具使用费	元	8099001	251.1	12.5	—	—	—	—
21	基价	元	9999001	69421	3195	59053	2571	56790	2543

Ⅱ.钢纤维混凝土

单位:1000m² 路面

顺序号	项 目	单位	代号	人工铺筑		摊铺机铺筑			
						轨道式		滑模式	
				路面厚度(cm)					
				16	每增减1	16	每增减1	16	每增减1
				7	8	9	10	11	12
1	人工	工日	1001001	192.1	9.9	56.9	2	29	1.4
2	普 C30-32.5-4	m³	1503034	163.2	(10.20)	(163.20)	(10.20)	(163.20)	(10.20)
3	HPB300 钢筋	t	2001001	0.003	—	0.003	—	—	—
4	钢纤维	t	2001020	7.943	0.496	7.943	0.496	7.943	0.496
5	型钢	t	2003004	0.042	0.003	0.001	—	0.001	—
6	石油沥青	t	3001001	0.032	0.003	0.032	0.003	0.07	0.004
7	煤	t	3005001	0.006	0.001	0.006	0.001	0.014	0.001
8	水	m³	3005004	29	2	29	2	29	2
9	锯材	m³	4003002	0.06	—	0.05	—	—	—
10	中(粗)砂	m³	5503005	91.39	5.71	91.39	5.71	91.39	5.71
11	碎石(4cm)	m³	5505013	135.46	8.47	135.46	8.47	135.46	8.47
12	32.5 级水泥	t	5509001	68.087	4.255	68.087	4.255	68.087	4.255
13	其他材料费	元	7801001	211.5	2.6	211.7	2.6	241.6	3.8
14	3.0~9.0m 滑模式水泥混凝土摊铺机	台班	8003076	—	—	—	—	0.27	0.02
15	2.5~4.5m 轨道式水泥混凝土摊铺机	台班	8003077	—	—	0.33	0.02	—	—
16	混凝土电动真空吸水机组	台班	8003079	2.15	—	—	—	—	—
17	混凝土电动刻纹机	台班	8003083	—	—	7.22	—	7.22	—
18	混凝土电动切缝机	台班	8003085	1.399	—	1.413	—	1.739	—
19	250L 以内强制式混凝土搅拌机	台班	8005002	4.23	0.36	—	—	—	—
20	10000L 以内洒水汽车	台班	8007043	1.12	—	1.48	—	1.48	—
21	小型机具使用费	元	8099001	201.1	16.9	—	—	—	—
22	基价	元	9999001	105267	6249	92236	5345	89728	5313

Ⅲ. 拉杆、传力杆及钢筋　　　　　　　　　　　　　　　　　　　　　单位:1t

顺序号	项目	单位	代号	拉杆及传力杆		钢筋
				人工及轨道式摊铺机铺筑	滑模式摊铺机铺筑	
				13	14	15
1	人工	工日	1001001	6.6	3.9	4.8
2	HPB300 钢筋	t	2001001	0.601	0.601	0.019
3	HRB400 钢筋	t	2001002	0.537	0.537	1.006
4	20～22 号铁丝	kg	2001022	0.7	0.7	5.1
5	电焊条	kg	2009011	0.6	0.6	—
6	石油沥青	t	3001001	0.007	0.007	—
7	其他材料费	元	7801001	14.9	14.9	—
8	32kV·A 以内交流电弧焊机	台班	8015028	0.09	0.09	—
9	小型机具使用费	元	8099001	11	11	9.8
10	基价	元	9999001	4530	4243	3875

注:1. 本定额未包括混凝土拌和站的安拆费用,需要时按有关定额另行计算。
　　2. 人工铺筑定额包含混凝土拌和,仅适用于一般数量不大的水泥混凝土路面,定额已含混凝土拌和。二级及以上等级公路的水泥混凝土路面应套用摊铺机铺筑定额。
　　3. 摊铺机铺筑定额中不包括水泥混凝土的拌和、运输,需要时按有关定额另行计算。

对《公路工程预算定额》(JTG/T B06-02—2007)和《公路工程预算定额》(JTG/T 3832—2018)的定额表、子目数、说明和小注条数进行分类统计,如表3-3和表3-4所示。

《公路工程预算定额》(JTG/T B06-02—2007)定额表、子目数、说明和小注条数统计表　表3-3

章、节、表	项目(定额表)名称	包含细目数	说明、小注数
预算定额	总说明	九章、一附录	22
第一章	路基工程	3 节,44 个表	2
第一节	路基土、石方工程	22 个表	8
1-1-1	伐树、挖根、除草、清除表土	12	4
1-1-2	挖淤泥、湿土、流沙	5	3
1-1-3	人工挖及开炸多年冻土	4	
1-1-4	人工挖土质台阶	3	
1-1-5	填前夯(压)实及填前挖松	5	3
1-1-6	人工挖运土方	5	3
1-1-7	夯实填土	2	1
1-1-8	机动翻斗车、手扶拖拉机配合人工运土、石方	12	2
1-1-9	挖掘机挖装土、石方	15	1
1-1-10	装载机装土、石方	9	2
1-1-11	自卸汽车运土、石方	56	
1-1-12	推土机推土方	24	1

续上表

章、节、表	项目(定额表)名称	包含细目数	说明、小注数
1-1-13	铲运机铲运土方	12	2
1-1-14	人工开炸石方	5	3
1-1-15	机械打眼开炸石方	41	
1-1-16	控制爆破石方	18	1
1-1-17	抛坍爆破石方	54	
1-1-18	机械碾压路基	32	3
1-1-18-1	填方路基		
1-1-18-2	零填及挖方路基		
1-1-19	渗水路堤及填石路堤	6	4
1-1-20	整修路基	4	
1-1-21	旧路刷坡、改坡、帮坡、检底	12	3
1-1-22	洒水汽车洒水	16	1
第二节	**排水工程**	**8个表**	**4**
1-2-1	人工挖截水沟、排水沟	6	
1-2-2	路基盲沟	7	
1-2-3	石砌边沟、排水沟、截水沟、急流槽	4	
1-2-4	混凝土边沟、排(截)水沟、急流槽	14	
1-2-5	混凝土排水管铺设	18	
1-2-6	雨水井、检查井	3	
1-2-7	中央分隔带排水	2	
1-2-8	轻型井点降水	2	2
第三节	**软基处理工程**	**14个表**	**8**
1-3-1	袋装砂井处理软土地基	2	1
1-3-2	塑料排水板处理软土地基	2	
1-3-3	石灰砂桩处理软土地基	2	
1-3-4	振冲碎石桩处理软土地基	1	
1-3-5	挤密砂桩处理软土地基	2	
1-3-6	粉体喷射搅拌桩处理软土地基	4	2
1-3-7	高压旋喷桩处理软土地基※	3	1
1-3-8	CFG桩处理软土路基※	2	
1-3-9	土工合成材料处理软土地基	3	
1-3-10	强夯处理软土地基	7	1
1-3-11	抛石挤淤	1	
1-3-12	软土地基垫层	4	1
1-3-13	堆载及真空预压	10	1

续上表

章、节、表	项目(定额表)名称	包含细目数	说明、小注数
1-3-14	路基填土掺灰	6	
第二章	路面工程	3节、37个表	7
第一节	路面基层及垫层	12个表	6
2-1-1	路面垫层	20	
2-1-2	路拌法水泥稳定土基层	38	
2-1-2-1	拖拉机带铧犁拌和		
2-1-2-2	稳定土拌和机拌和		
2-1-2-3	拖拉机带铧犁原槽拌和		
2-1-3	路拌法石灰稳定土层	38	
2-1-3-1	人工沿路拌和		
2-1-3-2	拖拉机带铧犁拌和		
2-1-3-3	稳定土拌和机拌和		
2-1-3-4	拖拉机带铧犁原槽拌和		
2-1-4	路拌法石灰、粉煤灰稳定土基层	40	
2-1-4-1	人工沿路拌和		
2-1-4-2	拖拉机带铧犁拌和		
2-1-4-3	稳定土拌和机拌和		
2-1-5	路拌法石灰、煤渣稳定土基层	32	
2-1-5-1	人工沿路拌和		
2-1-5-2	拖拉机带铧犁拌和		
2-1-5-3	稳定土拌和机拌和		
2-1-6	路拌法水泥、石灰稳定土基层	32	
2-1-6-1	人工沿路拌和		
2-1-6-2	拖拉机带铧犁拌和		
2-1-6-3	稳定土拌和机拌和		
2-1-7	厂拌基层稳定土混合料	54	1
2-1-7-1	水泥稳定类		
2-1-7-2	石灰稳定类		
2-1-7-3	石灰粉煤灰稳定类		
2-1-7-4	石灰煤渣稳定类		
2-1-7-5	水泥石灰稳定类		
2-1-8	厂拌基层稳定土混合料运输	24	
2-1-9	机械铺筑厂拌基层稳定土混合料	12	
2-1-10	基层稳定土厂拌设备安装、拆除	5	1
2-1-11	泥灰结碎石基层	4	
2-1-12	填隙碎石基层	20	

续上表

章、节、表	项目(定额表)名称	包含细目数	说明、小注数
2-1-12-1	人工铺料		
2-1-12-2	机械铺料		
第二节	**路面面层**	**19个表**	**10**
2-2-1	泥结碎石路面	8	
2-2-2	级配碎石路面	18	1
2-2-3	级配砾石路面	18	
2-2-4	天然砂砾路面	4	
2-2-5	粒料改善土壤路面	5	
2-2-6	磨耗层及保护层	12	
2-2-7	沥青表面处治路面	20	
2-2-8	沥青贯入式路面	14	
2-2-8-1	面层		
2-2-8-2	基层或联结层		
2-2-9	沥青上拌下贯式路面	6	3
2-2-10	沥青碎石混合料拌和	24	
2-2-10-1	特粗式		
2-2-10-2	粗粒式		
2-2-10-3	中粒式		
2-2-10-4	细粒式		
2-2-11	沥青混凝土混合料拌和	32	
2-2-11-1	粗粒式		
2-2-11-2	中粒式		
2-2-11-3	细粒式		
2-2-11-4	砂粒式		
2-2-11-5	抗滑表层		
2-2-12	沥青玛琋脂碎石混石料拌和	4	
2-2-13	沥青混合料运输	28	
2-2-14	沥青混合料路面铺设	57	
2-2-15	沥青混合料拌和设备安装、拆除	6	1
2-2-16	透层、黏层、封层	15	1
2-2-17	水泥混凝土路面	15	2
2-2-17-1	普通混凝土		
2-2-17-2	钢纤维混凝土		
2-2-17-3	拉杆、传力杆及钢筋		
2-2-18	碾压混凝土路面	2	1
2-2-19	自卸汽车运输水泥混凝土	24	

续上表

章、节、表	项目(定额表)名称	包含细目数	说明、小注数
第三节	路面附属工程	6个表	4
2-3-1	整修旧路面	7	1
2-3-2	全部挖除旧路面	11	2
2-3-3	挖路槽、培路肩、修筑泄水槽	7	2
2-3-4	人行道、路牙(缘石)	5	
2-3-5	沥青路面镶边	5	
2-3-6	土路肩加固	3	
第三章	隧道工程	4节、45个表	8
第一节	洞身工程	22个表	11
3-1-1	人工开挖	6	
3-1-2	机械开挖轻轨斗车运输	4	
3-1-3	正洞机械开挖自卸汽车运输	54	1
3-1-3-1	开挖		
3-1-3-2	出渣		
3-1-4	半隧道开挖	4	
3-1-5	钢支撑	4	1
3-1-6	锚杆及金属网	5	
3-1-7	管棚、小导管	7	
3-1-8	喷射混凝土	2	
3-1-9	现浇混凝土衬砌	10	
3-1-10	石料、混凝土预制块衬砌	9	
3-1-11	防水板与止水带(条)	3	
3-1-12	塑料排水管沟	7	
3-1-13	混凝土沟槽	4	
3-1-14	拱顶压浆	4	
3-1-15	正洞通风	5	1
3-1-16	正洞高压风水管、照明、电线路	5	
3-1-17	洞内施工排水	5	
3-1-18	明洞修筑	5	
3-1-19	明洞回填	4	
3-1-20	明洞防水层	2	
3-1-21	洞内装饰	5	
3-1-22	洞内照明设施	2	
第二节	洞门工程	3个表	3
3-2-1	洞门墙砌筑	5	
3-2-2	现浇混凝土洞门墙	3	

续上表

章、节、表	项目(定额表)名称	包含细目数	说明、小注数
3-2-3	洞门墙装饰	3	
第三节	**辅助坑道**	**7个表**	**4**
3-3-1	斜井开挖	6	
3-3-2	斜井出渣	3	
3-3-3	斜井衬砌	3	
3-3-4	斜井通风及管线路	4	
3-3-5	竖井开挖※	4	
3-3-6	竖井支护与衬砌	4	
3-3-7	斜井洞内施工排水	8	
第四节	**通风及消防设施安装**	**13个表**	**3**
3-4-1	通风设施安装	2	
3-4-2	离心风机安装	6	
3-4-3	轴流风机安装	8	
3-4-4	洞内预埋件	2	
3-4-5	水泵安装	16	
3-4-6	消火栓安装	6	
3-4-7	消防系统组件安装	5	1
3-4-8	探测器安装	5	
3-4-9	报警控制器安装	9	
3-4-10	联动控制器安装	6	
3-4-11	报警联动一体机安装	4	
3-4-12	重复显示器、警报装置、远程控制器安装	10	
3-4-13	消防系统调试	6	
第四章	**桥涵工程**	**11节、135个表**	**19**
第一节	**开挖基坑**	**4个表**	**10**
4-1-1	人工开挖基坑土、石方	7	1
4-1-2	人工挖卷扬机吊运基坑土、石方	3	
4-1-3	机械挖基坑土、石方	21	1
4-1-4	基坑挡土板	2	
第二节	**筑岛、围堰及沉井工程**	**11个表**	**14**
4-2-1	草土围堰	3	
4-2-2	草、麻袋围堰	18	1
4-2-2-1	草袋围堰		
4-2-2-2	麻袋围堰		
4-2-3	竹笼围堰	5	1
4-2-4	木笼铁丝围堰	4	1

续上表

章、节、表	项目(定额表)名称	包含细目数	说明、小注数
4-2-5	筑岛	2	1
4-2-6	套箱围堰	2	1
4-2-7	沉井制作及拼装	7	2
4-2-8	沉井浮运、定位落床	19	3
4-2-8-1	浮运		
4-2-8-2	定位落床		
4-2-8-3	锚定系统		
4-2-8-4	井壁混凝土		
4-2-9	沉井下沉	36	
4-2-9-1	抽水下沉		
4-2-9-2	静水下沉		
4-2-10	沉井填塞	12	
4-2-10-1	封底		
4-2-10-2	填芯		
4-2-10-3	封顶		
4-2-11	地下连续墙	20	
4-2-11-1	导墙		
4-2-11-2	成槽		
4-2-11-3	内衬及墙体		
第三节	打桩工程	7个表	11
4-3-1	打钢筋混凝土方桩及接头	14	3
4-3-2	打钢筋混凝土管桩、接头及填芯	8	3
4-3-3	打钢管桩、接头	21	
4-3-3-1	在陆地工作平台上打桩		
4-3-3-2	在水中工作平台上打桩		
4-3-3-3	在船上工作平台上打桩		
4-3-4	钢管桩填芯	4	
4-3-5	打钢板桩	9	
4-3-6	拔钢板桩	3	
4-3-7	打桩工作平台	6	1
第四节	灌注桩工程	9个表	11
4-4-1	人工挖孔	11	
4-4-2	卷扬机带冲抓锥冲孔	20	
4-4-3	卷扬机带冲击锥冲孔	48	
4-4-4	冲击钻机冲孔	56	
4-4-5	回旋钻机钻孔	416	

续上表

章、节、表	项目(定额表)名称	包含细目数	说明、小注数
4-4-5-1	陆地上钻孔		
4-4-5-2	水中平台上钻孔		
4-4-6	潜水钻机钻孔	126	
4-4-6-1	陆地上钻孔		
4-4-6-2	水中平台上钻孔		
4-4-7	灌注桩混凝土	24	
4-4-7-1	混凝土		
4-4-7-2	钢筋及检测钢管		
4-4-8	护筒制作、埋设、拆除	11	
4-4-8-1	钢筋混凝土护筒		
4-4-8-2	钢护筒		
4-4-9	灌注桩工作平台	5	2
第五节	**砌筑工程**	**7个表**	**7**
4-5-1	干砌片石、块石	7	
4-5-2	浆砌片石	13	
4-5-3	浆砌块石	14	
4-5-4	浆砌料石	9	
4-5-5	浆砌混凝土预制块	7	
4-5-6	干、浆砌盖板石	2	
4-5-7	浆砌青(红)砖	5	
第六节	**现浇混凝土及钢筋混凝土**	**14个表**	**11**
4-6-1	基础、承台及支撑梁	13	
4-6-2	墩、台身	62	
4-6-2-1	实体式墩台		
4-6-2-2	柱式墩台		
4-6-2-3	框架、肋形埋置式桥台		
4-6-2-4	空心墩		
4-6-2-5	Y形墩及薄壁墩		
4-6-2-6	支座垫石		
4-6-3	墩、台帽及拱座	11	
4-6-3-1	混凝土		
4-6-3-2	钢筋		
4-6-4	盖梁、系梁、耳背墙及墩顶固结	14	
4-6-4-1	混凝土		
4-6-4-2	钢筋		
4-6-5	索塔	20	1

续上表

章、节、表	项目(定额表)名称	包含细目数	说明、小注数
4-6-5-1	现浇索塔立柱及横梁混凝土		
4-6-5-2	劲性骨架及钢筋		
4-6-5-3	安装附属结构		
4-6-6	现浇锚块	2	
4-6-7	现浇箱涵	6	
4-6-8	现浇板上部结构	5	
4-6-9	现浇T形梁上部结构	5	
4-6-10	现浇预应力箱梁上部结构	4	
4-6-11	悬浇预应力箱梁上部结构	7	
4-6-12	现浇拱桥上部结构	16	
4-6-12-1	双曲拱桥		
4-6-12-2	薄壳桥及二铰(肋)板拱		
4-6-13	桥面铺装	13	
4-6-13-1	行车道铺装混凝土		
4-6-13-2	行车道铺装钢筋		
4-6-13-3	人行道铺装		
4-6-14	现浇混凝土桥头搭板	3	1
第七节	预制、安装混凝土及钢筋混凝土构件	35个表	15
4-7-1	预制桩	4	
4-7-2	预制、安装排架立柱	3	
4-7-3	预制、安装柱式墩台管节	8	
4-7-4	预制圆管涵	4	
4-7-5	安装圆管涵	5	
4-7-6	顶进圆管函	4	
4-7-7	预制立交箱涵	2	
4-7-8	顶进立交箱涵	10	2
4-7-9	预制矩形板、空心板、少筋微弯板	7	
4-7-9-1	矩形板		
4-7-9-2	空心板及少筋微弯板		
4-7-10	安装矩形板、空心板、少筋微弯板	5	1
4-7-11	预制、安装连续板	5	1
4-7-12	预制、安装T形梁、I形梁	11	
4-7-12-1	预制		
4-7-12-2	安装		
4-7-13	预制、安装预应力空心板	9	1
4-7-14	预制、安装预应力T形梁、I形梁	13	1

续上表

章、节、表	项目(定额表)名称	包含细目数	说明、小注数
4-7-14-1	预制		
4-7-14-2	安装		
4-7-15	预制、安装预应力组合箱梁	20	
4-7-15-1	主梁先张法		
4-7-15-2	主梁后张法		
4-7-16	预制、安装预应力箱梁	6	
4-7-17	预制、悬拼预应力箱梁	5	1
4-7-18	预制、悬拼预应力桁架梁	9	
4-7-19	预制、顶推预应力连续梁	4	
4-7-20	预应力钢筋、钢丝束及钢绞线	54	5
4-7-20-1	制作、张拉预应力钢筋或钢线束		
4-7-20-2	拆除临时预应力钢丝束		
4-7-20-3	预应力钢绞线		
4-7-21	先张法预应力钢筋、钢丝及钢绞线	5	
4-7-22	预制双曲拱桥构件	6	
4-7-23	安装双曲拱桥构件	7	
4-7-24	预制、安装桁架拱桥构件	10	
4-7-24-1	预制		
4-7-24-2	安装		
4-7-25	预制、安装刚架拱桥构件	10	
4-7-25-1	预制		
4-7-25-2	安装		
4-7-26	预制、安装箱形拱桥构件	8	
4-7-27	预制、安装人行道构件	3	
4-7-28	预制小型构件	11	
4-7-29	安装小型构件	4	
4-7-30	安装支座	21	1
4-7-30-1	普通钢支座及板式橡胶支座		
4-7-30-2	钢盆式橡胶支座		
4-7-31	金属结构吊装设备	13	2
4-7-32	移动模架安装、拆除	1	1
4-7-33	木结构吊装设备	5	
4-7-34	缆索吊装设备	20	2
4-7-34-1	塔架		
4-7-34-2	地锚		
4-7-34-3	索道		

续上表

章、节、表	项目(定额表)名称	包含细目数	说明、小注数
4-7-35	顶进设备	6	2
第八节	**构件运输**	**6个表**	**4**
4-8-1	手推车运及垫滚子绞运	8	
4-8-2	轨道平车运输	30	
4-8-2-1	卷扬机牵引		
4-8-2-2	轨道拖车斗牵引		
4-8-3	载货汽车运输	22	
4-8-4	平板拖车运输	20	
4-8-5	驳船运输	12	1
4-8-5-1	卷扬机牵引		
4-8-5-2	拖轮牵引		
4-8-6	缆索运输	12	
第九节	**拱盔、支架工程**	**6个表**	**13**
4-9-1	涵洞拱盔、支架	3	
4-9-2	桥梁拱盔	8	4
4-9-3	桥梁支架	10	
4-9-3-1	木支架		
4-9-3-2	钢支架		
4-9-4	桥梁简单支架	5	1
4-9-5	钢管支架	2	2
4-9-6	支架预压	1	
第十节	**钢结构工程**	**19个表**	**13**
4-10-1	高强螺栓拴接钢桁梁	2	
4-10-2	钢桁梁拖拉架设法的连接及加固	2	1
4-10-3	钢桁梁纵移、横移、就位	3	
4-10-4	钢桁梁施工用的滑道	2	
4-10-5	钢索吊桥上部结构	10	
4-10-5-1	索吊部分		
4-10-5-2	桥面部分		
4-10-6	安装钢管金属栏杆	2	
4-10-7	悬索桥锚碇锚固系统	4	
4-10-8	悬索桥索鞍	6	3
4-10-9	悬索桥牵引系统	4	2
4-10-10	悬索桥猫道系统	3	1
4-10-11	悬索桥主缆	3	
4-10-12	悬索桥主缆紧缆	4	

续上表

章、节、表	项目(定额表)名称	包含细目数	说明、小注数
4-10-13	悬索桥索夹及吊索	4	
4-10-14	悬索桥主缆缠丝	4	
4-10-15	悬索桥主缆附属工程	2	
4-10-16	平行钢丝斜拉索	5	
4-10-17	钢绞线斜拉索	2	
4-10-18	钢箱梁	6	
4-10-19	钢管拱	11	
4-10-19-1	拱肋安装		
4-10-19-2	吊索及系杆安装		
4-10-19-3	纵、横梁安装		
第十一节	杂项工程	17个表	7
4-11-1	平整场地	3	1
4-11-2	锥坡填土、拱上填料、台背排水	3	
4-11-3	土牛(拱)胎	8	
4-11-4	防水层	6	
4-11-5	基础垫层	6	
4-11-6	水泥砂浆勾缝及抹面	17	
4-11-7	伸缩缝及泄水管	14	3
4-11-7-1	模数式伸缩缝		
4-11-7-2	其他伸缩缝及泄水管		
4-11-8	蒸汽养护室建筑及蒸汽养护	2	1
4-11-9	大型预制构件底座	3	
4-11-10	先张法预应力钢绞线、钢筋张拉、冷拉台座	3	
4-11-11	混凝土拌和及运输	21	1
4-11-11-1	混凝土搅拌机拌和		
4-11-11-2	混凝土搅拌站(楼)安拆		
4-11-11-3	混凝土搅拌站拌和		
4-11-11-4	混凝土搅拌船拌和		
4-11-11-5	混凝土运输		
4-11-12	冷却管	1	
4-11-13	钢桁架栈桥式码头	1	1
4-11-14	水上泥浆循环系统	1	
4-11-15	施工电梯	9	1
4-11-15-1	安拆		
4-11-15-2	使用		
4-11-16	施工塔式起重机	13	1

续上表

章、节、表	项目(定额表)名称	包含细目数	说明、小注数
4-11-16-1	安拆		
4-11-16-2	使用		
4-11-17	拆除旧建筑物	6	
第五章	**防护工程**	**1节、26个表**	**8**
5-1-1	人工铺草皮	6	1
5-1-2	植草护坡	8	3
5-1-2-1	挂网		
5-1-2-2	植草		
5-1-3	编篱填石护坡	2	2
5-1-4	木笼、竹笼、铁丝笼填石护坡	5	
5-1-5	现浇混凝土护坡	3	
5-1-6	预制混凝土护坡	6	1
5-1-7	灰浆抹面护坡	4	
5-1-8	喷射混凝土护坡	12	1
5-1-8-1	挂网		
5-1-8-2	喷混凝土		
5-1-8-3	锚杆埋设		
5-1-9	预应力锚索护坡	73	
5-1-9-1	脚手架及地梁、锚座		
5-1-9-2	预应力锚索成孔		
5-1-9-3	预应力锚索		
5-1-9-4	锚孔注浆		
5-1-10	石砌护坡	3	1
5-1-11	木桩填石护岸	1	
5-1-12	抛石防护	4	
5-1-13	防风固沙	13	3
5-1-14	防雪、防沙设施	1	
5-1-15	石砌挡土墙	8	
5-1-16	石砌护脚	2	
5-1-17	石砌护面墙	12	
5-1-18	现浇混凝土挡土墙	3	
5-1-19	加筋土挡土墙	10	
5-1-19-1	预制		
5-1-19-2	安装		
5-1-20	预制、安装钢筋混凝土锚定板式挡土墙	8	
5-1-20-1	预制		

续上表

章、节、表	项目(定额表)名称	包含细目数	说明、小注数
5-1-20-2	安装		
5-1-21	现浇钢筋混凝土锚定板式挡土墙	5	1
5-1-22	钢筋混凝土桩板式挡土墙	5	1
5-1-23	锚杆挡土墙	5	
5-1-24	钢筋混凝土扶壁式、悬臂式挡土墙	2	
5-1-25	挡土墙防渗层、泄水层及填内心	3	1
5-1-26	抗滑桩	6	1
第六章	交通工程及沿线设施	7节、104个表	4
第一节	安全设施	12个表	3
6-1-1	柱式护栏	2	
6-1-2	墙式护栏	5	
6-1-2-1	石砌墙式护栏		
6-1-2-2	钢筋混凝土防撞护栏		
6-1-3	波形钢板护栏	6	
6-1-4	隔离栅	7	3
6-1-5	中间带	9	2
6-1-5-1	中间带		
6-1-5-2	隔离墩		
6-1-6	车道分离块	3	1
6-1-7	标志牌	26	
6-1-7-1	钢筋混凝土标志牌		
6-1-7-2	金属标志牌基础		
6-1-7-3	钢板标志		
6-1-7-4	铝合金标志		
6-1-8	轮廓标	3	1
6-1-9	路面标线	6	
6-1-10	机械铺筑拦水带	2	
6-1-11	里程碑、百米桩、界碑	3	
6-1-12	公共汽车停靠站防雨棚	4	
第二节	监控、收费系统	12个表	9
6-2-1	计算机及网络设备	27	
6-2-2	视频控制设备安装	33	
6-2-3	附属配套设备安装	14	
6-2-4	收费车道设备安装	27	
6-2-5	车辆检测设备的安装、调试	14	
6-2-6	环境检测设备安装、调试	5	

续上表

章、节、表	项目(定额表)名称	包含细目数	说明、小注数
6-2-7	信息显示设备安装、调试	6	
6-2-8	视频监控与传输设备的安装、调试	6	
6-2-9	系统互联与调试	6	
6-2-10	系统试运行	4	
6-2-11	收费岛	8	
6-2-12	人(手)孔	4	
第三节	通信系统	23个表	10
6-3-1	光电传输设备安装	32	4
6-3-2	程控交换机安装、调试	5	
6-3-3	中继线调试	6	
6-3-4	外围设备安装、调试	7	
6-3-5	紧急电话设备的安装、调试	5	
6-3-6	有线广播设备安装	16	
6-3-7	会议专用设备安装	16	
6-3-8	微波通信设备安装	5	
6-3-9	微波通信设备调试	4	
6-3-10	微波通信设备联调	4	
6-3-11	微波通信全电路稳定性能测试	2	
6-3-12	基站设备安装	3	
6-3-13	基站设备调试	4	
6-3-14	无线通信系统联调	4	
6-3-15	基站全电路稳定性能测试	3	
6-3-16	通信铁塔架设	4	1
6-3-17	天线架设	5	1
6-3-18	馈线安装	4	
6-3-19	天线、馈线调试	3	
6-3-20	蓄电池安装	9	1
6-3-21	太阳能电池安装	4	
6-3-22	敷设通信管道	13	1
6-3-23	通信管道包封	11	
6-3-23-1	钢管混凝土包封		
6-3-23-2	硅芯管包封		
第四节	供电、照明系统	16个表	17
6-4-1	干式变压器安装	6	
6-4-2	电力变压器干燥	4	
6-4-3	杆上、地上安装变压器	3	

续上表

章、节、表	项目(定额表)名称	包含细目数	说明、小注数
6-4-4	组合型成套箱式变电站安装	3	1
6-4-5	控制、继电、模拟及配电屏安装	8	
6-4-6	电力系统调整试验	12	3
6-4-7	柴油发电机组安装	8	1
6-4-8	安装柴油发电机组体外排气系统	6	2
6-4-9	其他配电设备安装	3	
6-4-10	灯架安装	4	1
6-4-11	立灯杆	5	1
6-4-12	杆座安装	2	1
6-4-13	高杆灯具安装	4	1
6-4-14	照明灯具安装	9	
6-4-15	标志、诱导装饰灯具	4	
6-4-16	其他灯具安装	3	
第五节	**光缆、电缆敷设**	**18个表**	**5**
6-5-1	室内光缆穿放、连接	8	1
6-5-2	安装测试光缆终端盒	6	
6-5-3	室外敷设管道光缆	8	
6-5-4	光缆接续	9	1
6-5-5	光纤测试	1	
6-5-6	人工敷设塑料子管	2	1
6-5-7	穿放、布放电话线	5	
6-5-8	敷设双绞线缆	10	
6-5-9	跳线架、配线架安装	8	
6-5-10	布放同轴电缆	2	
6-5-11	敷设多芯电缆	6	
6-5-12	安装线槽	5	1
6-5-13	开槽	2	1
6-5-14	电缆沟铺砂盖板、揭盖板、敷设顶管	8	
6-5-15	铜芯电缆敷设	9	
6-5-16	热缩式电缆端头、中间头制作安装	9	
6-5-17	控制电缆头制作安装	2	1
6-5-18	桥架、支架安装	3	
第六节	**配管、配线及接地工程**	**14个表**	**5**
6-6-1	水灭火系统镀锌钢管安装	7	
6-6-2	给水管道安装	20	
6-6-2-1	管道安装		

续上表

章、节、表	项目(定额表)名称	包含细目数	说明、小注数
6-6-2-2	管道配件安装		
6-6-3	钢管地埋敷设	4	
6-6-4	钢管砖、混凝土结构暗配	4	
6-6-5	钢管钢结构支架配管	4	
6-6-6	PVC阻燃塑料管敷设	4	
6-6-7	母线、母线槽等安装	8	1
6-6-8	落地式控制箱安装	4	
6-6-9	成套配电箱安装	5	1
6-6-10	接线箱、盒安装	6	
6-6-11	接地装置	5	
6-6-12	避雷针及引下线安装	9	
6-6-13	防雷装置安装	2	1
6-6-14	防雷接地装置测试		
第七节	绿化工程	9个表	10
6-7-1	挖树穴	4	
6-7-2	栽植乔木	15	
6-7-2-1	带土球		
6-7-2-2	裸根		
6-7-3	栽植灌木	12	
6-7-3-1	带土球		
6-7-3-2	裸根		
6-7-4	栽植绿篱	6	
6-7-5	栽植(片植)地被	3	
6-7-6	浇水	10	3
6-7-7	松土除草、追肥	5	1
6-7-8	绿化成活期保养	5	1
6-7-9	苗木运输	36	1
第七章	临时工程	1节、6个表	7
7-1-1	汽车便道	6	
7-1-2	临时便轿	3	2
7-1-3	临时码头	3	2
7-1-4	轨道铺设	4	2
7-1-5	架设输电、电信线路	4	1
7-1-6	人工夯打小圆木桩	4	
第八章	材料采集及加工	1节、12个表	3
8-1-1	开挖盖山土、石	2	1

续上表

章、节、表	项目(定额表)名称	包含细目数	说明、小注数
8-1-2	人工采集草皮	1	
8-1-3	采筛土、黏土	4	
8-1-4	采筛洗砂及机制砂	6	3
8-1-4-1	人工采筛		
8-1-4-2	机械采筛		
8-1-4-3	机制砂		
8-1-5	采砂砾、碎(砾)石方、砾石、卵石	9	1
8-1-6	开采片石、块石	6	
8-1-7	人工开采料石、盖板石	3	1
8-1-8	人工捶碎石	9	
8-1-9	机械轧碎石	18	
8-1-10	采筛路面用石屑、煤渣、矿渣	3	
8-1-11	人工洗碎(砾、卵)石	1	1
8-1-12	堆、码方	5	
第九章	材料运输	1节、10个表	4
9-1-1	人工挑抬运输	28	1
9-1-2	手推车运输	28	1
9-1-3	机翻斗车运输(配合人工装车)	16	
9-1-4	手扶拖拉机运输(配合人工装车)	16	
9-1-5	载重汽车运输(配合人工装卸)	60	
9-1-5-1	4t 以内载货汽车		
9-1-5-2	6t 以内载货汽车		
9-1-5-3	8t 以内载货汽车		
9-1-5-4	10t 以内载货汽车		
9-1-5-5	15t 以内载货汽车		
9-1-6	自卸汽车运输(配合装载机装车)	108	
9-1-6-1	3t 以内自卸汽车		
9-1-6-2	6t 以内自卸汽车		
9-1-6-3	8t 以内自卸汽车		
9-1-6-4	10t 以内自卸汽车		
9-1-6-5	12t 以内自卸汽车		
9-1-6-6	15t 以内自卸汽车		
9-1-7	人工装机动翻斗车	8	
9-1-8	人工装卸手扶拖拉机	8	
9-1-9	人工装卸汽车	6	
9-1-10	装载机装汽车	15	

续上表

章、节、表	项目(定额表)名称	包含细目数	说明、小注数
9-1-10-1	1m³以内轮式装载机		
9-1-10-2	2m³以内轮式装载机		
9-1-10-3	3m³以内轮式装载机		

《公路工程预算定额》(JTG/T 3832—2018)定额表、子目数、说明和小注条数统计表　表3-4

章、节、表	项目(定额表)名称	包含细目数	说明、小注数
预算定额	总说明	九章、五附录	22
第一章	路基工程	4节,76个表	2
第一节	路基土、石方工程	22个表	8
1-1-1	伐树、挖根、除草、清除表土	12	3
1-1-2	挖淤泥、湿土、流沙	6	2
1-1-3	人工挖及开炸多年冻土	3	
1-1-4	人工挖土质台阶	6	
1-1-5	填前夯(压)实及填前挖松	5	3
1-1-6	人工挖运土方	8	4
1-1-7	夯实填土	2	1
1-1-8	机动翻斗车、手扶拖拉机配合人工运土、石方	12	2
1-1-9	挖掘机挖装土、石方	15	1
1-1-10	装载机装土、石方	9	2
1-1-11	自卸汽车运土、石方	28	
1-1-12	推土机推土石方	48	1
1-1-13	铲运机铲运土方	12	2
1-1-14	开炸石方	6	1
1-1-15	控制爆破石方	3	1
1-1-16	抛坍爆破石方	6	2
1-1-17	挖机带破碎锤破碎石方	3	1
1-1-18	机械碾压路基	28	3
1-1-19	渗水路堤及高路堤堆砌	6	4
1-1-20	整修路基	6	
1-1-21	旧路刷坡、改坡、帮坡、检底	12	3
1-1-22	洒水汽车洒水	8	1
第二节	软基处理工程	19个表	7
1-2-1	袋装砂井处理软土地基	2	1
1-2-2	塑料排水板处理软土地基	2	
1-2-3	石灰砂桩处理软土地基	3	
1-2-4	振冲碎石桩处理软土地基	1	
1-2-5	沉管法挤密桩处理软土地基	5	

续上表

章、节、表	项目(定额表)名称	包含细目数	说明、小注数
1-2-6	水泥、石灰搅拌桩处理软土地基	5	2
1-2-7	高压旋喷桩处理软土地基	3	1
1-2-8	CFG桩处理软土路基	2	1
1-2-9	土工合成材料处理软土地基	4	
1-2-10	强夯处理软土地基	18	
1-2-11	抛石挤淤	2	
1-2-12	软土地基垫层	4	1
1-2-13	真空预压	2	1
1-2-14	路基填土掺灰	7	
1-2-15	采空区处治※	18	1
1-2-16	刚性桩处理软土地基	6	
1-2-17	路基注浆处理地基	2	
1-2-18	冲击压实	2	
1-2-19	泡沫轻质土填筑※	5	
第三节	**排水工程**	**8个表**	**4**
1-3-1	开挖沟槽	4	
1-3-2	路基、中央分隔带盲沟	4	2
1-3-3	石砌边沟、排水沟、截水沟、急流槽	6	
1-3-4	混凝土边沟、排(截)水沟、急流槽	15	
1-3-5	排水管铺设	26	1
1-3-6	雨水井、检查井	4	
1-3-7	轻型井点降水	6	2
1-3-8	机械铺筑拦水带	2	
第四节	**防护工程**	**27个表**	**7**
1-4-1	人工铺草皮	6	1
1-4-2	植草护坡	13	
1-4-2-1	挂网	4	3
1-4-2-2	植草	9	
1-4-3	编篱填石护坡	4	2
1-4-4	木笼、竹笼、铁丝笼填石护坡	5	
1-4-5	现浇混凝土护坡	5	
1-4-6	预制混凝土护坡	10	1
1-4-7	灰浆抹面护坡	5	
1-4-8	喷射混凝土护坡	12	
1-4-8-1	挂网	6	
1-4-8-2	喷混凝土	3	

续上表

章、节、表	项目(定额表)名称	包含细目数	说明、小注数
1-4-8-3	锚杆埋设	3	1
1-4-9	预应力锚索护坡	73	
1-4-9-1	脚手架及地梁、锚座	5	
1-4-9-2	预应力锚索成孔	40	
1-4-9-3	预应力锚索	22	
1-4-9-4	锚孔注浆	6	1
1-4-10	边坡柔性防护	5	
1-4-11	石砌护坡	5	
1-4-12	木桩填石护岸	1	
1-4-13	抛石防护	4	
1-4-14	防风固沙	33	5
1-4-15	防雪、防砂设施	18	
1-4-16	石砌挡土墙	8	
1-4-17	石砌护脚	2	
1-4-18	石砌护面墙	12	
1-4-19	现浇混凝土挡土墙	3	
1-4-20	加筋土挡土墙	10	
1-4-20-1	预制	5	
1-4-20-2	安装	5	
1-4-21	预制、安装钢筋混凝土锚定板式挡土墙	8	
1-4-21-1	预制	4	
1-4-21-2	安装	4	
1-4-22	现浇钢筋混凝土锚定板式挡土墙	5	1
1-4-23	钢筋混凝土桩板式挡土墙	5	1
1-4-24	锚杆挡土墙	5	
1-4-25	钢筋混凝土扶壁式、悬臂式挡土墙	2	
1-4-26	挡土墙防渗层、泄水层及填内心	3	1
1-4-27	抗滑桩	6	1
第二章	路面工程	3节、42个表	7
第一节	路面基层及垫层	15个表	6
2-1-1	路面垫层	20	1
2-1-2	路拌法水泥稳定土基层	38	
2-1-2-1	拖拉机带铧犁拌和	16	
2-1-2-2	稳定土拌和机拌和	16	
2-1-2-3	拖拉机带铧犁原槽拌和	6	1
2-1-3	路拌法石灰稳定土层	38	

续上表

章、节、表	项目(定额表)名称	包含细目数	说明、小注数
2-1-3-1	人工沿路拌和	4	
2-1-3-2	拖拉机带铧犁拌和	14	
2-1-3-3	稳定土拌和机拌和	14	
2-1-3-4	拖拉机带铧犁原槽拌和	6	1
2-1-4	路拌法石灰、粉煤灰稳定土基层	40	
2-1-4-1	人工沿路拌和	12	
2-1-4-2	拖拉机带铧犁拌和	14	
2-1-4-3	稳定土拌和机拌和	14	1
2-1-5	路拌法石灰、煤渣稳定土基层	32	
2-1-5-1	人工沿路拌和	8	
2-1-5-2	拖拉机带铧犁拌和	12	
2-1-5-3	稳定土拌和机拌和	12	1
2-1-6	路拌法水泥、石灰稳定土基层	32	
2-1-6-1	人工沿路拌和	8	
2-1-6-2	拖拉机带铧犁拌和	12	
2-1-6-3	稳定土拌和机拌和	12	1
2-1-7	厂拌基层稳定土混合料	54	1
2-1-7-1	水泥稳定类	14	
2-1-7-2	石灰稳定类	12	
2-1-7-3	石灰粉煤灰稳定类	10	
2-1-7-4	石灰煤渣稳定类	10	
2-1-7-5	水泥石灰稳定类	8	1
2-1-8	厂拌基层稳定土混合料运输	12	
2-1-9	机械铺筑厂拌基层稳定土混合料	12	
2-1-10	基层稳定土厂拌设备安装、拆除	6	
2-1-11	泥灰结碎石基层	4	
2-1-12	填隙碎石基层	20	
2-1-12-1	人工铺料	10	
2-1-12-2	机械铺料	10	
2-1-13	沥青路面冷再生基层	2	
2-1-14	泡沫沥青就地冷再生基层	2	2
2-1-15	泡沫沥青厂拌冷再生基层	2	2
第二节	**路面面层**	**22个表**	**10**
2-2-1	泥结碎石路面	8	
2-2-2	级配碎石路面	18	
2-2-3	级配砾石路面	18	

续上表

章、节、表	项目(定额表)名称	包含细目数	说明、小注数
2-2-4	天然砂砾路面	4	
2-2-5	粒料改善土壤路面	5	
2-2-6	磨耗层及保护层	12	
2-2-7	沥青表面处治路面	20	
2-2-8	沥青贯入式路面	14	
2-2-8-1	面层	7	
2-2-8-2	基层或联结层	7	
2-2-9	沥青上拌下贯式路面	6	3
2-2-10	沥青碎石混合料拌和	24	
2-2-10-1	特粗式	6	
2-2-10-2	粗粒式	6	
2-2-10-3	中粒式	6	
2-2-10-4	细粒式	6	
2-2-11	沥青混凝土混合料拌和	53	
2-2-11-1	粗粒式	7	
2-2-11-2	中粒式	7	
2-2-11-3	细粒式	7	
2-2-11-4	砂粒式	7	
2-2-11-5	改性沥青混凝土	10	
2-2-11-6	橡胶沥青混凝土	15	
2-2-12	沥青玛蹄脂碎石混合料拌和	10	
2-2-13	沥青混合料运输	12	
2-2-14	沥青混合料路面铺筑	62	
2-2-15	沥青混合料拌和设备安装、拆除	7	
2-2-16	透层、黏层、封层	18	1
2-2-17	水泥混凝土路面	15	
2-2-17-1	普通混凝土	6	
2-2-17-2	钢纤维混凝土	6	
2-2-17-3	拉杆、传力杆及钢筋	3	3
2-2-18	碾压混凝土路面※	2	1
2-2-19	自卸汽车运输水泥混凝土	12	1
2-2-20	片石混凝土路面	2	
2-2-21	预制混凝土整齐块路面	3	
2-2-22	煤渣、矿渣、石渣路面	6	
第三节	路面附属工程	5个表	3
2-3-1	全部挖除旧路面	8	2

续上表

章、节、表	项目(定额表)名称	包含细目数	说明、小注数
2-3-2	挖路槽、培路肩、修筑泄水槽	6	2
2-3-3	人行道、路牙(缘石)	6	
2-3-4	沥青路面镶边	5	
2-3-5	土路肩加固	3	
第三章	**隧道工程**	**4节、42个表**	**8**
第一节	**洞身工程**	**21个表**	**10**
3-1-1	人工开挖	6	
3-1-2	机械开挖轻轨斗车运输	4	
3-1-3	正洞机械开挖自卸汽车运输	69	
3-1-3-1	开挖	42	
3-1-3-2	出渣	27	1
3-1-4	铣挖机配合破碎锤开挖※	6	1
3-1-5	钢支撑	6	1
3-1-6	锚杆及金属网	6	
3-1-7	管棚、小导管	7	1
3-1-8	喷射混凝土	2	
3-1-9	现浇混凝土衬砌	7	
3-1-10	石料、混凝土预制块衬砌	9	
3-1-11	防水板与止水带(条)	5	
3-1-12	塑料排水管沟	7	
3-1-13	混凝土沟槽	4	
3-1-14	拱顶压浆	4	
3-1-15	正洞通风	6	
3-1-16	正洞高压风水管、照明、电线路	6	
3-1-17	洞内施工排水	6	
3-1-18	明洞修筑	5	
3-1-19	明洞回填	4	
3-1-20	明洞防水层	2	
3-1-21	洞内装饰	3	1
第二节	**洞门工程**	**3个表**	**3**
3-2-1	洞门墙砌筑	5	
3-2-2	现浇混凝土洞门墙	3	
3-2-3	洞门墙装饰	3	
第三节	**辅助坑道**	**8个表**	**4**
3-3-1	斜井开挖	48	
3-3-2	斜井出渣	12	

101

续上表

章、节、表	项目(定额表)名称	包含细目数	说明、小注数
3-3-3	斜井衬砌	3	
3-3-4	斜井通风及管线路	6	
3-3-5	竖井开挖※	4	
3-3-6	竖井支护与衬砌	4	
3-3-7	斜井洞内施工排水	15	
3-3-8	人行、车行横洞开挖	6	
第四节	瓦斯隧道	10 个表	7
3-4-1	瓦斯隧道超前探测钻孔	21	
3-4-1-1	超前初探钻孔	9	
3-4-1-2	超前探测取芯钻孔	9	
3-4-1-3	钻屑指标法预测孔	3	
3-4-2	瓦斯排放钻孔	3	
3-4-3	瓦斯隧道正洞机械开挖自卸汽车运输	30	
3-4-3-1	开挖	18	
3-4-3-2	出渣	12	
3-4-4	瓦斯隧道钢支撑	3	1
3-4-5	瓦斯隧道管棚、小导管	5	
3-4-6	瓦斯隧道喷射混凝土	2	
3-4-7	瓦斯隧道现浇混凝土衬砌	8	
3-4-8	瓦斯隧道正洞通风	6	
3-4-9	瓦斯隧道正洞高压风水管、照明、电线路	6	
3-4-10	瓦斯隧道施工监测监控系统	8	
第四章	桥涵工程	11 节,135 个表	19
第一节	开挖基坑	5 个表	12
4-1-1	人工开挖基坑土、石方	7	1
4-1-2	人工挖卷扬机吊运基坑土、石方	3	
4-1-3	机械挖基坑土、石方	13	1
4-1-4	基坑挡土板	2	
4-1-5	基坑排水	136	1
第二节	筑岛、围堰及沉井工程	11 个表	14
4-2-1	草土围堰	3	1
4-2-2	编织袋围堰	9	1
4-2-3	竹笼围堰	5	1
4-2-4	木笼铁丝围堰	4	1
4-2-5	筑岛	4	
4-2-6	套箱围堰	2	1

续上表

章、节、表	项目(定额表)名称	包含细目数	说明、小注数
4-2-7	沉井制作及拼装	7	1
4-2-8	沉井浮运、定位落床	19	3
4-2-8-1	浮运	6	
4-2-8-2	定位落床	4	
4-2-8-3	锚锭系统	5	
4-2-8-4	井壁混凝土	4	3
4-2-9	沉井下沉	36	
4-2-9-1	抽水下沉	15	
4-2-9-2	静水下沉	21	2
4-2-10	沉井填塞	12	
4-2-10-1	封底	4	
4-2-10-2	填芯	5	
4-2-10-3	封顶	3	
4-2-11	地下连续墙	20	
4-2-11-1	导墙	3	
4-2-11-2	成槽	10	
4-2-11-3	内衬及墙体	7	
第三节	**打桩工程**	**7个表**	**11**
4-3-1	打钢筋混凝土方桩及接头	14	3
4-3-2	打钢筋混凝土管桩、接头及填芯	8	3
4-3-3	打钢管桩、接头	21	
4-3-3-1	在陆地工作平台上打桩	7	
4-3-3-2	在水中工作平台上打桩	7	
4-3-3-3	在船上工作平台上打桩	7	
4-3-4	钢管桩填芯	4	
4-3-5	打钢板桩	9	
4-3-6	拔钢板桩	3	
4-3-7	打桩工作平台	6	1
第四节	**灌注桩工程**	**10个表**	**11**
4-4-1	人工挖孔	11	
4-4-2	卷扬机带冲击锥冲孔	48	
4-4-3	冲击钻机冲孔	136	
4-4-4	回旋钻机钻孔	416	
4-4-4-1	陆地上钻孔	208	
4-4-4-2	水中平台上钻孔	208	
4-4-5	潜水钻机钻孔	126	

续上表

章、节、表	项目(定额表)名称	包含细目数	说明、小注数
4-4-5-1	陆地上钻孔	63	
4-4-5-2	水中平台上钻孔	63	
4-4-6	旋挖钻机钻孔	218	
4-4-6-1	干法钻孔	108	
4-4-6-2	静浆护壁法钻孔	110	
4-4-7	全套管钻机钻孔	12	
4-4-8	灌注桩混凝土	28	
4-4-8-1	混凝土	23	
4-4-8-2	钢筋及检测钢管	5	
4-4-9	护筒制作、埋设、拆除	12	
4-4-9-1	钢筋混凝土护筒	6	
4-4-9-2	钢护筒	6	
4-4-10	灌注桩工作平台	6	1
第五节	**砌筑工程**	**7个表**	**7**
4-5-1	干砌片石、块石	7	
4-5-2	浆砌片石	9	
4-5-3	浆砌块石	10	
4-5-4	浆砌料石	8	
4-5-5	浆砌混凝土预制块	6	
4-5-6	干、浆砌盖板石	2	
4-5-7	浆砌青(红)砖	5	
第六节	**现浇混凝土及钢筋混凝土**	**16个表**	**10**
4-6-1	基础、承台及支撑梁	15	
4-6-2	墩、台身	100	
4-6-2-1	实体式墩台	11	
4-6-2-2	柱式墩台	22	
4-6-2-3	框架、肋形埋置式桥台	7	
4-6-2-4	空心墩	25	
4-6-2-5	Y形墩及薄壁墩	20	
4-6-2-6	支座垫石	4	
4-6-2-7	钢管混凝土叠合柱※	11	
4-6-3	墩、台帽及拱座	10	
4-6-3-1	混凝土	4	
4-6-3-2	钢筋	6	
4-6-4	盖梁、系梁、耳背墙及墩顶固结	16	
4-6-4-1	混凝土	8	

续上表

章、节、表	项目(定额表)名称	包含细目数	说明、小注数
4-6-4-2	钢筋	8	
4-6-5	索塔	29	
4-6-5-1	现浇索塔立柱及横梁混凝土	7	
4-6-5-2	劲性骨架及钢筋	15	1
4-6-5-3	安装附属结构	7	
4-6-6	现浇锚块	3	
4-6-7	现浇箱涵、拱涵	21	
4-6-8	现浇板上部结构	7	
4-6-9	现浇T形梁上部结构	6	
4-6-10	现浇预应力箱梁	7	
4-6-11	悬浇预应力箱梁上部结构	9	
4-6-12	现浇拱桥上部结构	17	
4-6-12-1	薄壳桥及二铰(肋)板拱	8	
4-6-12-2	箱型拱桥	9	
4-6-13	桥面铺装	12	
4-6-13-1	行车道铺装混凝土	6	
4-6-13-2	行车道铺装钢筋	2	
4-6-13-3	人行道铺装	4	
4-6-14	现浇混凝土桥头搭板	4	1
4-6-15	转体磨心、磨盖混凝土、钢筋	3	
4-6-16	转体施工	2	
第七节	**预制、安装混凝土及钢筋混凝土构件**	33个表	15
4-7-1	预制桩	6	
4-7-2	预制排架立柱	4	
4-7-3	预制、安装柱式墩台管节	7	
4-7-4	预制圆管涵	4	
4-7-5	安装圆管涵	10	
4-7-6	顶进圆管函	5	
4-7-7	预制立交箱涵	3	
4-7-8	顶进立交箱涵	12	2
4-7-9	预制矩形板、空心板	7	
4-7-9-1	矩形板	4	
4-7-9-2	空心板	3	
4-7-10	安装矩形板、空心板	2	1
4-7-11	预制、安装连续板	5	
4-7-12	预制、安装T形梁、I形梁	11	

续上表

章、节、表	项目(定额表)名称	包含细目数	说明、小注数
4-7-12-1	预制	6	
4-7-12-2	安装	5	
4-7-13	预制、安装预应力空心板	8	1
4-7-14	预制、安装预应力T形梁、I形梁	15	
4-7-14-1	预制	8	1
4-7-14-2	安装	7	1
4-7-15	预制、安装预应力箱梁	7	
4-7-16	预制、悬拼预应力节段箱梁	6	1
4-7-17	预制、悬拼预应力桁架梁	12	1
4-7-18	预制、顶推预应力连续梁	5	
4-7-19	预应力钢筋及钢绞线	90	
4-7-19-1	制作、张拉预应力钢筋	2	
4-7-19-2	预应力钢绞线	44	4
4-7-19-3	预应力钢绞线(成品束)	44	
4-7-20	先张法预应力钢筋、钢丝及钢绞线	5	
4-7-21	预制、安装桁架拱桥构件	10	
4-7-21-1	预制	6	
4-7-21-2	安装	4	
4-7-22	预制、安装刚架拱桥构件	10	
4-7-22-1	预制	6	
4-7-22-2	安装	4	
4-7-23	预制、安装箱形拱桥构件	8	
4-7-24	预制、安装人行道构件	3	
4-7-25	预制小型构件	11	
4-7-26	安装小型构件	4	
4-7-27	安装支座	34	
4-7-27-1	普通钢支座及板式橡胶支座	4	
4-7-27-2	钢盆式橡胶支座	17	1
4-7-27-3	球型支座	13	
4-7-28	金属结构吊装设备	12	
4-7-29	移动模架安装、拆除	1	
4-7-30	缆索吊装设备	20	2
4-7-30-1	塔架	4	
4-7-30-2	地锚	8	
4-7-30-3	索道	8	2
4-7-31	顶进设备	6	2

続上表

章、节、表	项目(定额表)名称	包含细目数	说明、小注数
4-7-32	短线匹配法预制、安装节段箱梁	7	1
4-7-33	平板拖车运输钢筋笼	2	
第八节	**构件运输**	**7个表**	**4**
4-8-1	手推车运及垫滚子绞运	8	
4-8-2	轨道平车运输	38	
4-8-2-1	卷扬机牵引	19	
4-8-2-2	轨道拖车斗牵引	19	
4-8-3	载货汽车运输	14	
4-8-4	平板拖车运输	16	
4-8-5	驳船运输	12	
4-8-5-1	卷扬机牵引	6	
4-8-5-2	拖轮牵引	6	1
4-8-6	缆索运输	14	
4-8-7	运梁车运输	8	
第九节	**拱盔、支架工程**	**6个表**	**13**
4-9-1	涵洞拱盔、支架	3	
4-9-2	桥梁拱盔	8	1
4-9-3	桥梁支架	11	
4-9-3-1	木支架	6	
4-9-3-2	钢支架	5	1
4-9-4	桥梁简单支架	5	1
4-9-5	钢管梁式支架	2	2
4-9-6	支架预压	1	
第十节	**钢结构工程**	**16个表**	**13**
4-10-1	钢桁梁※	6	
4-10-1-1	钢桁梁整节段拼装	1	
4-10-1-2	钢桁梁吊装	2	
4-10-1-3	钢桥面板拼装	1	
4-10-1-4	钢桥面板安装	2	
4-10-2	钢索吊桥上部结构	10	
4-10-2-1	索吊部分	5	
4-10-2-2	桥面部分	5	
4-10-3	安装钢管金属栏杆	2	
4-10-4	悬索桥锚碇锚固系统	4	
4-10-5	悬索桥索鞍	6	1
4-10-6	悬索桥牵引系统	4	4

续上表

章、节、表	项目(定额表)名称	包含细目数	说明、小注数
4-10-7	悬索桥锚道系统	3	3
4-10-8	悬索桥主缆	3	1
4-10-9	悬索桥主缆紧缆	4	1
4-10-10	悬索桥索夹及吊索	4	1
4-10-11	悬索桥主缆缠丝	4	1
4-10-12	悬索桥主缆附属工程	2	1
4-10-13	平行钢丝斜拉索	5	
4-10-14	斜拉索(钢绞线)安装	2	4
4-10-15	钢箱梁	8	
4-10-16	钢管拱	11	
4-10-16-1	拱肋安装	3	
4-10-16-2	吊索及系杆安装	4	
4-10-16-3	纵、横梁安装	4	
第十一节	杂项工程	17个表	7
4-11-1	平整场地	3	1
4-11-2	锥坡填土、拱上填料、台背排水	3	
4-11-3	土牛(拱)胎	8	
4-11-4	防水层	6	
4-11-5	涵管基础垫层	6	
4-11-6	水泥砂浆勾缝及抹面	17	
4-11-7	伸缩缝及泄水管	16	
4-11-7-1	模数式伸缩缝	6	
4-11-7-2	其他伸缩缝及泄水管	10	3
4-11-8	蒸汽养生室建筑及蒸汽养生	2	1
4-11-9	大型预制构件底座	3	
4-11-10	先张法预应力钢绞线、钢筋张拉、冷拉台座	3	
4-11-11	混凝土拌和及运输	33	
4-11-11-1	混凝土搅拌机拌和	6	
4-11-11-2	混凝土搅拌站(楼)安拆	5	
4-11-11-3	混凝土搅拌站拌和	5	
4-11-11-4	混凝土搅拌船拌和	3	
4-11-11-5	混凝土运输	14	
4-11-12	冷却水管	1	
4-11-13	钢桁架栈桥式码头	1	1
4-11-14	水上泥浆循环系统	1	
4-11-15	施工电梯	11	

续上表

章、节、表	项目(定额表)名称	包含细目数	说明、小注数
4-11-15-1	安拆	5	
4-11-15-2	使用	6	
4-11-16	施工塔式起重机	13	
4-11-16-1	安拆	4	
4-11-16-2	使用	9	1
4-11-17	拆除旧建筑物	7	
第五章	**交通工程及沿线设施**	**7节、61个表**	**4**
第一节	**安全设施**	**11个表**	**3**
5-1-1	混凝土、圬工砌体护栏	11	
5-1-1-1	预制混凝土护栏	4	1
5-1-1-2	现浇钢筋混凝土防撞护栏	3	
5-1-1-3	柱式护栏	2	
5-1-1-4	石砌墙式护栏	2	
5-1-2	钢护栏	11	
5-1-2-1	波形钢板护栏	6	
5-1-2-2	缆索护栏	3	1
5-1-2-3	活动护栏	2	
5-1-3	隔离栅	8	
5-1-4	标志牌	23	
5-1-4-1	金属标志基础	2	
5-1-4-2	铝合金标志牌	11	
5-1-4-3	钢板标志牌	10	
5-1-5	路面标线	11	
5-1-6	里程碑、百米桩、界碑	5	
5-1-6-1	预制混凝土里程碑、百米桩、界碑	3	
5-1-6-2	铝合金里程牌、百米桩标志牌	2	
5-1-7	轮廓标	5	1
5-1-8	防眩、防撞	9	
5-1-9	中间带	11	
5-1-9-1	中间带	3	2
5-1-9-2	隔离墩	5	2
5-1-9-3	车道分离块	3	1
5-1-10	拆除安全设施	14	
5-1-11	公共汽车停靠站防雨棚	4	
第二节	**监控收费系统**	**13个表**	**6**
5-2-1	计算机及网络设备安装	25	

续上表

章、节、表	项目(定额表)名称	包含细目数	说明、小注数
5-2-2	软件(包括系统、应用软件)安装	7	
5-2-3	视频控制设备安装	33	1
5-2-4	信息显示设备安装、调试	10	1
5-2-5	视频监控与传输设备的安装、调试	8	
5-2-6	隧道监控设备安装	22	
5-2-6-1	可编程控制机安装调试	2	
5-2-6-2	环境检测设备安装	4	
5-2-6-3	火灾探测器安装	6	
5-2-6-4	火灾报警主机安装	4	
5-2-6-5	消防系统调试	6	
5-2-7	收费系统设备安装	32	1
5-2-8	称重设备安装	5	
5-2-9	信号灯及车辆检测器安装	10	
5-2-10	附属配套设备安装	11	
5-2-11	太阳能电池安装	4	
5-2-12	系统互联、调试及试运行	16	
5-2-12-1	系统互联与调试	12	
5-2-12-2	系统试运行	4	
5-2-13	收费岛	6	
第三节	通信管道及通信系统	14个表	8
5-3-1	光通信设备	29	
5-3-1-1	光电传输设备安装	20	6
5-3-1-2	安装、调测通信网络设备	9	
5-3-2	程控交换机	20	
5-3-2-1	程控交换机安装、调试	5	
5-3-2-2	中继线调试	4	
5-3-2-3	外围设备安装、调试	7	
5-3-2-4	紧急电话设备的安装、调试	4	
5-3-3	通信电源设备	13	
5-3-3-1	电源安装	4	
5-3-3-2	电源安装	9	
5-3-4	广播、会议设备	34	
5-3-4-1	有线广播设备安装	13	
5-3-4-2	视频会议设备安装	8	
5-3-4-3	会议音频专用设备	13	
5-3-5	跳线架、配线架安装	8	

续上表

章、节、表	项目(定额表)名称	包含细目数	说明、小注数
5-3-6	通信机房附属设施安装	3	
5-3-7	光缆工程	40	
5-3-7-1	室外敷设管道光缆	8	
5-3-7-2	室外埋式光缆敷设	6	
5-3-7-3	室内光缆穿放、连接等	8	
5-3-7-4	光缆接续	11	
5-3-7-5	光纤测试	1	
5-3-7-6	安装测试光缆终端盒	6	
5-3-8	人工敷设塑料子管	2	1
5-3-9	穿放、布放电话线	5	
5-3-10	敷设塑料波纹管管道	10	1
5-3-11	敷设钢管管道	11	2
5-3-12	管道包封及填充、管箱安装	3	1
5-3-13	人(手)孔	9	
5-3-13-1	砖砌人(手)孔	5	
5-3-13-2	混凝土人(手)孔	2	
5-3-13-3	砖混人(手)孔	2	
5-3-14	拆除工程	3	
第四节	**通风及消防设施**	**8个表**	**5**
5-4-1	射流风机安装	1	
5-4-2	风机预埋件	2	
5-4-3	控制柜安装	2	
5-4-4	轴流风机安装	13	
5-4-5	风机拉拔试验	1	
5-4-6	隧道消防设施	15	1
5-4-7	消防管道安装	27	
5-4-7-1	水灭火系统镀锌钢管安装	7	
5-4-7-2	给水管道安装	20	
5-4-8	水泵安装	16	
第五节	**供电、照明系统**	**7个表**	**20**
5-5-1	安装调试变压器	16	
5-5-1-1	干式变压器安装	6	
5-5-1-2	电力变压器干燥	4	
5-5-1-3	杆上、地上安装变压器	3	
5-5-1-4	组合型成套箱式变电站安装	3	
5-5-2	安装调试供电设施	20	

续上表

章、节、表	项目(定额表)名称	包含细目数	说明、小注数
5-5-2-1	控制、继电、模拟及配电屏安装	8	
5-5-2-2	电力系统调整试验	12	3
5-5-3	安装柴油发电机	14	
5-5-3-1	柴油发电机组安装	8	1
5-5-3-2	柴油发电机组安装体外排气系统	6	2
5-5-4	母线、母线槽等安装	7	1
5-5-5	配电箱安装	15	
5-5-5-1	落地式控制箱安装	4	
5-5-5-2	成套配电箱安装	5	1
5-5-5-3	接线箱、盒安装	6	
5-5-6	接地、避雷设施安装	20	
5-5-6-1	接地装置	4	
5-5-6-2	避雷针及引下线安装	8	
5-5-6-3	防雷装置安装	6	
5-5-6-4	防雷接地装置测试	2	1
5-5-7	照明系统	34	
5-5-7-1	调压器、稳压器安装	3	
5-5-7-2	灯架安装	4	1
5-5-7-3	立灯杆	5	1
5-5-7-4	杆座安装	2	1
5-5-7-5	高杆灯具安装	4	1
5-5-7-6	照明灯具安装	9	1
5-5-7-7	标志、诱导装饰灯具	4	
5-5-7-8	其他灯具安装	3	
第六节	电缆敷设	7个表	1
5-6-1	电缆沟工程	17	
5-6-1-1	挖填方及开挖路面	8	
5-6-1-2	开槽	2	1
5-6-1-3	电缆沟铺砂盖板、揭盖板、敷设顶管	7	1
5-6-2	铜芯电缆敷设	9	
5-6-3	布放同轴电缆	2	
5-6-4	敷设多芯电缆	6	1
5-6-5	电缆终端头、中间头制作安装	11	
5-6-5-1	热缩式电缆终端头	9	
5-6-5-2	控制电缆头制作安装	2	1
5-6-6	桥架、支架安装	3	

续上表

章、节、表	项目(定额表)名称	包含细目数	说明、小注数
5-6-7	安装线槽	5	
第七节	**配管配线及铁构件制作安装**	**1个表**	**1**
5-7-1	配管及铁构件	22	1
5-7-1-1	钢管地埋敷设	4	
5-7-1-2	钢管砖、混凝土结构暗配	4	
5-7-1-3	钢管钢结构支架配管	4	
5-7-1-4	PVC阻燃料管敷设	4	
5-7-1-5	金属软管安装	3	
5-7-1-6	顶管敷设	1	
5-7-1-7	铁构件制作安装	2	1
第六章	**绿化及环境保护工程**	**2节、12个表**	**3**
第一节	**绿化工程**	**11个表**	**10**
6-1-1	栽植乔木	15	
6-1-1-1	带土球	12	
6-1-1-2	裸根	3	
6-1-2	栽植灌木	12	
6-1-2-1	带土球	6	
6-1-2-2	裸根	6	
6-1-3	栽植绿篱	6	
6-1-4	栽植(片植)地被	3	
6-1-5	浇水	10	3
6-1-6	绿化成活期保养	7	
6-1-7	苗木运输	36	1
6-1-8	栽植多年生草本生植物	5	
6-1-9	栽植色块、片植露地花卉	6	
6-1-9-1	色块	3	1
6-1-9-2	露地花卉	3	1
6-1-10	栽植竹类(散生竹、丛生竹)	10	
6-1-10-1	散生竹	5	
6-1-10-2	丛生竹	5	
6-1-11	栽植攀缘植物	1	
第二节	**环境保护工程**	**1个表**	**3**
6-2-1	声屏障	5	2
第七章	**临时工程**	**1节、6个表**	**7**
7-1-1	汽车便道	8	
7-1-2	临时便桥	5	2

续上表

章、节、表	项目(定额表)名称	包含细目数	说明、小注数
7-1-3	临时码头	3	2
7-1-4	轨道铺设	4	2
7-1-5	架设输电、电信线路	1	1
7-1-6	人工夯打小圆木桩	4	
第八章	材料采集及加工	1节、11个表	3
8-1-1	人工种植及采集草皮	3	
8-1-2	采筛土、黏土	4	
8-1-3	采筛洗砂及机制砂	18	
8-1-3-1	人工采筛	7	
8-1-3-2	机械采筛	8	
8-1-4-3	机制砂	3	
8-1-4	采砂砾、碎(砾)石土、砾石、卵石	32	2
8-1-5	开采片石、块石	6	
8-1-6	开采料石、盖板石	6	1
8-1-7	机械轧碎石	28	
8-1-7-1	颚式破碎机	18	
8-1-7-2	联合破碎	4	
8-1-7-3	四级破碎石	6	
8-1-8	采筛路面用石屑、煤渣、矿渣	4	
8-1-9	人工洗碎(砾、卵)石	1	1
8-1-10	堆、码方	5	
8-1-11	碎石破碎设备安拆	2	
第九章	材料运输	1节、12个表	4
9-1-1	人工挑抬运输	28	1
9-1-2	手推车运输	28	1
9-1-3	机动翻斗车运输(配合人工装车)	16	
9-1-4	小型拖拉机运输(配合人工装车)	16	
9-1-5	载重汽车运输(配合人工装卸)	76	
9-1-5-1	4t以内载货汽车	14	
9-1-5-2	6t以内载货汽车	14	
9-1-5-3	8t以内载货汽车	14	
9-1-5-4	10t以内载货汽车	14	
9-1-5-5	15t以内载货汽车	10	
9-1-5-6	20t以内载货汽车	10	
9-1-6	自卸汽车运输(配合装载机装车)	126	
9-1-6-1	3t以内自卸汽车	18	

续上表

章、节、表	项目(定额表)名称	包含细目数	说明、小注数
9-1-6-2	6t 以内自卸汽车	18	
9-1-6-3	8t 以内自卸汽车	18	
9-1-6-4	10t 以内自卸汽车	18	
9-1-6-5	12t 以内自卸汽车	18	
9-1-6-6	15t 以内自卸汽车	18	
9-1-6-6	20t 以内自卸汽车	18	
9-1-7	人工装机动翻斗车	8	
9-1-8	人工装卸小型拖拉机	8	
9-1-9	人工装卸汽车	7	
9-1-10	装载机装汽车	15	
9-1-10-1	1m³ 以内轮式装载机	5	
9-1-10-2	2m³ 以内轮式装载机	5	
9-1-10-3	3m³ 以内轮式装载机	5	
9-1-11	其他装卸汽车	4	
9-1-12	洒水车运水	8	

5)公路工程预算定额的应用

(1)定额编号的引用。

定额中均是按工程项目的不同,以章为单元将定额表有序地排列起来,这种排列的序号就是定额表号。而定额编号则指在编制造价文件时,根据定额表号采用简单的编号将所应用的定额表示出来。一般采用[页-表-栏]或[表-栏]的编号方法,但[表-栏]编号法最常采用。

(2)设计工程数量与定额单位的关系。

工程量的正确与否直接影响概算、预算造价的结果,如何正确地提取复核计量规则的工程量是造价人员必须注意的一个重要环节。由于设计习惯、规范要求或设计人员对概算、预算等分项的计量规则不了解,在设计图纸上或工程量清单中统计的工程量,其单位和内容往往与所用定额的单位和内容可能不完全一致,这就需要造价人员根据定额的需要进行分解、换算或调整,以达到使计算造价与实际造价相符的目的。

①工程计量单位的换算及调整。

公路工程造价编制中,要注意把设计图纸的工程量单位进行换算或调整,使之与定额单位一致。除了常规的进制换算外,如土石方在工程数量表上单位为 $1m^3$,而土石方的定额单位均为 $1000m^3$,要把工程量除以定额单位换算成 $1000m^3$ 进制;砌体与混凝土工程在工程数量表上单位为 $1m^3$,而定额单位均为 $10m^3$,要把工程量除以定额单位换算成 $10m^3$ 进制等。除此之外,还应特别注意以下几个比较容易疏忽的问题:

a. 体积与面积单位的换算。

如沥青混合料路面,定额单位为 $1000m^3$ 路面实体,设计图纸一般以 $1000m^2$ 为单位列出。要换算成统一的体积单位,应把设计图纸上的路面平方数乘以其厚度,从而求得体积。

b. 体积与个数的换算。

在编制概算、预算等造价文件时,如果遇到个数与体积的不一致,其换算不是简单的数学计算,必须与厂商、政府管理部门取得联系,获取详细的基础资料。如支座与伸缩缝,设计者一般提供各种型号及对应的个数(包括固定支座、滑动式支座),而定额单位所需的却为吨(t)或立方分米(dm^3),必须找到有关生产厂家及型号,如标准图纸和基本数据等,才能换算出定额单位所需的吨或立方分米。伸缩缝的单位有多种,设计者一般提供桥梁宽度数据(伸缩缝长度),但如毛勒伸缩缝及沥青麻絮伸缩缝定额单位则是吨或平方米(m^2)。

定额的单位与设计工程量单位不一致的情况有很多,如在桥梁工程中,锚具、钢护筒、金属设备等工程数量的计算就应该注意换算,并且注意收集有关的基础数据。

c. 千克(kg)与吨(t)的换算。

此换算应用最常见的是钢筋。钢筋在设计图纸上一般以千克为单位列出,而定额单位均为吨,应用时要注意把千克换算为吨。

②工程数量的分解及辅助工程量的确定。

一个完整项目的造价计算除包括施工图纸上的工程数量外,还包括与施工方案、施工组织措施相关的其他内容所涉及的工程量。有时,虽然定额在设计上反映了,但是由于设计习惯、设计图纸的篇幅、设计图纸标准所限,表现较为隐蔽,个别工程数量甚至包括了多个定额,应根据施工工艺流程对工程量加以分解和计算辅助工程量后采用。

a. 路基土石方数量的分解。

《路基每公里土石方数量表》和《路基每公里土石方运量统计表》是路基土石方计算和调配的最终成果。虽然全国各地及各设计部门根据需要和习惯设计了一些不同的表格,但大同小异。要正确地分解表中的土石方工程量,首先应了解土石方的施工过程,它是由挖、装、运、填、压等几个步骤来完成的。其次了解各种施工机械的施工特点和性能,如推土机和铲运机均可同时进行挖、装、运几个施工步骤,而挖掘机只能用于挖和装车施工,不能运输,装载机却只能用于装车,它不能作为挖方机械使用。同时,通过研究和分析预算定额,不难发现机动翻斗车是无法找到相应的定额计算机械装车费用的,只能套用人工装车计算其费用。

b. 预制构件工程量的分解和辅助工程量的确定。

在公路工程中,构件的预制施工是常见的,如桥面板、栏杆和扶手的预制,圆管涵管节的预制,钢筋混凝土盖板的预制等。一般在设计图纸上只是列出需要预制和钢筋的工程量,应根据施工的工艺流程加以分解和确定辅助工程量。一个预制工程可分解成预制定额、混凝土拌和定额、混凝土运输定额、安装定额、构件运输定额及钢筋制作定额,预制、拌和、安装和运输的工程量一般是相等的,均为混凝土的体积,增运运距可根据构件的预制位置和安装位置间的距离来确定。

c. 路面工程量的分解和辅助工程量的确定。

设计图中路面工程量表只列出路面各层结构的面积数量,这些数量经过单位的换算后有些是可以直接采用的,如封油层、二灰稳定土路拌施工等;而有些工程量则必须经过分析、分解和确定辅助工程量,以免造成计算结果不能正确反映施工的实际费用。如厂拌的各类混合料路面,除了拌和、摊铺、碾压的定额外,还应根据施工组织设计考虑拌和厂的位置和数量,采用相应的定额计算拌和设备的安装、拆除及混合料的运输费用。

d. 清除表土和淤泥工程量的分解。

路基土石方施工时,应先清除表面土、淤泥后才能进行土石方开挖与利用,进行路基填筑与碾压。完整的设计文件应该准确地反映出清除表土、淤泥的数量以及表土、淤泥弃运方式与运输距离,反映出考虑松方系数后回填土的数量、取土位置、运输方式、运输距离以及回填压实方的数量。但是,由于设计深度及要求不同,有些设计图纸上只列出清除的数量,应根据弃土堆和借土坑位置,定出运输方式和运输距离。准确计算清除表土和淤泥的工程造价,所用定额应包括表土或淤泥的挖装定额、运输定额(包括增运定额)、回填土的挖装定额、运输定额(如路基废方较多,应在土石方调配中考虑)以及回填土的碾压定额等。

(3)定额的直接套用。

如果设计要求、工作内容及确定的工程项目完全与相应定额的工程项目符合,则可直接套用定额。

(4)定额的组合套用。

组合定额指一个定额的工程内容与设计图纸不符,可适当采用两个或两个以上的定额组合时,定额的工作内容又互相重叠,为了加以完善而需增减定额人工、材料、机械台班的消耗数量,或用另外相关的定额来补充的定额。虽然这部分定额占总定额量的比例不大,但如果采用时不予以注意,会对造价的计算产生很大的影响。

(5)定额的调整换算。

由于定额是按一般正常合理的施工组织和正常的施工条件编制的,定额中所采用的施工方法和工程质量标准,主要是根据国家现行公路工程施工技术及验收规范、质量评定标准及安全操作规程取定的。因此,使用时不得因具体工程的施工组织、操作方法和材料消耗与定额的规定不同而变更定额。以下是几种允许对定额中某些项目进行换算调整的情况。

①水泥、石灰稳定土类基层定额配合比换算。

水泥、石灰稳定土基层定额中的水泥或石灰与其他有关材料的消耗量是按固定的配合比计算的,当设计配合比与定额标明的配合比不同时,则需进行配合比换算,其有关材料数量按以下公式换算:

$$换算后的材料定额 = 设计厚度定额 \times \frac{材料的设计配合比(\%)}{材料的定额配合比(\%)} \tag{3-19}$$

②稳定土类混合料不同生产能力拌和设备定额消耗量的换算。

厂拌基层稳定土混合料的定额是按拌和能力为300t/h的拌和设备编制的,若实际施工所用设备型号与定额不符时,需根据实际调整定额中人工、装载机和拌和设备的消耗数量。

③抽换定额砂浆、混凝土强度等级。

当设计图纸砂浆或混凝土强度等级与定额砂浆或混凝土强度等级不一致时,必须将定额中原砂浆、混凝土材料用量抽出,换入设计图纸标号的砂浆或混凝土材料用量,并调整基价,这一过程称为抽换定额砂浆或混凝土强度等级。

④片石混凝土定额的片石掺量换算。

片石混凝土定额是按一定的片石掺量编制的。当设计图纸的片石掺量与片石混凝土定额的片石掺量不同时,就必须按设计图纸的片石掺量对定额进行调整换算。

⑤钢筋混凝土锚碇体积比换算。

当沉井浮运、定位、落床使用的钢筋混凝土锚碇质量与定额不相同时,按相近锚体质量定额执行,但应按锚质量比例抽换定额中的水泥、中(粗)砂、碎石的数量,并计算基价,同时注意相应调整水泥混凝土拌和与运输工程量,该过程即为钢筋混凝土锚碇体积比换算。

⑥周转及摊销材料定额用量换算。

如确因施工安排达不到规定的周转次数时,就地浇筑钢筋混凝土梁用的支架及拱圈的拱盔、支架及金属设备,则需要进行周转及摊销材料定额用量换算。而其他周转性、摊销性材料已按规定的周转、摊销次数计入定额中,不论周转或摊销次数是否达到或超过规定次数,一般均不做调整。

材料换算周转(或摊销)次数后的用量按下式计算:

$$\text{材料换算周围(或摊销)次数后的用量} = \frac{\text{定额用量} \times \text{定额周转(或摊销)次数}}{\text{需要换算的周转(或摊销)次数}} \quad (3-20)$$

⑦定额钢筋品种比例调整。

图纸与定额中光圆钢筋、带肋钢筋比例关系不同时,需进行定额钢筋品种比例调整,由于钢筋的操作损耗为2.5%,即需要1.025t的钢筋才能制作出1.0t的成品,按总的用量不变的原则进行比例换算。

⑧每10t预应力钢筋、钢丝束的根、束数计算。

制作、张拉预应力钢筋、钢丝束及拆除临时预应力钢丝束定额[4-7-20-Ⅰ]和[4-7-20-Ⅱ],是按每10t预应力钢筋和钢丝束多少根(束)及每增减一根(束)编制的,使用定额时,必须先按照设计图纸每片梁的预应力钢筋或钢丝束,以及临时预应力钢丝束的钢筋或钢丝束数量及根(束)数,计算出每10t预应力钢筋或钢丝束的根(束)数。

每吨预应力钢绞线的束数计算与每10t预应力钢筋、钢丝束的根、束数计算近似。

3.3.2 公路工程概算定额

概算定额,是在预算定额基础上以主要工序为准综合相关分项的扩大定额,是按主要分项工程规定的计量单位及综合相关工序的劳动、材料和机械台班的消耗标准。概算定额水平比预算定额水平低。

概算定额与预算定额,都属于计价定额。不同的是在项目划分和综合扩大程度上的差异,以适用于不同设计阶段计价需要。概算定额是在预算定额的基础上加以综合而成的,因而产品常使用更大的单位来表示,如座(道)、10m标准跨径、1000m²黑色碎石路面、公路公里等。

概算定额的作用主要有:

(1)概算定额是初步设计阶段编制建设项目概算和技术设计阶段编制修正概算的依据。

建设程序规定,采用两阶段设计时,其初步设计必须编制概算;采用三阶段设计时,其技术设计必须编制修正概算,对拟建项目进行总估价。

(2)概算定额是设计方案比较的依据。

所谓设计方案比较,目的是选择出技术先进、可靠、经济合理的方案,在满足使用功能的条件下,达到降低造价和资源消耗的目的。概算定额采用扩大综合后可为设计方案的比较提供方便条件。

(3)概算定额是编制主要材料需要量的计算基础。

根据概算定额所列材料消耗指标计算工程用料数量可在施工图设计之前提出供应计划,为材料的采购、供应做好施工准备。

(4)概算定额是编制建设项目投资估算指标的基础。

(5)在按初步设计招标的工程中,概算定额还可以作为制订工程标底的基础。

(6)在实行建设项目投资包干时,其项目包干费用通常可以概算定额为计算依据。

上一版《公路工程概算定额》由交通运输部于 2007 年 10 月 19 日年颁布,2008 年 1 月 1 日实施,最新的《公路工程概算定额》由交通运输部于 2018 年年底颁布,2019 年 5 月 1 日实施。概算定额的内容、格式与预算定额基本相同,《公路工程概算定额》包括路基工程、路面工程、隧道工程、桥涵工程、交通工程及沿线设施、绿化及环境保护工程、临时工程共七章。

3.3.3 公路工程估算指标

估算指标既不同于施工定额,也不同于概算、预算定额。它是以某项目或其单位工程或单项工程为对象,综合项目全过程投资和建设成本的技术性经济指标,是在研究阶段编制估算文件的依据。

我国最早的《公路工程估算指标》和《公路基本建设工程投资估算编制办法》于 1996 年由交通部颁布施行。估算指标是交通部对公路建设项目建议书和可行性研究报告的工作深度要求,是以当时配套的《公路工程技术标准》、技术规范、《公路工程概算定额》、各项费用定额以及近年公路建设项目的设计和竣工资料为依据而制定的,反映了当时公路建设的实际情况,适用于公路基本建设新建、改建工程。交通运输部于 2011 年又颁布了《公路工程估算指标》(JTG/T M21—2011)和《公路基本建设工程投资估算编制办法》(JTG M20—2011)。最新的《公路工程估算指标》和《公路工程建设项目投资估算编制办法》是交通运输部 2018 年颁布的。

估算指标的作用主要是为了做好公路基本建设项目可行性研究中的投资估算工作,为经济效益评价提供建设项目造价成本的计算依据。1996 年的《公路工程估算指标》包括综合指标和分项指标两部分,《公路工程估算指标》(JTG/T M21—2011)则只有分项指标。

(1)综合指标。

综合指标是指以人工、主要材料和其他材料费、设备摊销费和机械使用费的消耗量标准为表现形式的指标。其项目划分按全国省区、公路等级、地质地貌区类型,是以千米(km)为单位编制的实物量指标。它是编制建设项目建议书(预可行性研究)的依据。

综合指标中涵盖了建设项目的路基、路面、桥涵、交叉、安全设施、服务设施等主要工程的各项费用和实物数量的消耗标准,但不包括全长 1000m 以上(含 1000m)特大桥工程、隧道工程、辅道工程、支线工程等主要工程,也不包括其他工程。其他工程包括清除场地、拆除旧建筑物和构造物、绿化工程、公路交工前养护费、临时轨道铺设、便道、便桥、临时电力线路、临时电信线路、临时码头、改河土方和其他零星工程等。当计算各项实物和费用的消耗量时,应注意以下几个问题:

①路线工程项目按综合指标(基本指标与调整指标之和)计算。基本指标以 1km 为单位,工程量按建设项目公路公里长度计算;调整指标单位按定额表的规定执行,调整数量为实际工程量与指标工程量之差,指标工程量为《公路工程估算指标》(JTG/T 3821—2018)附录五中指标与公路里程乘积。当设计路基宽度与指标取定值[见《公路工程估算指标》(JTG/T 3821—2018)总说明第七条]不同时,可按路基宽度比例调整。由于指标中仅编有新建项目,如为改建工程使用估算指标,可按下式进行调整。

$$K = \frac{L_1 + 0.8 \times L_2}{L} \tag{3-21}$$

式中:K——调整系数;

L——建设项目路线总长度；
L_1——建设项目中新建路段长度；
L_2——建设项目中利用旧路的路段长度。

②路线工程项目中如有1000m以上(含1000m)特大桥工程、隧道工程或需设置的辅道工程、支线工程，特大桥工程按分项指标的大(中)桥工程有关项目计算，调治工程(如导流坝等)按分项指标路基工程的土方及防护工程项目计算；隧道工程按分项指标的隧道工程有关项目计算；辅道工程、支线工程按综合指标中相应等级公路的指标计算。

③其他工程不列人工、材料、机械设备的数量指标，只计算列出费用指标，路线工程、隧道工程、独立大(中)桥工程、路线工程中的1000m以上(含1000m)特大桥工程的其他工程费用指标均以主要工程费为基数，按《公路工程估算指标》(JTG/T 3821—2018)附录一中规定的百分率计算。

(2)分项指标。

分项指标指以各项工程的人工、主要材料和其他材料费、机械使用费消耗量及施工管理费指标为表现形式的指标，是工程可行性研究估算投资的依据。

分项指标按路基、路面、隧道、涵洞、小桥及标准跨径小于20m的中桥、标准跨径大于20m的中桥及大桥、交叉工程及沿线设施等主要工程项目分别编制，与概算定额十分接近。分项指标中，将主要工程项目以外的工程归为"其他工程"，分项指标其他工程的内容、计算方法与综合指标的其他工程相同。由于工程可行性研究报告投资估算的编制方法和步骤与概算、预算文件比较接近，可参考概算、预算的编制方法。

3.3.4 公路工程机械台班费用定额

机械台班费用定额指在一个台班中，为使机械正常运转需要支出和分摊的折旧、维修、安装拆卸、辅助设施以及人工、动力燃料、车船税等各项费用的消耗的标准，即确定机械台班单价的定额。

机械台班费用定额是编制公路基本建设工程设计概算和施工图预算的依据，它在公路基本建设过程中具有很重要的作用：

(1)机械台班费用定额是计算机械台班单价的依据。
(2)机械台班费用定额是计算台班消耗的人工、燃料等实物量的依据。
(3)机械台班费用定额是编制施工组织设计，进行经济比较的依据。

前一版机械台班费用定额是由交通运输部2007年10月19日颁布，2008年1月1日实施的。定额内容包括说明，土、石方工程机械，路面工程机械，混凝土及灰浆机械，水平运输机械，起重及垂直运输机械，打桩、钻孔机械，泵类机械，金属、木、石料加工机械，动力机械，工程船舶，其他机械共11类746个子目，以及说明。

3.4 施工定额及人工和机械的幅度差

施工定额是合理的劳动组织或工人小组在正常施工条件下，为完成单位合格产品所需劳动、机械、材料消耗的数量标准，它是根据专业施工的作业对象和工艺制订的。施工定额应反映施工企业的施工水平、装备水平和管理水平,作为考核建筑安装企业劳动生产率水平、管理水平的标尺和确定工程成本、投标报价的依据,也是编制预算定额的基础。

施工定额是施工企业内部管理的定额,定额水平是代表先进的、属于企业定额的性质,正确认识施工定额的这一性质,把施工定额和其他定额从性质上区别开来是非常必要的。

施工定额是企业加强管理、提高企业素质、降低劳动消耗、控制成本开支、提高劳动生产率和企业经济效益的有效手段,因此加强施工定额管理是企业的内在要求和必然的发展趋势,而不是国家、部门、地区从外部强加给企业的压力和约束。

施工定额要求明确地赋予企业以施工定额的管理权限,其中包括编制和颁发施工定额的权限。企业应该能够根据本企业的具体条件和可能挖掘的潜力、市场的需求和竞争环境,根据国家有关政策、法律和规范、制度,自己编制定额,自行决定定额的水平。允许同类企业和同一地区的企业之间存在施工定额水平的差距,鼓励企业就施工定额的水平对外作为核心竞争力进行宣传,体现在市场上竞争的能力。

施工定额的作用主要有以下几点:

(1)施工定额是企业计划管理的依据。

施工组织设计和施工作业计划是企业计划管理中不可缺少的环节,施工定额则是企业编制施工组织设计与施工作业计划的依据。

施工组织设计是指导拟建工程进行施工准备和施工生产的技术经济文件,其基本任务是根据招标文件及合同协议的规定,确定出经济合理的施工方案,在人力和物力、时间和空间、技术和组织上对拟建工程做出最佳的安排。施工作业计划则是根据企业的施工计划、拟建工程施工组织设计和现场实际情况编制的,它是一个以实现企业施工计划为目的的施工队、组的具体执行计划。它综合体现了企业生产计划、施工进度计划和现场实际情况的要求,是组织和指挥生产的技术文件,也是队、组进行施工的依据;这些计划的编制必须依据施工定额。

(2)施工定额是组织和指挥施工生产的有效工具。

企业组织和指挥施工队、组进行施工,是按照作业计划通过下达施工任务书和限额领料单来实现的。

施工任务单既是下达施工任务的技术文件,也是班、组经济核算的原始凭证;它列明了应完成的施工任务,也记录着班组实际完成任务的情况,并且进行班组工人的工资结算。施工任务单上的工程计量单位、产量定额和计件单位,均需取自施工的劳动定额,工程结算也要根据劳动定额的完成情况计算。

限额领料单是施工队随任务单同时签发的领取材料的凭证。这一凭证是根据施工任务和施工的材料定额填写的。其中,领料的数量是班组为完成规定的工程任务消耗材料的最高限额,这一限额也是评价班组完成任务情况的一项重要指标。

(3)施工定额是计算劳动报酬的依据。

施工定额是衡量工人劳动数量和质量,计算劳动成果和效益的标准。因此,施工定额是计算工人计件工资的基础,也是计算奖励工资的依据。这样才能做到完成定额好,工资报酬就多;达不到定额,工资报酬就会减少。把工人劳动成果与个人生活资料分配的多寡直接联系起来,真正实现多劳多得、按劳分配的社会主义分配原则,这对于打破企业内部分配方面的"大锅饭"是很有现实意义的。

(4)施工定额是企业激励工人的依据。

激励在企业管理目标中占有重要位置。所谓激励,就是采取某些措施激发和鼓励员工在工作中的积极性和创造性。行为学专家研究表明,如果职工受到充分的激励,其能力可发挥80%~90%;如果缺少激励,其能力仅仅能够发挥出20%~30%。但激励只有在满足人们某种需要的情形下才能起到作用。施工定额可以对生理需要、自尊需要和自我实现需要的满足起到直接激励作用,完成和超额完成定额,不仅能获取更多的工资报酬以满足生理需要,而且能满足自尊和获取他人(社会)认同的需要,并且能进一步满足尽可能发挥个人潜力以实现自我价值的需要。如果没有施工定额这种标准尺度,实现以上几个方面的激励就缺少必要的手段。

(5)施工定额有利于推广先进技术。

施工定额水平中包含着某些已成熟的、先进的施工技术和经验,工人要达到和超过定额,就必须掌握和运用这些先进技术;如果工人想大幅度超过定额,就必须创造性地劳动。第一,在自己的工作中注意改进工具和改进技术操作方法,注意原材料的节约,避免原材料和能源的浪费。第二,施工定额中往往明确要求采用某些较先进的施工工具和施工方法,所以贯彻施工定额也就意味着推广先进技术。第三,企业或主管部门为了推行施工定额,往往要组织技术培训,以帮助工人能达到和超过定额。技术培训和技术表演等方式也都可以大大普及先进技术和先进操作方法。

(6)施工定额是编制施工预算,加强企业成本管理和经济核算的基础。

施工预算是施工单位用以确定单位工程上人工、机械、材料和资金需要量的计划文件,施工预算以施工定额为编制基础,既要反映设计图纸的要求,也要考虑在现有条件下可能采取的节约人工、材料和降低成本的各项具体措施。这就能够更合理地组织施工生产,有效地控制施工中人力、物力的消耗,节约成本开支。

施工中人工、机械和材料的费用,是构成工程成本中直接费用的主要内容,对间接费用的开支也有着很大的影响。严格执行施工定额不仅可以起到控制成本、降低费用开支的作用,同时为企业贯彻经济核算制、加强班组核算和增加盈利,创造了良好的条件。

(7)施工定额是编制公路工程定额体系的基础。

施工定额和生产结合最紧密,它直接反映生产技术水平和管理水平,而其他各类定额则是在较高的层次上、较大的跨度上反映社会生产力水平。

施工定额是以施工工序为对象来分项的,由劳动定额(时间定额)和机械定额来表示。

时间定额是某种专业、某种技术等级工人班组或个人,在合理劳动组织、生产组织与合理使用材料及某种机械配合的条件下(或某种机械在一定的生产组织条件下),完成单位合格产品所必需的工作时间(包括准备与结束时间、基本生产时间、辅助生产时间、不可避免的中断时间及工人必须休息的时间);劳动定额外,还列有机械定额,有的项目还同时列出劳动定额和机械定额,均表示在一定的生产组织条件下,某种机械单独或班组工人与机械共同完成某一项工程项目的机械定额或劳动与机械定额。

工程质量要求,均按国家或地方制定的施工及验收技术规范、工程质量检验评定标准、技术规程中有关质量要求和质量标准执行。

施工定额包括准备工作,路基工程,路面工程,隧道工程,基础工程,打桩工程,灌注桩造孔工程,砌筑工程,模板、架子及木作工程,钢筋及钢丝束工程,混凝土及钢筋混凝土工程,预制构件运输工程,安装工程,钢结构工程,杂项工程,临时工程,备料和材料运输十八章,定额的章节内容,除各章节另有说明书外,均包括准备、结束、熟悉施工图纸、检查安全技术措施、布置操作地点、领退料具、工序交接、队组自检互检、机械加油加水、排除一般机械故障、保养机具、操作完毕后的场地清理、操作过程中的次要工序,以及汽车在5km、其他自行式机械在1km以内由停车场至工作地点的往返空驶。

由施工定额综合为预算定额,其中人工和机械定额考虑到一些琐碎的工作难以一一计算,而且在施工中可能出现事先无法估计的工作及影响效率的各种因素,因此人工工日和机械台班数,应按施工定额综合后的数量增加一定的百分数,增加的幅度与原数之比即为幅度差。

人工幅度差包括以下各种因素:
(1)工序搭接及转移工作面的间断时间。
(2)各工程交叉作业相互影响。
(3)工作开始及结束时由于放样交底及任务不饱满而影响产量。
(4)配合机械工及移动管线时发生的操作间歇。
(5)检查质量及验收隐蔽工程时影响工时利用。
(6)阴雨雪或其他原因需排除故障。
(7)其他零星工作如临时交通指挥、安全警戒、现场挖沟、排水修路、材料整理堆放、场地清扫等。
(8)由于图纸或施工方法的差异需增加的工序及工作项目。

机械台班幅度包括以下各种因素:
(1)正常施工组织情况下不可避免的机械空转、技术中断及合理停置时间。
(2)必要的备用台班造成的闲置台班。
(3)由于气候关系或排除故障影响台时利用。
(4)工地范围内机械转移的台时及自行式机械转移时所需的运载牵引工具。
(5)配套机械相互影响所损失的时间及停车场至工作地点超定额运距所需的时间。
(6)施工初期限于条件所造成的效率差及结尾时工程量不饱满所损失的时间。
(7)因供电、供水故障及水电线路的移动检修而发生的运转中断。
(8)不同厂牌机械的效率差、机械不配套造成的效率低。
(9)工程质量检查的影响。

【本章小结】

定额是在正常的技术条件和施工条件下,为完成单位合格产品所需要的人力、物力(含机械设备)、资金等消耗量的额定标准。

定额是经过科学的测定、分析、计算和综合后用数字加以规定的一个尺度,是组织施工的基础,也是预测和计算工料机、资金消耗量的依据,也是工程计价的主要依据。定额反映了一定时期的社会生产力水平,随着生产技术的提高和生产管理水平的提高,定额需要及时得到修改及补充,与劳动生产率水平相适应。

定额具有科学性、系统性、统一性、法令性、相对稳定性等特点。

公路工程定额分为按生产因素和按定额用途两种分类方法。其中按生产因素分类是基本方式,包括劳动定额、材料定额和机械设备定额;按用途分类的定额,实际上也包括了按生产因素分类的定额。

公路工程定额是公路工程施工定额、预算定额、概算定额和估算指标以及与之配套的编制办法规定的费用(率)定额和机械台班费用定额等的总称。

公路工程定额是在设定正常的技术条件和施工条件下,对单位产品即要测算的分项所使用的人工、材料、机械设备及其他资源等要素进行实地观测、统计出平均消耗量,通常有技术测定法、实验分析法、经验估算法、统计分析法和理论分析法等测算方法。一般是先测定施工定额,综合为预算定额,再综合为概算定额,最后综合为估算指标;估算指标是估算的造价依据,概算定额是设计概算的造价依据,预算是施工图预算的造价依据,施工定额是施工预算的造价依据。定额的测定和基本建设投资额测算是一个互为基础和应用的循环,是一个螺旋上升的相互应用和验证的过程。

因此,在应用公路工程定额时要通过熟悉每个定额的总说明,章、节说明和小注,明确每一条定额具体的技术条件和施工条件及工程内容,正确使用定额,具体方式和方法通常有定额的直接应用、组合应用和定额调整等。

【思考题】

1. 什么是定额?有什么作用?有哪些特点?
2. 估算指标包含哪些内容?有什么作用?
3. 概算定额包含哪些内容?有什么作用?
4. 预算定额包含哪些内容?有什么作用?
5. 施工定额包含哪些内容?有什么作用?
6. 公路工程定额体系包含哪些具体内容?定额包含哪些要素?如何测定定额?

第4章 单 价

单价即预算单价,是指预期项目编制造价时当时当地的人工、材料和机械台班及设备等的价格;当时指预期项目编制造价的时间,当地指预期项目编制造价的工程项目和内容对应的地点(指具体的工地仓库的地点),预期项目编制造价的时间和空间是影响工程造价的基本要素。

当预算单价为指定的某一地区某一时间的人工、材料和机械台班单价时叫作基期价格;用基期价格按定额标准消耗计算出的定额子目直接工程费叫作基价,即定额直接费。

从实物量造价分析方法的一般表达式:

$$工程造价 = \sum_{项目} \sum_{子目} \sum_{定额} \sum_{实物} (量 \times 价 + 基数 \times 费率)$$

可以看出,第一个乘号即"量×价"计算的是实物金额,如工人费、材料费和机械台班使用费等,都是按每一条定额子目中各实物消耗量计算出各分项子目,或台账子项对应的实物资源的消耗量乘以当时当地各实物的预算单价计算出来的实物金额,占工程造价的60%以上;第二个乘号即"基数×费率"计算的是费率金额,工程造价中大部分费用都是用费率金额的方式计算的。

单价参数设置

4.1 人工工日单价

人工工日单价(元/工日) = 年薪 ÷ 年有效工作时间 = [基本工资(元/月) + 地区生活补贴

(元/月)+工资性津贴(元/月)]×(1+14%)×12月÷240(工日)。

人工费指列入概算、预算定额的直接从事建筑安装工程施工的生产工人开支的各项费用,是按人工消耗量乘以工日单价计算出来的实物金额。

(1)人工费包括:

①基本工资,如计时工资或计件工资,指按计时工资标准和工作时间或对已做工作按计件单价支付给个人的劳动报酬(含个人应缴纳的养老保险、失业保险、医疗保险、工伤保险、生育保险和住房公积金)。

②津贴和补贴,指为了补偿职工特殊或额外的劳动消耗和因其他特殊原因支付给个人的津贴,以及为了保证职工工资水平不受物价影响支付给个人的物价补贴。如流动施工津贴、特殊地区施工津贴、高温(寒)作业临时津贴、高空津贴等。

③特殊情况下支付的工资。指根据国家法律、法规和政策规定,因病、工伤、产假、计划生育假、婚丧假、事假、探亲假、定期休假、停工学习、执行国家或社会义务等原因按计时工资标准或计时工资标准的一定比例支付的工资。

(2)人工费以概算、预算定额人工工日数乘以综合工日单价计算。

(3)人工费标准按照公路建设项目工程所在地的人工工资统计情况以及公路建设劳务市场情况进行综合分析、确定综合工日单价。综合工日单价由省级交通运输主管部门制定发布,并适时进行动态调整。由于定额中界定的人工工作条件和施工中实际的工作条件不完全相同,因此人工费工日单价仅作为编制概算、预算的依据,不作为施工企业实发工资的依据。

4.2 材料预算单价

材料费系指施工过程中耗用的构成工程实体的原材料、辅助材料、构配件、零件、半成品或成品的费用,是按构成工程实体的材料消耗乘以工程所在地的材料价格计算的实物金额。

(1)材料预算价格由材料原价、运杂费、场外运输损耗、采购及仓库保管费组成。

(2)材料预算价格=(材料原价+运杂费)×(1+场外运输损耗率)×(1+采购及保管费率)-包装品回收价值,其中,运杂费=(运费+杂费)×毛重系数=(运距×运费率+杂费)×毛重系数。

①材料原价指供应地仓库价,又称供应价、出厂价和料场价等。各种材料原价按以下规定计算:

a.外购材料:参照工程所在地行政区域内交通运输主管部门发布的价格信息和按调查的市场价格进行综合取定。

b.自采材料:自采的砂、石、黏土等材料,按定额中开采的工程成本单价加辅助生产间接费和矿产资源税(如有)计算。

②运杂费指材料自采购供应地点至工地仓库(施工地点存放材料的地方)的运杂费用,包括装卸费、运费,如果发生,还应计囤存费及其他杂费(如过磅、标签、支撑加固、路桥通行等费用)。

a.通过铁路、水路和公路运输的材料,按调查的市场运价计算运费。

b.一种材料如有两个以上的供应点时,应根据不同的运距、运量、运价采用加权平均的方法计算运费。由于概算、预算定额中已考虑了工地运输便道的特点,以及定额中已计入了"工地小搬运"的费用,因此汽车运输平均运距中不得乘以调整系数,也不得在工地仓库或堆料场之外再加场内运距或二次倒运的运距。

c. 有容器或包装的材料及长大轻浮材料,应按规定的毛重系数换算和计算单位材料的预算单价,桶装沥青、汽油、柴油按每吨摊销一个旧汽油桶计算包装费(不计回收)。

③场外运输损耗系指有些材料在正常的运输过程中发生的损耗,这部分损耗应摊入材料单价内。

④采购及保管费系指在组织采购、保管过程中,所需的各项费用及工地仓库的材料储存损耗费。

材料采购及保管费,以材料的原价加运杂费及场外运输损耗的合计数为基数,乘以采购及保管费率计算。

采购及保管费率应按对应编制办法的规定取用计算,如《公路工程建设项目概算预算编制办法》(JTG 3830—2018)规定:钢材的采购及保管费费率为0.75%,燃料、爆破材料为3.26%,其余材料为2.06%。商品水泥混凝土、沥青混合料和各类稳定土混合料、外购的构件、成品及半成品的预算价格计算方法与材料相同。商品水泥混凝土、沥青混合料和各类稳定土混合料不计采购及保管费,外购的构件、成品及半成品的采购及保管费费率为0.42%。

《公路工程基本建设项目概算预算编制办法》(JTG B06—2007)则规定:材料的采购及保管费费率为2.5%;外购的构件、成品及半成品的预算价格,其计算方法与材料相同,但构件(如外购的钢桁梁、钢筋混凝土构件及加工钢材等半成品)的采购保管费率为1%;商品混凝土预算价格的计算方法与材料相同,不计采购保管费。

设计概算与施工图预算对测量设计、外业调查工作深度的要求各不相同,因此在计算材料预算单价时对材料运距的计算确定也有所差异,具体方法如下:

(1)设计概算除独立大、中桥按实际调查资料算到桥址并酌加场内搬运距离,作为材料运距外,至于路线工程,由于路面、小桥涵及其他构造物等工程所需材料,其每千米的用量约略相等,因此可均匀对待。

同一种材料有几个料场或供应点时,根据工程所需各料场材料供应量的大小,用算术平均或加权平均求算材料平均运距。

(2)施工图预算材料运距的计算方法如下:

①运料终点。

a. 石方工程为各个集中石方地段的中心桩号。

b. 路面工程为各类型路面地段的中心桩号。

c. 大、中桥工程为桥址中心桩号,并增加材料场内搬运距离(根据施工组织安排增加),在计算运杂费时可多计一次装卸费。

d. 沿线房屋为房屋所在地相应路线桩号加横向距离。

e. 小桥、涵洞及其他构造物比较复杂。如分布较均匀,可采路线中点;如分布不匀,可划分地段确定。

②路面工程材料平均运距的计算。

当路面设计结构类型确定后,应确定各个料场供应材料的经济界限,再用材料用量与铺筑路面的厚度、宽度、长度的乘积成比例的关系计算每种材料的平均运距。

如:以 h 表示路面厚度,b 为宽度,l 为长度,s 为料场至路线距离(a)与路交点至两边供应范围内路面中点间距离(a_1)的和,如图 4-1 所示。则每个料场的运距为:$s_1 = a + a_1$;$s_2 = a + a_2 \cdots$。

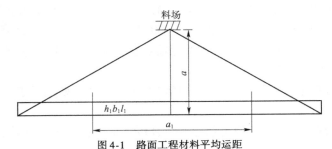

图 4-1　路面工程材料平均运距

所以全线路面材料的平均运距为:

$$s_{平均} = \frac{h_1 b_1 l_1 s_1 + h_2 b_2 l_2 s_2 + \cdots + h_n b_n l_n s_n}{h_1 b_1 l_1 + h_2 b_2 l_2 + \cdots + h_n b_n l_n} \tag{4-1}$$

当路面宽度不变时,上式可简化为:

$$s_{平均} = \frac{\sum_{i=1}^{n} h_i l_i s_i}{\sum_{i=1}^{n} h_i l_i} \tag{4-2}$$

路面弯道加宽的材料用量与总量相比很小,计算平均运距时,其影响可不考虑。

③小桥涵及其他构造物材料平均运距计算。

a. 当分布均匀时。

先确定各个料场至所供应地段的距离,如某料场至材料供应地段的距离是 $s = a + a'$,供应的构造物个数(大、中桥除外)是 n,则平均运距可用以下近似式计算,如图 4-2 所示。

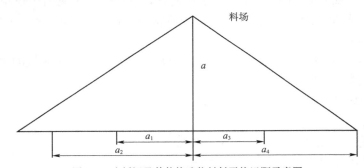

图 4-2　小桥涵及其他构造物材料平均运距示意图

$$s_{平均} = \frac{\sum_{i=1}^{n} n_i s_i}{\sum_{i=1}^{n} n_i} \tag{4-3}$$

b. 当分布不均匀时。

先按每个料场的供应地段求出平均运距,然后再求出全线的平均运距,如图 4-2 所示。其方法如下:

$$s_1 = a + a_1;\ s_2 = a + a_2 \cdots$$

$$s_{\text{平均}1} = \frac{s_1 + s_2 + s_3 + \cdots + s_n}{n_1} = \frac{\sum_{i=1}^{n} s_i}{n_1} \quad (n_1 \text{ 为该料场供应构造物的个数})$$

$$s_{\text{全线平均}} = \frac{n_1 s_{\text{平均}1} + n_2 s_{\text{平均}2} + \cdots + n_n s_{\text{平均}n}}{n_1 + n_2 + \cdots + n_n} = \frac{\sum_{i=1}^{n} n_i s_{\text{平均}i}}{\sum_{i=1}^{n} n_i} \tag{4-4}$$

c. 如因小桥、涵洞及其他构造物的孔径大小、孔数和结构类型的不同,构筑物之间的材料用量差别大时,可用适当的系数通过上式调整计算。系数可事先概略确定,如某料场供应构造物个数原为 n_1,但由于当前构筑物材料数量约占该种基准构造物材料数量数倍(如 2.5 倍、0.5 倍等),倍数即是系数。这样,原结构物个数 n_1 便可调整为个数 n_1',平均运距即可用 n_1' 个数量计算。

4.3 机械台班预算单价

施工机械使用费是指列入概算、预算定额的施工机械和机电仪器仪表台班数量,按相应的施工机械台班费用定额计算的施工机械使用费和小型机具使用费,包括施工机械使用费和机电仪器仪表使用费,也是按施工机械和机电仪器仪表台班消耗量乘以其预算单价计算的实物金额。

(1)施工机械使用费,施工机械台班预算价格应按交通运输部公布的《公路工程机械台班费用定额》(JTG/T 3833—2018)计算,机械台班单价由不变费用和可变费用组成。不变费用包括折旧费、检修费、维护费、安拆辅助费等;可变费用包括机上人员人工费、动力燃料费、车船税。可变费用中的人工工日数及动力燃料消耗量,应以机械台班费用定额中的数值为准。台班人工费工日单价同生产工人人工费单价,动力燃料费用则按材料费的计算规定计算。

(2)机电仪器仪表使用费指机电工程施工作业所发生的仪器仪表使用费,以施工仪器仪表台班耗用量乘以施工仪器仪表台班单价计算。

机电仪器仪表台班预算价格应按交通运输部公布的《公路工程机械台班费用定额》(JTG/T 3833—2018)计算。台班人工费工日单价同生产工人人工费单价,动力燃料费用则按材料费的计算规定计算。

当工程用电为自行发电时,电动机械每千瓦时(度)电的单价可由下述近似公式计算:

$$A = 0.15K/N \tag{4-5}$$

式中:A——每千瓦时电单价(元);
K——发电机组的台班单价(元);
N——发电机组的总功率(kW)。

4.4 设备预算单价

设备购置费是指为满足公路的营运、管理需要购置的构成固定资产标准的设备和虽低于固定资产标准但属于设计明确列入设备清单的设备的费用。设备包括渡口设备、隧道照明、消防、通风的动力设备，公路收费、监控、通信、路网运行监测、供配电及照明设备。

设备购置费应由设计单位列出计划购置的清单（包括设备的规格、型号、数量），以设备预算价计入。

设备购置费（预算价）包括设备原价、运杂费、运输保险费、采购及保管费，若为进口设备则包含银行财务费用、手续费、关税、增值税、消费税、商检费及车辆购置附加费等。各种税费按编制期有关部门规定计算。

需要安装的设备，按建筑安装工程费的有关规定计算设备的安装工程费。

【本章小结】

预算单价指预期项目编制造价时当时当地的人工、材料和机械台班及设备等的预算单价。当预算单价为指定的某一地区某一时间的人工、材料和机械台班单价时叫作基期价格；用基期价格按定额标准消耗计算出的定额子目直接工程费叫作基价即定额直接费。

"当时"指预期项目编制造价的时间，"当地"指预期项目编制造价的工程项目和内容对应的地点（预算单价时指具体的工地仓库的地点），预期项目编制造价的时间和空间是影响工程造价的基本要素，具体表现为材料等实物资源价格的波动对公路工程造价的影响，体现了公路工程造价的复杂性和系统性。

人工和机械使用费的预算单价是按工日和台班来计算的，即按年薪和年费用除以年有效工日和台班来计算预算单价；人工工日单价和机械台班的不变费用在一段时期是基本保持不变的，但机械台班的可变费用则要随动力燃料等机械材料的变动来计算。

材料和设备的预算单价主要由原价和运杂费两方面决定的，原价即供应价是和供应地点对应的，确定了供应地点和原价，也就能明确到工地仓库的运杂费方案，运费包含运输方案、运距和运价等，杂费包括装卸费、囤存费及过磅、标签、支撑加固、路桥通行费等。因此，调查材料和设备的供应地点和原价及其运杂费方案是编制造价文件的基础工作。

【思考题】

1. 预算单价有哪几类实物资源的预算单价？各有什么特点？
2. 人工预算单价包含哪些内容？应如何确定？
3. 材料预算单价有哪些影响因素？应如何调查和计算材料的预算单价？
4. 机械台班预算单价有哪些内容？应如何计算？
5. 设备预算单价有哪些影响因素？应如何调查和计算其预算单价？
6. 自发电的预算单价如何计算？综合电价如何确定？

第 5 章
费　　率

费率金额是不能或不方便直接用实物量分析的费用,通常用"基数×费率"的方式来计算。费率的大小用某一企业或地区在这一因素的统计费用除以相应的基数来统计,在概算、预算编制办法中就是费率定额。

公路工程概算、预算建筑安装工程费,直接费中的人工费、材料费和施工机械使用费是采用实物量造价分析方法中的消耗量乘以预算单价计算的实物金额,其他大部分的费用则是用"基数×费率"的方法来计算的费率金额;费率的取定受工程所在地属性(自然条件和技术条件等)和工程类别两类因素的影响;工程类别的划分和界定是严格和概算、预算编制办法相对应的,即一套概算、预算编制办法对应一套工程类别。

《公路工程基本建设项目概算预算编制办法》(JTG B06—2007)(简称:07 编办)规定的其他工程费及间接费取费标准的工程类别划分如下:

(1)人工土方:指人工施工的路基、改河等土方工程,以及人工施工的砍树、挖根、除草、平整场地、挖盖山土等工程项目,并适用于无路面的便道工程。

(2)机械土方:指机械施工的路基、改河等土方工程,以及机械施工的砍树、挖根、除草等工程项目。

(3)汽车运输:指汽车、拖拉机、机动翻斗车等运送的路基、改河土(石)方、路面基层和面层混合料、水泥混凝土及预制构件、绿化苗木等。

(4)人工石方:指人工施工的路基、改河等石方工程,以及人工施工的挖盖山石项目。

(5)机械石方:指机械施工的路基、改河等石方工程(机械打眼即属机械施工)。

(6)高级路面:指沥青混凝土路面、厂拌沥青碎石路面和水泥混凝土路面的面层。

(7)其他路面:指除高级路面以外的其他路面面层,各等级路面的基层、底基层、垫层、透层、黏层、封层,采用结合料稳定的路基和软土等特殊路基处理等工程,以及有路面的便道工程。

(8)构造物Ⅰ:指无夜间施工的桥梁、涵洞、防护(包括绿化)及其他工程,交通工程及沿线设施工程[设备安装及金属标志牌、防撞钢护栏、防眩板(网)、隔离栅、防护网除外],以及临时工程中的便桥、电力电信线路、轨道铺设等工程项目。

(9)构造物Ⅱ:指有夜间施工的桥梁工程。

(10)构造物Ⅲ:指商品混凝土(包括沥青混凝土和水泥混凝土)的浇筑和外购构件及设备的安装工程,商品混凝土和外购构件及设备的费用不作为其他工程费和间接费的计算基数。

(11)技术复杂大桥:指单孔跨径在120m以上(含120m)和基础水深在10m以上(含10m)的大桥主桥部分的基础、下部和上部工程。

(12)隧道:指隧道工程的洞门及洞内土建工程。

(13)钢材及钢结构:指钢桥及钢吊桥的上部构造,钢沉井、钢围堰、钢套箱及钢护筒等基础工程,钢索塔,钢锚箱,钢筋及预应力钢材,模数式及橡胶板式伸缩缝,钢盆式橡胶支座,四氟板式橡胶支座,金属标志牌、防撞钢护栏、防眩板(网)、隔离栅、防护网等工程项目。

购买路基填料的费用不作为其他工程费和间接费的计算基数。

《公路工程建设项目概算预算编制办法》(JTG 3830—2018)(简称:18编办)规定的企业管理费及措施费取费标准的工程类别划分如下:

(1)土方:指人工及机械施工的土方工程、路基掺灰、路基换填及台背回填。

(2)石方:指人工及机械施工的石方工程。

(3)运输:指用汽车、拖拉机、机动翻斗车、船舶等运送的土石方、路面基层和面层混合料、水泥混凝土及预制构件、绿化苗木等。

(4)路面:指路面所有结构层工程(包括隧道路面、桥面铺装工程)、特殊路基处理的换填。

(5)隧道:指隧道土建工程(不含隧道的钢材及钢结构)。

(6)构造物Ⅰ:指砍树挖根、拆除工程、排水、防护、特殊路基处理(土石方和换填除外)、涵洞、安全设施[金属标志牌、防撞钢护栏、防眩板(网)、隔离栅、防护网等除外]、机电工程(设备安装工程除外)、拌和站(楼)安拆工程、路面附属工程、便道、便桥、便涵、临时电力电信设施、临时轨道、临时码头、绿化工程等工程。

(7)构造物Ⅱ:指小桥、中桥、大桥、特大桥工程(技术复杂大桥除外)。

(8)构造物Ⅲ:指商品水泥混凝土的浇筑、商品沥青混合料和各类商品稳定土混合料的铺筑、外购混凝土构件、设备安装工程等。

(9)技术复杂大桥:指单孔跨径在120m以上(含120m)或基础水深在10m以上(含10m)的大桥主桥部分的基础、下部和上部工程。

(10)钢材及钢结构:指所有工程的钢材及钢结构,含钢筋及预应力钢材,钢沉井、钢围堰、钢套箱及钢护筒等基础工程,钢构件[钢索塔、钢管拱、钢锚箱、钢锚梁、钢箱(桁)梁、索鞍、斜拉索、索股、索夹、吊杆、系杆]等安装工程,伸缩缝,支座,路基和隧道工程的锚杆、隧道管棚及钢支撑、金属标志牌、防撞钢护栏、防眩板(网)、隔离栅、防护网等工程。

工程类别的划分在宏观上体现了公路工程的施工管理和施工组织的主要内容和水平,仔细体验和品味,就能很好地洞察到公路工程施工和管理的精髓;在进行具体的造价计算和分析时,每一个计算子目下的每一条定额细目应匹配一个对应的工程类别,再由工程所在地属性来确定相应的费率值。

下面分析最近的两个版本即07编办和18编办规定的费率金额中各费率的确定与计算。

费率参数设置

5.1　07编办规定的费率与费用

07编办规定,概算、预算总金额由建筑安装工程费,设备、工具、器具及家具购置费,其他基本建设费用和预备费四部分费用组成。

5.1.1　建筑安装工程费

建筑安装工程费包括直接费、间接费、利润及税金。

1)直接费

直接费包括直接工程费和其他工程费。

(1)直接工程费。

直接工程费指施工过程中耗费的构成工程实体和有助于工程形成的各项费用,包括人工费、材料费、施工机械使用费。

直接工程费及其人工费、材料费、施工机械使用费是按分项计算子目下各定额细目为最底层次来计算和统计的,按实物量造价分析方法的一般表达式:工程造价 = $\sum\limits_{项目}\sum\limits_{子目}\sum\limits_{定额}\sum\limits_{实物}$(量×价+基数×费率)的第一个乘号即"量×价"计算直接工程费及其人工费、材料费和机械台班使用费等,即每一条定额子目中各实物消耗量乘以当时当地各实物的预算单价计算出来的实物金额即直接工程费,再按人工、材料和机械台班的实物分类统计人工费、材料费和机械台班使用费。

有了每一个分项计算子目下各定额细目的直接工程费及其人工费、材料费和机械台班使用费,自然也就可以按实物量造价分析方法的一般表达式第二个乘号即"基数×费率"计算每一个分项计算子目下各定额细目的间接费、利润和税金等费率金额。当然,也可以按分项表的汇总层次汇总各分项工程、分部工程、单位工程、单项工程和建设项目的各项费用。

要分析和计算好直接工程费,就要解决好实物量造价分析方法第二个基本问题"怎么干",即根据建设项目的项目表分项层次和工作内容及其施工组织方案对每一分项进行组价,也就是"套定额",要做到项目表分项的工作内容必须和定额细目组合的工作内容保持一致,因此要求造价人员既要熟悉专业的施工技术又要熟悉本专业的定额内容。

(2)其他工程费。

其他工程费指直接工程费以外施工过程中发生的直接用于工程的费用,包括冬季施工增加费、雨季施工增加费、夜间施工增加费、特殊地区施工增加费(包括高原地区施工增加费、风沙地区施工增加费和沿海地区施工增加费三项)、行车干扰工程施工增加费、施工标准化与安全措施费、临时设施费、施工辅助费、工地转移费九项(十一项)。

①冬季施工增加费。

冬季施工增加费指按照公路工程施工及验收规范所规定的冬季施工要求,为保证工程质量和安全生产所需采取的防寒保温设施、工效降低和机械作业率降低以及技术操作过程的改变等所增加的有关费用,内容包括:

 a.因冬季施工所需增加的一切人工、机械与材料的支出。

 b.为存放施工机具修建暖棚的费用,增加的油脂及其他保温设备费用。

 c.因施工组织设计确定,需增加的一切保温、加温及照明等有关支出。

 d.与冬季施工有关的其他各项费用,如清除工作地点的冰雪等。

07编办对冬季气温区的划分是根据气象部门提供的满15年以上的气温资料确定的:每年秋冬第一次连续5d出现室外日平均温度在5℃以下、日最低温度在-3℃以下的第一天算起,至第二年春夏最后一次连续5d出现同样温度的最末一天为冬季期;冬季期内平均气温在-1℃以上者为冬一区,-1~-4℃者为冬二区,-4~-7℃者为冬三区,-7~-10℃者为冬四区,-10~-14℃者为冬五区,-14℃以下者为冬六区,气温高于冬一区,但砖石混凝土工程施工须采取一定措施的地区为准冬季区,共7个冬季区。准冬季区和冬一、冬二区下又分两个副区:冬一区内平均气温低于0℃的连续天数在70d以内的为Ⅰ副区,70d以上的为Ⅱ副区;冬二区内平均气温低于0℃的连续天数在100d以内的为Ⅰ副区,100d以上的为Ⅱ副区。凡一年内日最低气温在0℃以下的天数多于20d的,日平均气温在0℃以下的天数少于15d的为准一区,多于15d的为准二区。因此,一共有10个冬季区和副区。

冬季施工增加费按全年平均摊销,即不论是否在冬季施工,均按规定的取费标准计取冬季施工增加费;一条路线穿过两个以上的气温区时,可分段计算或按各区的工程量比例求得全线的平均增加率,计算冬季施工增加费。

冬季施工增加费的计算基数是对应定额细目的直接工程费,费率首先按工程所在地查07编办全国各地的冬季区划分表或气温资料计算冬季区和副区,再按定额细目对应的工程类别,查07编办冬季施工增加费费率表(工程所在地对应的冬季区和副区"列"与定额细目对应的工程类别"行"交叉)确定。

②雨季施工增加费。

雨季施工增加费指雨季期间施工为保证工程质量和安全生产所需采取的防雨、排水、防潮和防护措施,工效降低和机械作业率降低以及技术作业过程的改变等所需增加的有关费用,内容包括:

 a.因雨季施工所需增加的工、料、机费用,包括工作效率的降低及易被雨水冲毁的工程所增加的工作内容等(如基坑坍塌和排水沟等堵塞的清理,路基边坡冲沟的填补等)。

 b.路基土方工程的开挖和运输,因雨季施工(非土壤中水影响)而引起的黏附工具、降低工效所增加的费用。

 c.因防止雨水必须采取的防护措施的费用,如挖临时排水沟、防止基坑坍塌所需的支撑、挡板等的费用。

 d.材料因受潮、受湿的耗损费用。

 e.增加防雨、防潮设备的费用。

 f.其他有关雨季施工所需增加的费用,如因河水高涨致使工作困难而增加的费用等。

07编办中,雨量区和雨季期的划分,是根据气象部门提供的满15年以上的降雨资料确定的。雨季期分1个月、1.5个月、2个月、2.5个月、3个月、3.5个月、4个月、4.5个月、5个月、6个月、7个月、8个月共12期;雨量区凡月平均降雨天数在10d以上,月平均日降水量为3.5~5mm的为Ⅰ区,月平均日降雨量在5mm以上者为Ⅱ区,雨季期七八个月没有雨量区为Ⅰ区,其余各雨季期都分雨量区Ⅰ区和Ⅱ区。

全国各地雨量区及雨季期的划分见07编办附录八。若当地气象资料与07编办附录八所划定的雨量区及雨季期出入较大时,可按当地气象资料及上述划分标准确定工程所在地的雨量区及雨季期。

雨季施工增加费是按全年平均摊销的方法计算,即不论是否在雨季施工,均按规定的取费标准计取雨季施工增加费;一条路线通过不同的雨量区和雨季期时,应分别计算雨季施工增加费或按工程量比例求得平均的增加率,计算全线雨季施工增加费。

雨季施工增加费的计算基数是对应定额细目的直接工程费,费率首先按工程所在地查07编办全国各地雨量区及雨季期划分表或气象资料计算雨量区及雨季期,再按定额细目对应的工程类别,查07编办雨季施工增加费费率表(工程所在地对应的雨量区及雨季期"列"和定额细目对应的工程类别"行"交叉)确定。

隧道、钢材及钢结构、室内管道及设备安装工程不计雨季施工增加费。

③夜间施工增加费。

夜间施工增加费指根据设计、施工的技术要求和合理的施工进度要求,必须在夜间连续施工而发生的工效降低、夜班津贴以及有关照明设施(包括所需照明设施的安拆、摊销、维修及油燃料、电)等增加的费用。

夜间施工增加费的计算基数是夜间施工工程项目(如桥梁工程项目包括上、下部构造全部工程)对应的定额细目的直接工程费,费率按定额细目对应的工程类别查07编办夜间施工增加费费率表确定,只有构造物Ⅱ、构造物Ⅲ、技术复杂大桥、钢材及钢结构四类工程类别计算夜间施工增加费,其他工程类别及设备安装工程及金属标志牌、防撞钢护栏、防眩板(网)、隔离栅、防护网等不计夜间施工增加费。

④高原地区施工增加费。

高原地区施工增加费指在海拔高度1500m以上地区施工,由于受气候、气压的影响,致使人工、机械效率降低而增加的费用。

高原地区施工增加费的计算基数是对应定额细目人工费和机械使用费之和,费率按工程所在地的海拔高度和定额细目对应的工程类别查07编办高原地区施工增加费费率表确定。海拔高度分区为海拔高度1500~5000m以上,每500m一档,共8档。

一条路线通过两个以上(含两个)不同的海拔高度分区时,应分别计算高原地区施工增加费或按工程量比例求得综合平均的增加费费率,计算全线高原地区施工增加费。

⑤风沙地区施工增加费。

风沙地区施工增加费指在沙漠地区施工时,由于受风沙影响,按照施工及验收规范的要求,为保证工程质量和安全生产而增加的有关费用,包括防风、防沙及气候影响的措施费,材料费,人工、机械效率降低增加的费用,以及积沙、风蚀的清理修复等费用。

07编办中,风沙地区根据《公路自然区划标准》(JTJ 003—1986)、《沙漠地区公路建设成套技术研究报告》的公路自然区划和沙漠公路区划,结合风沙地区的气候状况分为三区九类:

半干旱、半湿润沙地为风沙一区,干旱、极干旱寒冷沙漠地区为风沙二区,极干旱炎热沙漠地区为风沙三区;根据覆盖度(沙漠中植被、戈壁等覆盖程度)又将每区分为固定沙漠(覆盖度>50%)、半固定沙漠(覆盖度为10%~50%)、流动沙漠(覆盖度<10%)三类,覆盖度在公路工程勘察设计时确定。

风沙地区施工增加费的计算基数是对应定额细目的人工费和机械使用费之和,费率根据工程所在地查 07 编办的风沙区划及类别表和定额细目对应的工程类别查 07 编办风沙地区施工增加费费率表确定,石方、构造物Ⅱ、构造物Ⅲ、技术复杂大桥、隧道等工程不计算风沙地区施工增加费。

一条路线穿过两个以上不同风沙区时,按路线长度经过不同的风沙区加权计算项目全线风沙地区施工增加费。

⑥沿海地区工程施工增加费。

沿海地区工程施工增加费指工程项目在沿海地区施工受海风、海浪和潮汐的影响,致使人工、机械效率降低等所需增加的费用。

沿海地区工程施工增加费的计算基数为对应定额细目的直接工程费之和,07 编办规定,构造物Ⅱ、构造物Ⅲ、技术复杂大桥、钢材及钢结构四类工程类别的费率为 0.15%,其他工程类别不计算沿海地区工程施工增加费。

⑦行车干扰工程施工增加费。

行车干扰工程施工增加费指由于边施工边维持通车,受行车干扰的影响,致使人工、机械效率降低而增加的费用。

行车干扰工程施工增加费的计算基数是受行车影响部分的工程项目对应的定额细目的人工费和机械使用费之和,费率按工程项目施工期间平均每昼夜双向行车次数(汽车兽力车合计)及定额细目对应的工程类别查 07 编办行车干扰工程施工增加费费率表确定,施工期间平均每昼夜双向行车次数(汽车兽力车合计)分为 51~100、101~500、501~1000、1001~2000、2001~3000、3001~4000、4001~5000、5000 八档。

⑧施工标准化与安全措施费。

施工标准化与安全措施费指工程施工期间为满足安全生产、施工标准化、规范化、精细化所发生的费用,不包括施工期间为保证交通安全而设置的临时安全设施和标志、标牌的费用,需要时,应根据设计要求计算,也不包括预制场、拌和站、临时便道、临时便桥的施工标准化费用,应根据施工组织标准化要求单独计算。

施工标准化与安全措施费的计算基数为对应定额细目的直接工程费之和,费率按定额细目对应的工程类别查 07 编办,按施工标准化与安全措施费费率表确定。

⑨临时设施费。

临时设施费指施工企业为进行建筑安装工程施工所必需的生活和生产用的临时建筑物、构筑物和其他临时设施的搭设、维修、拆除费或摊销等费用,但不包括概算、预算定额中的临时工程。

临时设施包括:临时生活及居住房屋(包括职工家属房屋及探亲房屋)、文化福利及公用房屋(如广播室、文体活动室等)和生产、办公房屋(如仓库、加工厂、加工棚、发电站、变电站、空压机站、停机棚等),工地范围内的各种临时的工作便道(包括汽车、马车、架子车道)、人行便道,工地临时用水、用电的水管支线和电线支线,临时构筑物(如水井、水塔等)以及其他小型临时设施。

临时设施费的计算基数为对应定额细目的直接工程费,费率按定额细目对应的工程类别查 07 编办临时设施费费率表确定。

⑩施工辅助费。

施工辅助费包括生产工具用具使用费、检验试验费和工程定位复测、工程点交、场地清理等费用。

生产工具用具使用费指施工所需不属于固定资产的生产工具、检验试验用具及仪器、仪表等的购置、摊销和维修费,以及支付给生产工人自备工具的补贴费。

检验试验费是指施工企业对建筑材料、构件和建筑安装工程进行一般鉴定、检查所发生的费用,包括自设实验室进行试验所耗用的材料和化学药品的费用,以及技术革新和研究试验费,但不包括新结构、新材料的试验费和建设单位要求对具有出厂合格证明的材料进行检验、对构件破坏性试验及其他特殊要求检验的费用。

施工辅助费为对应定额细目的直接工程费,费率按定额细目对应的工程类别查 07 编办施工辅助费费率表确定。

⑪工地转移费。

工地转移费指施工企业根据建设任务的需要,由已竣工的工地或后方基地迁至新工地的搬迁费用,内容包括:

a. 施工单位全体职工及随职工迁移的家属向新工地转移的车费、家具行李运费、途中住宿费、行程补助费、杂费及工资与工资附加费等。

b. 公物、工具、施工设备器材、施工机械的运杂费以及外租机械的往返费和本工程内部各工地之间施工机械、设备、公物、工具的转移费等。

c. 非固定工人进退场及一条路线中各工地转移的费用。

工地转移费的计算基数为定额细目的直接工程费,费率按定额细目对应的工程类别和工地转移的距离查 07 编办施工辅助费费率表确定。

转移距离以工程承包单位(如工程处、工程公司等)转移前后驻地距离或两路线中点的距离为准;编制概算、预算时,如施工单位不明确时,高速、一级公路及独立大桥、隧道按省城(自治区首府)至工地的里程,二级及以下公路按地(市、盟)至工地的里程计算工地转移费。工地转移里程数在表列里程之间时,费率可内插计算,工地转移距离在 50km 以内的工程不计取本项费用。

以上十一项其他工程费的计算基数分直接工程费、人工费和机械使用费之和两类,即冬季施工增加费、雨季施工增加费、夜间施工增加费、沿海地区施工增加费、施工标准化与安全措施费、临时设施费、施工辅助费、工地转移费九项的计算基数为直接工程费,这九项的费率汇总为其他工程费综合费率Ⅰ;其他高原地区施工增加费、风沙地区施工增加费、行车干扰工程施工增加费三项的计算基数为人工费和机械使用费之和,这三项的费率汇总为其他工程费综合费率Ⅱ;这样就可以按直接工程费×其他工程费综合费率Ⅰ+人工费和机械使用费之和×其他工程费综合费率Ⅱ来计算每一条定额细目的其他工程费。

2)间接费

间接费由规费和企业管理费两项组成,对自采和自办运输的材料原价还应计算辅助生产间接费。

(1)规费。

规费指政府和有关权力部门规定施工企业必须缴纳的费用(简称规费),内容包括:

①养老保险费:指施工企业按规定标准为职工缴纳的基本养老保险费。

②失业保险费:指施工企业按国家规定标准为职工缴纳的失业保险费。

③医疗保险费:指施工企业按规定标准为职工缴纳的基本医疗保险费和生育保险费。

④住房公积金:指施工企业按规定标准为职工缴纳的住房公积金。

⑤工伤保险费:指施工企业按规定标准为职工缴纳的工伤保险费。

规费的计算基数为各分项工程的人工费(不包括机械工),费率按国家或工程所在地相关部门规定的标准计算。

(2)企业管理费。

企业管理费由基本费用、主副食运费补贴、职工探亲路费、职工取暖补贴和财务费用五项组成。

①基本费用。

企业管理费的基本费用指施工企业为组织施工生产和经营管理所需的费用,内容包括:

a.管理人员工资:指管理人员的基本工资、工资性补贴、职工福利费、劳动保护费以及企业和个人缴纳的养老、失业、医疗、生育、工伤保险费和住房公积金等。

b.办公费:指企业办公用的文具、纸张、账表、印刷、邮电、书报、会议、水、电和集体取暖(包括现场临时宿舍取暖)用煤(气)等费用。

c.差旅交通费:指职工因公出差和工作调动(包括随行家属的旅费)的差旅费、住勤补助费、市内交通费和误餐补助费,职工探亲路费、劳动力招募费、职工离退休、退职一次性路费,工伤人员就医路费,以及管理部门使用的交通工具的油料、燃料、养路费及牌照费。

d.固定资产使用费:指管理和试验部门及附属生产单位使用的属于固定资产的房屋、设备、仪器等的折旧、大修、维修或租赁费等。

e.工具用具使用费:指管理使用的不属于固定资产的生产工具、器具、家具、交通工具和检验、试验、测绘、消防用具等的购置、维修和摊销费。

f.劳动保险费:指企业支付离退休职工的异地安家补助费、职工退职金、六个月以上的病假人员工资、职工死亡丧葬补助费、抚恤费,以及按规定支付给离休干部的各项经费。

g.工会经费:指企业按职工工资总额计提的工会经费。

h.职工教育经费:指企业为职工学习先进技术和提高文化水平,按职工工资总额的计提费用。

i.保险费:指企业财产保险、管理用车辆等保险费用。

j.工程保修费:指工程竣工交付使用后,在规定保修期以内的修理费用。

k.工程排污费:指施工现场按规定缴纳的排污费用。

l.税金:指企业按规定缴纳的房产税、车船税、土地使用税、印花税等。

m.其他:指上述项目以外的其他必要的费用支出,如技术转让费、技术开发费、业务招待费、绿化费、广告费、投标费、公证费、定额测定费、法律顾问费、审计费、咨询费等。

企业管理费的基本费用的计算基数为对应定额细目的直接费,费率按定额细目对应的工程类别查07编办基本费用费率表确定。

②主副食运费补贴。

主副食运费补贴指施工企业在远离城镇及乡村的野外施工,购买生活必需品所需增加的费用。

主副食运费补贴的计算基数为对应定额细目的直接费,费率按定额细目对应的工程类别和综合里程查07编办主副食运费补贴费费率表确定。

综合里程 = 粮食运距×0.06 + 燃料运距×0.09 + 蔬菜运距×0.15 + 水运距×0.70;粮食、燃料、蔬菜、水的运距均为全线平均运距,综合里程数在主副食运费补贴费费率表表列里程之间时,费率可内插,综合里程在1km以内的工程不计取本项费用。

③职工探亲路费。

职工探亲路费指按照有关规定施工企业职工在探亲期间发生的往返车船费、市内交通费和中途住宿费等费用。

职工探亲路费的计算基数为对应定额细目的直接费,费率按定额细目对应的工程类别查07编办职工探亲路费费率表确定。

④职工取暖补贴。

职工取暖补贴指按规定发放给职工的冬季取暖费或在施工现场设置的临时取暖设施的费用。

职工取暖补贴的计算基数为对应定额细目的直接费,费率按定额细目对应的工程类别和工程所在地的气温区(查07编办附录)查07编办职工取暖补贴费率表确定。

⑤财务费用。

财务费用指施工企业为筹集资金而发生的各项费用,包括企业经营期间发生的短期贷款利息净支出、调剂外汇手续费、金融机构手续费,以及企业筹集资金发生的其他财务费用。

财务费用的计算基数为对应定额细目的直接费,费率按定额细目对应的工程类别查07编办财务费用费率表确定。

(3)辅助生产间接费。

辅助生产间接费指由施工单位自行开采加工的砂、石等自采材料及施工单位自办的人工装卸和运输的间接费,辅助生产间接费按人工费的5%计,并入材料预算单价内构成材料费,不直接出现在概算、预算金额中。

高原地区施工单位的辅助生产,可按其他工程费中高原地区施工增加费费率,以直接工程费为基数计算高原地区施工增加费(其中,人工采集、加工材料、人工装卸、运输材料按人工土方费率计算,机械采集、加工材料按机械石方费率计算;机械装、运输材料按汽车运输费率计算)。辅助生产高原地区施工增加费不作为辅助生产间接费的计算基数。

3)利润

利润指施工企业完成所承包工程应取得的盈利。

利润按直接费与间接费之和扣除规费后之差(或直接费与企业管理费之和)的7%计算。

4)税金

税金指按国家税法规定应计入建筑安装工程造价内的营业税、城市维护建设税及教育费附加等。

计算公式:
$$综合税金额 = (直接费 + 间接费 + 利润) \times 综合税率 \quad (5\text{-}1)$$

综合税率按工程所在地税金的规定取定。

5.1.2 设备、工具、器具及家具购置费

设备、工具、器具及家具购置费分设备、工具、器具及生产家具(简称工器具)、办公和生活用家具购置费三项。

(1)设备购置费。

设备购置费指为满足公路的营运、管理、养护需要,购置的达到构成固定资产标准的设备和虽低于固定资产标准但属于设计明确列入设备清单的设备的费用,包括渡口设备,隧道照明、消防、通风的动力设备,高等级公路的收费、监控、通信、供电设备,养护用的机械、设备和工具、器具等的购置费用。

设备购置费应由设计单位列出设计应购置的清单(包括设备的规格、型号、数量),以设备原价加综合业务费和运杂费按以下公式计算:

$$设备购置费 = 设备原价 + 运杂费(运输费 + 装卸费 + 搬运费) + \\ 运输保险费 + 采购及保管费 \quad (5-2)$$

需要安装的设备,应在第一部分建筑安装工程费的有关项目内另计设备的安装工程费。

(2)工具器具及生产家具(简称工具器具)购置费。

工器具购置费指建设项目交付使用后,为满足初期正常营运必须购置的第一套不构成固定资产的设备、仪器、仪表、工卡模具、器具、工作台(框、架、柜)等的费用,不包括构成固定资产的设备、工具器具和备品、备件及已列入设备购置费中的专用工具和备品、备件。

工器具购置应由设计单位列出计划购置的清单(包括规格、型号、数量),购置费的计算方法同设备购置费。

(3)办公和生活用家具购置费。

办公和生活用家具购置费指为保证新建、改建项目初期正常生产、使用和管理所必须购置的办公和生活用家具、用具的费用,包括行政、生产部门的办公室、会议室、资料档案室、阅览室、单身宿舍等的家具、用具及生活福利设施。

办公和生活用家具购置费按07编办的规定计算。

5.1.3 其他基本建设费用

1)土地征用及拆迁补偿费

土地征用及拆迁补偿费指按照《中华人民共和国土地管理法》及《中华人民共和国土地管理法实施条例》《中华人民共和国基本农田保护条例》等法律、法规的规定,为进行公路建设需征用土地所支付的土地征用及拆迁补偿费等费用。

(1)费用内容。

①土地补偿费:指被征用土地地上、地下附着物及青苗补偿费,征用城市郊区的菜地等缴纳的菜地开发建设基金,租用土地费,耕地占用税,用地图编制费及勘界费,征地管理费等。

②征用耕地安置补助费:指征用耕地需要安置农业人口的补助费。

③拆迁补偿费:指被征用或占用土地上的房屋及附属构筑物、城市公用设施等拆除、迁建补偿费,拆迁管理费等。

④复耕费:指临时占用的耕地、鱼塘等,待工程竣工后将其恢复到原有标准所发生的费用。

⑤耕地开垦费:指公路建设项目占用耕地的,应由建设项目法人(业主)负责补充耕地所

发生的费用;没有条件开垦或者开垦的耕地不符合要求的,按规定缴纳的耕地开垦费。

⑥森林植被恢复费:指公路建设项目需要占用、征用或者临时占用林地的,经县级以上林业主管部门审核同意或批准,建设项目法人(业主)单位按照有关规定向县级以上林业主管部门预缴的森林植被恢复费。

(2)土地征用及拆迁补偿费计算方法和规定。

土地征用及拆迁补偿费应根据审批单位批准的建设工程用地和临时用地面积及其附着物的情况(包括数量和规格),以及实际发生的费用项目,按国家有关规定及工程所在地的省(自治区、直辖市)人民政府颁发的有关规定和标准计算。

森林植被恢复费应根据审批单位批准的建设工程占用林地的类型及面积,按国家有关规定及工程所在地的省(自治区、直辖市)人民政府颁发的有关规定和标准计算。

当与原有的电力电信设施、水利工程、铁路及铁路设施互相干扰时,应与有关部门联系,商定合理的解决方案和补偿金额,也可由这些部门按规定编制费用以确定补偿金额列入土地征用及拆迁补偿费中。

2)建设项目管理费

建设项目管理费包括建设单位(业主)管理费、工程监理费、设计文件审查费和竣(交)工验收试验检测费。

(1)建设单位(业主)管理费。

建设单位(业主)管理费指建设单位(业主)为建设项目的立项、筹建、建设、竣(交)工验收、总结等工作所发生的费用,不包括应计入设备、材料预算价格的建设单位采购及保管设备、材料所需费用。内容包括:工作人员的工资、工资性补贴、施工现场津贴、社会保障费用(基本养老、基本医疗、失业、工伤保险)、住房公积金、职工福利费、工会经费、劳动保护费;办公费、会议费、差旅交通费、固定资产使用费(包括办公及生活房屋折旧、维修或租赁费,车辆折旧、维修、使用或租赁费,通信设备购置、使用费,测量、试验设备仪器折旧、维修或租赁费,其他设备折旧、维修或租赁费等)、零星固定资产购置费、招募生产工人费用;技术图书资料费、职工教育经费、工程招标费(不含招标文件及标底或造价控制值编制费);合同契约公证费、法律顾问费、咨询费;建设单位的临时设施费、完工清理费、竣(交)工验收费(含其他行业或部门要求的竣工验收费用)、各种税费(包括房产税、车船税、印花税等);建设项目审计费、境内外融资费用(不含建设期贷款利息)、业务招待费、安全生产管理费和其他管理性开支。

由施工企业代建设单位(业主)办理"土地、青苗等补偿费"的工作人员所发生的费用,应在建设单位(业主)管理项目中支付。当建设单位(业主)委托有资质的单位代理招标时,其代理费应在建设单位(业主)管理费中支出。

建设单位(业主)管理费以建筑安装工程费总额为基数,按07编办规定的费率,以累进办法计算。

(2)工程监理费。

工程监理费指建设单位(业主)委托具有公路工程监理资格的单位,按施工监理规范进行全面的监督和管理所发生的费用。内容包括:监理工作人员的基本工资、工资性津贴、社会保障费用(基本养老、基本医疗、失业、工伤保险)、住房公积金、职工福利费、工会经费、劳动保护费;办公费、会议费、差旅交通费、固定资产使用费(包括办公及生活房屋折旧、维修或租赁费,车辆折旧、维修、使用或租赁费,通信设备购置、使用费,测量、试验、检测设备仪器折旧、维修或租赁费,其他设备折旧、维修或租赁费等)、零星固定资产购置费、招募生产工人费;技术图书资料费、职工教育经费、投标费用;合同契约公证费、咨询费、业务招待费;财务费用、监理单位的临时设施费、各种税费和其他管理性开支。

工程监理费以建筑安装工程费总额为基数,按07编办规定的费率计算。

建设单位(业主)管理费和工程监理费均为实施建设项目管理的费用,执行时可根据建设单位(业主)和施工监理单位所实际承担的工作内容和工作量统筹使用。

(3)设计文件审查费。

设计文件审查费指国家和省级交通主管部门在项目审批前,为保证勘察设计工作的质量,组织有关专家或委托有资质的单位,对设计单位提交的建设项目可行性研究报告和勘察设计文件以及设计变更、调整概算等进行审查所需要的相关费用。

设计文件审查费以建筑安装工程费总额为基数,按0.1%计算。

(4)竣(交)工验收试验检测费。

竣(交)工验收试验检测费指在公路建设项目交工验收和竣工验收前,由建设单位(业主)或工程质量监督机构委托有资质的公路工程质量检测单位按照有关规定对建设项目的工程质量进行检测,并出具检测意见所需要的相关费用。

竣(交)工验收试验检测费按07编办的规定计算。

3)研究试验费

研究试验费指为本建设项目提供或验证设计数据、资料进行必要的研究试验和按照设计规定在施工过程中必须进行试验、验证所需的费用,以及支付科技成果、先进技术的一次性技术转让费,不包括:

(1)应由科技三项费用(新产品试制费、中间试验费和重要科学研究补助费)开支的项目。

(2)应由施工辅助费开支的施工企业对建筑材料、构件和建筑物进行一般鉴定、检查所发生的费用及技术革新研究试验费。

(3)应由勘察设计费或建筑安装工程费用中开支的项目。

研究试验费按照设计提出的研究试验内容和要求进行编制,不需验证设计基础资料的不计本项费用。

4)建设项目前期工作费

建设项目前期工作费指委托勘察设计、咨询单位对建设项目进行可行性研究、工程勘察设计,以及设计、监理、施工招标文件及招标标底或造价控制值文件编制时,按规定应支付的费用,包括:

(1)编制项目建议书(或预可行性研究报告)、可行性研究报告、投资估算,以及相应的勘察、设计、专题研究等所需的费用。

(2)初步设计和施工图设计的勘察费(包括测量、水文调查、地质勘探等)、设计费、概算、预算及调整概算编制费等。

(3)设计、监理、施工招标文件及招标标底(或造价控制值或清单预算)文件编制费等。

建设项目前期工作费依据委托合同计列,或按国家颁发的收费标准和有关规定进行编制。

5)专项评价(估)费

专项评价(估)费指依据国家法律、法规规定须进行评价(评估)、咨询,按规定应支付的费用,包括:环境影响评价费、水土保持评估费、地震安全性评价费、地质灾害危险性评价费、压覆重要矿床评估费、文物勘察费、通航论证费、行洪论证(评估)费、使用林地可行性研究报告编制费、用地预审报告编制费等费用。

专项评价(估)费按国家颁发的收费标准和有关规定进行编制。

6)施工机构迁移费

施工机构迁移费指施工机构根据建设任务的需要,经有关部门决定承建制地(指工程处等)由原驻地迁移到另一地区所发生的一次性搬迁费用,不包括:

(1)应由施工企业自行负担的,在规定距离范围内调动施工力量以及内部平衡施工力量所发生的迁移费用。

(2)由于违反基建程序,盲目调迁队伍所发生的迁移费。

(3)因中标而引起施工机构迁移所发生的迁移费。

施工机构迁移费内容包括:职工及随同家属的差旅费,调迁期间的工资,施工机械、设备、工具、用具和周转性材料的搬运费。

施工机构迁移费应经建设项目的主管部门同意按实计算。但计算施工机构迁移费后,如迁移地点至新工地地点(如独立大桥),则其他工程费内的工地转移费应不再计算;如施工机构迁移地点至新工地地点尚有部分距离,则工地转移费的距离,应以施工机构新地点为计算起点。

7)联合试运转费

联合试运转费指新建、改(扩)建工程项目,在竣工验收前按照设计规定的工程质量标准,进行动(静)载荷载试验所需的费用,或进行整套设备带负荷联合试运转期间所需的全部费用抵扣试车期间收入的差额。不包括应由设备安装工程项下开支的调试费。

联合试运转费内容包括:联合试运转期间所需的材料、油(燃)料和动力的消耗,机械和检测设备使用费,工具用具和低值易耗品费,参加联合试运转人员工资及其他费用等。

联合试运转费以建筑安装工程费总额为基数,独立特大型桥梁按 0.075% 计算,其他工程按 0.05% 计算。

8)生产人员培训费

生产人员培训费指新建、改(扩)建公路工程项目,为保证生产的正常运行,在工程竣工验收交付使用前对运营部门生产人员和管理人员进行培训所必需的费用。内容包括:培训人员的工资、工资性补贴、职工福利费、差旅交通费、劳动保护费、培训及教学实习费等。

生产人员培训费按设计定员的人数和 2000 元/人的标准计算。

9)建设期贷款利息

建设期贷款利息指建设项目中分年度使用国内贷款或国外贷款部分,在建设期内应归还的贷款利息,内容包括各种金融机构贷款、企业集资、建设债券和外汇贷款等利息。

建设期贷款利息根据不同的资金来源按需付息的分年度投资计算,公式如下:

$$建设期贷款利息 = \Sigma(上年末付息贷款本息累计 + 本年度付息贷款额 \div 2) \times 年利率$$

(5-3)

5.1.4 预备费

预备费由价差预备费及基本预备费两部分组成。

在公路工程建设期限内,凡需动用预备费时,属于公路交通部门投资的项目,需经建设单位提出,按建设项目隶属关系,报交通运输部或交通运输厅(局)基建主管部门核定批准。属于其他部门投资的建设项目,按其隶属关系报有关部门核定批准。

(1)价差预备费。

价差预备费指设计文件编制年至工程竣工年期间,第一部分费用的人工费、材料费、机械使用费、其他工程费、间接费等以及第二、三部分费用由于政策、价格变化可能发生上浮而预留的费用及外资贷款汇率变动部分的费用。

价差预备费以概算、预算或修正概算第一部分建筑安装工程费总额为基数,按设计文件编制年始至建设项目工程竣工年年终的年数和年工程造价增长率计算。公式如下:

$$价差预备费 = P \times [(1+i)^{n-1} - 1] \tag{5-4}$$

式中:P——建筑安装工程费总额;

i——年工程造价增长率(%);

n——设计文件编制年至建设项目开工年加建设项目建设期限。

年工程造价增长率按有关部门公布的工程投资价格指数计算,或由设计单位会同建设单位根据该工程人工费、材料费、施工机械使用费、其他工程费、间接费以及第二、三部分费用可能发生的上浮等因素,以第一部分建筑安装工程费为基数进行综合分析预测。

设计文件编制至工程完工在一年以内的工程,不列此项费用。

(2)基本预备费。

基本预备费指在初步设计和概算中难以预料的工程和费用,其用途如下:

①在进行技术设计、施工图设计和施工过程中,在批准的初步设计和概算范围内所增加的工程费用。

②在设备订货时,由于规格、型号改变的价差;材料货源变更、运输距离或方式的改变以及因规格不同而代换使用等原因发生的价差。

③由于一般自然灾害所造成的损失和预防自然灾害所采取的措施费用。

④在项目主管部门组织竣(交)工验收时,验收委员会(或小组)为鉴定工程质量必须开挖和修复隐蔽工程的费用。

⑤投保的工程根据工程特点和保险合同发生的工程保险费用。

基本预备费以第一、二、三部分费用之和(扣除固定资产投资方向调节税和建设期贷款利息两项费用)为基数按下列费率计算:设计概算按5%计列,修正概算按4%计列,施工图预算按3%计列。

采用施工图预算加系数包干承包的工程,包干系数为施工图预算中直接费与间接费之和的3%,施工图预算包干费用由施工单位包干使用。包干费用的内容为:

①在施工过程中,设计单位对分部分项工程修改设计而增加的费用。但不包括因水文地质条件变化造成的基础变更、结构变更、标准提高、工程规模改变而增加的费用。

②预算审定后,施工单位负责采购的材料由于货源变更、运输距离或方式的改变以及因规格不同而代换使用等原因发生的价差。

③由于一般自然灾害所造成的损失和预防自然灾害所采取的措施的费用(如一般防台风、防洪的费用)等。

概算、预算定额所列材料一般不计回收,只对按全部材料计价的一些临时工程项目和由于工程规模或工期限制达不到规定周转次数的拱盔、支架及施工金属设备的材料计算回收金额,回收率按07编办的规定确定。

5.2 18编办规定的费率与费用

18编办规定,概算、预算总金额由建筑安装工程费、土地征用及拆迁补偿费、其他基本建设费用、预备费、建设期贷款利息五部分费用组成。

18编办规定的概算、预算总金额的组成相对于07编办的规定做了相当大的调整。

5.2.1 建筑安装工程费

建筑安装工程费由直接费、设备购置费、措施费、企业管理费、规费、利润、税金和专项费用八项组成。

1)直接费

直接费指施工过程中耗费的构成工程实体和有助于工程形成的各项费用,包括人工费、材料费、施工机械使用费。

(1)人工费。

指列入概算、预算定额的直接从事建筑安装工程施工的生产工人开支的各项费用。

人工费内容包括:

①计时工资或计件工资:指按计时工资标准和工作时间或对已做工作按计件单价支付给个人的劳动报酬(含个人应缴纳的养老保险、失业保险、医疗保险、工伤保险和住房公积金)。

②津贴、补贴:指为了补偿职工特殊或额外的劳动消耗和因其他特殊原因支付给个人的津贴,以及为了保证职工工资水平不受物价影响支付给个人的物价补贴。如流动施工津贴、特殊地区施工津贴、高温(寒)作业临时津贴、高空津贴等。

③特殊情况下支付的工资:指根据国家法律、法规和政策规定,因病、工伤、产假、计划生育假、婚丧假、事假、探亲假、定期休假、停工学习、执行国家或社会义务等原因按计时工资标准或计时工资标准的一定比例支付的工资。

人工费以概算、预算定额人工工日数乘以综合工日单价计算。

人工费标准按照本地区公路建设项目的人工工资统计情况以及公路建设劳务市场情况进行综合分析、确定人工工日单价。人工工日单价由省级交通运输主管部门制定发布,并适时进行动态调整。人工工日单价仅作为编制概算、预算的依据,不作为施工企业实发工资的依据。

(2)材料费。

指施工过程中耗用的构成工程实体的原材料、辅助材料、构配件、零件、半成品或成品的费用,按工程所在地的材料价格计算的费用。

(3)施工机械使用费。

指列入概算、预算定额的工程机械和工程仪器仪表台班数量,按相应的施工机械台班费用定额计算的费用等。

①工程机械使用费。机械台班预算价格应按《公路工程机械台班费用定额》(JTG/T 3833—2018)的规定计算,机械台班单价由不变费用和可变费用组成。不变费用包括折旧费、检修费、维护费、安拆辅助费等;可变费用包括机上人员人工费、动力燃料费、车船税。可变费用中的人工工日数及动力燃料消耗量,应以机械台班费用定额中的数值为准。台班人工费工日单价同

生产工人人工费单价。动力燃料费用则按材料费的计算规定计算。

②工程仪器仪表使用费指机电工程施工作业所发生的仪器仪表使用费,以施工仪器仪表台班耗用量乘以施工仪器仪表台班单价计算。

工程仪器仪表台班预算价格应按《公路工程机械台班费用定额》(JTG/T 3833—2018)的规定计算。台班人工费工日单价同生产工人人工费单价。动力燃料费用则按材料费的计算规定计算。

18编办的"直接费"和07编办的"直接工程费"的计算方法是完全一致的,都是用定额细目下实物消耗及其当时当地的预算单价计算实物金额。07编办的"直接费"包括直接工程费和其他工程费,要注意两个编制办法中各费用包含内容的异同。

定额细目下实物消耗乘以实物基期价格计算出来的"直接费"就是定额直接费,对应的"人工费"是定额人工费,对应的"机械台班费"就是定额机械台班费。

2)设备购置费

设备购置费系指为满足公路初期营运、管理需要购置的构成固定资产标准的设备和虽低于固定资产标准但属于设计明确列入设备清单的设备的费用。包括渡口设备,隧道照明、消防、通风的动力设备,公路收费、监控、通信、路网运行监测、供配电及照明设备等。

设备购置费应由设计单位列出计划购置的清单(包括设备的规格、型号、数量),以设备预算价计入。

设备购置费(预算价)包括设备原价、运杂费、运输保险费、采购及保管费,计算预算价格时应按规定扣除相应进项税额。各种税费按编制期有关部门规定计算。

需要安装的设备,按建筑安装工程费的有关规定计算设备的安装工程费。设备与材料的划分标准见18编办相关附录。

按《公路工程预算定额》(JTG/T 3832—2018)附录四设备基价计算的定额设备购置费与税金之和的40%计入定额建筑安装工程费,作为计算工程建设其他费用的基数。

3)措施费

措施费包括冬季施工增加费、雨季施工增加费、夜间施工增加费、特殊地区施工增加费(包括高原地区施工增加费、风沙地区施工增加费和沿海地区施工增加费三项)、行车干扰工程施工增加费、施工辅助费、工地转移费等九项。

(1)冬季施工增加费。

18编办和07编办的内容基本一致,只是计算基数改为对应定额细目定额人工费和定额机械使用费之和,费率按工程所在地的气温区和定额细目对应的工程类别查18编办冬季施工增加费费率表确定。

(2)雨季施工增加费。

18编办和07编办的内容基本一致,只是计算基数改为对应定额细目定额人工费和定额机械使用费之和,费率按工程所在地的雨量区及雨季期和定额细目对应的工程类别查18编办雨季施工增加费费率表确定。

(3)夜间施工增加费。

18编办和07编办的内容基本一致,只是计算基数改为对应定额细目定额人工费和定额机械使用费之和,费率按定额细目对应的工程类别查18编办夜间施工增加费费率表确定。

(4)高原地区施工增加费。

18编办和07编办的内容基本一致,只是计算基数改为对应定额细目定额人工费和定额机械使用费之和,费率按工程所在地的海拔高度和定额细目对应的工程类别查18编办高原地区施工增加费费率表确定,海拔高度分区修改为海拔高度2000~5000m以上每500m一档,共7档。

(5)风沙地区施工增加费。

18编办和07编办的内容基本一致,只是计算基数改为对应定额细目定额人工费和定额机械使用费之和,费率按工程所在地的风沙区划和定额细目对应的工程类别查18编办风沙地区施工增加费费率表确定。

(6)沿海地区施工增加费。

18编办和07编办的内容基本一致,只是计算基数改为对应定额细目定额人工费和定额机械使用费之和,费率按定额细目对应的工程类别查18编办沿海地区施工增加费费率表确定。

(7)行车干扰工程施工增加费。

18编办和07编办的内容基本一致,只是计算基数改为对应定额细目定额人工费和定额机械使用费之和,费率按工程所在地施工期间平均每昼夜双向行车次数(机动车、非机动车合计)和定额细目对应的工程类别查18编办行车干扰工程施工增加费费率表确定。

(8)施工辅助费。

18编办和07编办的内容基本一致,工程内容增加了:施工监控(包括高填方和软基沉降监测、高边坡稳定监测、桥梁施工监测、隧道施工监控量测、超前地质预报等)都含在施工辅助费中,不得另行计算;计算基数改为对应定额细目定额直接费,费率按定额细目对应的工程类别查18编办施工辅助费费率表确定。

(9)工地转移费。

18编办和07编办的内容基本一致,只是计算基数改为对应定额细目定额人工费和定额机械使用费之和,费率按工程所在地工地转移距离和定额细目对应的工程类别查18编办工地转移费费率表确定,工地转移距离在50km以内的工程按50km计取。

(10)辅助生产间接费。

18编办和07编办的内容基本一致,只是计算基数改为定额人工费或定额人工费和定额机械使用费之和,费率改为3%或高原地区施工增加费费率。

18编办的措施费中只有施工辅助费的计算基数为定额直接费,其他八项的计算基数为定额人工费和定额机械使用费之和,因此,冬季施工增加费、雨季施工增加费、夜间施工增加费、特殊地区施工增加费(包括高原地区施工增加费、风沙地区施工增加费和沿海地区施工增加费三项)、行车干扰工程施工增加费、工地转移费等八项的费率综合为措施费综合费率Ⅰ,施工辅助费的费率为措施费综合费率Ⅱ。

4)企业管理费

企业管理费由基本费用、主副食运费补贴、职工探亲路费、职工取暖补贴和财务费用五项组成。

(1)企业管理费基本费用。

18编办和07编办的内容基本一致,只是计算基数改为对应定额细目的定额直接费,费率按定额细目对应的工程类别查18编办企业管理费基本费用费率表确定。

(2)主副食运费补贴。

18编办和07编办的内容基本一致,只是计算基数改为对应定额细目的定额直接费,费率按定额细目对应的工程类别查 18 编办主副食运费补贴费费率表确定,综合里程在 3km 以内的工程按 3km 计取。

(3)职工探亲路费。

18 编办和 07 编办的内容基本一致,只是计算基数改为对应定额细目的定额直接费,费率按定额细目对应的工程类别查 18 编办职工探亲路费费率表确定。

(4)职工取暖补贴。

18 编办和 07 编办的内容基本一致,只是计算基数改为对应定额细目的定额直接费,费率按定额细目对应的工程类别查 18 编办职工取暖补贴费费率表确定。

(5)财务费用。

18 编办和 07 编办的内容基本一致,只是计算基数改为对应定额细目的定额直接费,费率按定额细目对应的工程类别查 18 编办财务费用费率表确定。

5)规费

18 编办和 07 编办的内容基本一致,只是计算基数调整为人工费(含施工机械费的人工费)。

6)利润

利润指施工企业完成所承包工程应获得的盈利,按定额直接费及措施费、企业管理费之和的 7.42% 计算。

7)增值税

增值税是指按《全面推开营业税改增值税试点的通知》(财税〔2018〕36 号)规定的建筑业应交纳的增值税。

$$\text{增值税} = (直接费 + 设备购置费 + 措施费 + 企业管理费 + 规费 + 利润) \times 11\% \quad (5\text{-}5)$$

为了满足交通运输部、财政部和国家应急管理部的有关规定,专项费用编制概算、预算时单独计列,增值税销项税的计税基数没有包含专项费用。

8)专项费用

专项费用包括施工场地建设费和安全生产费。

编制概算、预算时,专项费用单独计列,分项工程费中不再计取,即分项工程费及其综合单价中不包含专项费用;参考 18 编办进行招投标的项目,一定要注意:应该在工程量清单第 100 章列明专项费用的安全生产费和施工场地建设费两个子目,工程量清单的其他分项子目的单价则不包含这两项专项费用;参考或采用 18 编办编制和审核的新增单价自然也不包含专项费用;当新增单价的工程项目规模较大,以至于影响专项费用的金额时,应该按招标文件约定增补专项费用金额,招标文件没有约定时应按相关规定协商解决。

(1)施工场地建设费。

施工场地建设费包含以下内容:

①按照工地建设标准化要求进行承包人驻地、工地实验室建设,钢筋集中加工、混合料集中拌制、构件集中预制等所需的办公、生活居住房屋(包括职工家属房屋及探亲房屋),公用房屋(如广播室、文体活动室、医疗室等)和生产用房屋(如仓库、加工厂、加工棚、发电站、变电站、空压机站、停机棚、值班室等)。

②场区平整(山岭重丘区的土石方工程除外)、硬化、排水、绿化、标志、污水处理设施、围墙隔离设施等;不包括钢筋加工的机械设备、混合料拌和设备及安拆、预制构件台座、预应力张拉设备、起重及养护设备,以及概算、预算定额中临时工程。

③以上范围内的各种临时工作便道(包括汽车、人力车道)、人行便道,工地临时用水、用电的水管支线和电线支线,临时构筑物(如水井、水塔等)、其他小型临时设施等的搭设或租赁、维修、拆除、清理的费用。

④工地试验室所发生的属于固定资产的试验设备和仪器等折旧、维修或租赁费月。

⑤文明施工、职工健康生活的费用。

施工场地建设费以定额建筑安装工程费(不含定额设备购置费及专项费用)为基数,按18编办规定的费率,以累进办法计算。

(2)安全生产费。

安全生产费包括完善、改造和维护安全设施设备费用,配备、维护、保养应急救援器材、设备费用,开展重大危险源和事故隐患评估和整改费用,安全生产检查、评价、咨询费用,配备和更新现场作业人员安全防护用品支出,安全生产宣传、教育、培训费用,安全设施及特种设备检测检验费用,施工安全风险评估、应急演练等有关工作及其他与安全生产直接相关的费用。

安全生产费以建筑安装工程费(不含安全生产费本身)为基数,费率按1.5%计算。

5.2.2 土地征用及拆迁补偿费

土地征用及拆迁补偿费包含永久占地费、临时占地费、拆迁补偿费、水土保持补偿费、其他费用。

(1)永久占地费。

①土地补偿费:指征地补偿费、被征用土地上的青苗补偿费,征用城市郊区的菜地等缴纳的菜地开发建设基金,耕地占用税,用地图编制费及勘界费等。

②征用耕地安置补助费:指征用耕地需要安置农业人口的补助费。

③耕地开垦费:指公路建设项目占用耕地的,应由建设项目法人(业主)负责补充耕地所发生的费用;没有条件开垦或者开垦的耕地不符合要求的,按规定缴纳的耕地开垦费。

④森林植被恢复费:指公路建设项目需要占用、征用林地的,经县级以上林业主管部门审核同意或批准,建设项目法人(业主)单位按照省级人民政府有关规定向县级以上林业主管部门预缴的森林植被恢复费。

⑤失地农民养老保险费:指根据国家规定为保障依法被征地农民养老而交纳的保险费用,失地农民养老保险费按项目所在地省级人民政府的相关规定进行计算。

(2)临时占地费。

①临时征地使用费指为满足施工所需的承包人驻地、预制场、拌和场、仓库、加工厂(棚)、堆料场、取弃土场、进出场便道、便桥等所有的临时用地及其附着物的补偿费用。

②复耕费指临时占用的耕地、鱼塘等,在工程交工后将其恢复到原有标准所发生的费用。

(3)拆迁补偿费。

拆迁补偿费指被征用或占用土地地上、地下的房屋及附属构筑物,公用设施、文物等的拆除、发掘及迁建补偿费,拆迁管理费等。

(4)水土保持补偿费。

水土保持补偿费指根据《中华人民共和国水土保持法》《财政部、国家发展改革委、水利部、中国人民银行关于印发〈水土保持补偿费征收使用管理办法〉的通知》征收的水土保持补偿费。

(5)土地征用及拆迁补偿其他费用。

其他费用为省级人民政府及国务院行政主管部门规定的征地拆迁相关费用。

土地征用及拆迁补偿费应根据设计文件确定的建设工程用地和临时用地面积及其附着物的情况,以及实际发生的费用项目,按国家有关规定及工程所在地的省(自治区、直辖市)人民政府颁发的有关规定和标准计算。

森林植被恢复费应根据审批单位批准的建设工程占用林地的类型及面积,按国家有关规定及工程所在地的省(自治区、直辖市)人民政府颁发的有关规定和标准计算。

当与原有的电力电信设施、管线、水利工程、铁路及铁路设施互相干扰时,应与有关部门联系,商定合理的解决方案和补偿金额,也可由这些部门按规定编制费用,以确定补偿金额。

水土保持补偿费按各省、自治区、直辖市制定的水土保持补偿费收费标准进行计算。

5.2.3 工程建设其他费用

工程建设其他费用包含建设项目管理费、研究试验费、前期工作费、专项评价(估)费、联合试运转费、生产准备费、工程保通管理费、工程保险费、其他费用。

(1)建设项目管理费。

建设项目管理费包含建设单位(业主)管理费、建设项目信息化费、工程监理费、设计文件审查费、竣(交)工验收试验检测费。

①建设单位(业主)管理费指建设单位(业主)为建设项目的立项、筹建、建设、竣(交)工验收、总结等工作所发生的费用。不包括应计入材料与设备预算价格的建设单位采购及保管材料与设备所需的费用。

建设单位(业主)管理费费用内容包括:工作人员的工资、工资性津贴、施工现场津贴;社会保险费用(基本养老保险、基本医疗保险、失业保险、工伤保险)、住房公积金、职工福利费、工会经费、劳动保护费;办公费、会议费、差旅交通费、固定资产使用费(包括办公及生活房屋折旧、维修或租赁费,车辆折旧、维修、使用或租赁费,通信设备购置、使用费,测量、试验设备仪器折旧、维修或租赁费,其他设备折旧、维修或租赁费等)、零星固定资产购置费、招募生产工人费;技术图书资料费、职工教育培训经费;招标管理费;合同契约公证费、法律顾问费、咨询费;建设单位的临时设施费、完工清理费、竣(交)工验收费[含其他行业或部门要求的竣工验收费用、建设单位负责的竣(交)工文件编制费]、各种税费(包括房产税、车船税、印花税等);对建设项目前期工作、项目实施及竣工决算等全过程进行审计所发生的审计费用;境内外融资费用(不含建设期贷款利息)、业务招待费及工程质量、安全生产管理费和其他管理性开支。

建设单位(业主)管理费以定额建筑安装工程费(定额设备购置费只计40%)为基数,18编办规定的费率,以累进办法计算。

对于双洞长度超过5000m的独立隧道、水深>15m、跨径≥400m的斜拉桥和跨径≥800m的悬索桥等独立特大型桥梁工程的建设单位(业主)管理费按18编办的费率乘以1.3的系数计算;海上工程[指由于风浪影响,工程施工期(不包括封冻期)全年月平均工作日少于15天的工程]的建设单位(业主)管理费按18编办的费率乘以1.2的系数计算。

②建设项目信息化费:指建设单位(业主)和各参建单位用于建设项目的质量、安全、进度、费用等方面的信息化建设、运维和管理费用,以及建设项目全寿命周期的建筑信息模型(Building Information Modeling)等费用。建设项目信息化费以定额建筑安装工程费为基数,按

18 编办规定的费率,以累进办法计算。建设项目信息化费不足 20000 元时按 20000 元计算。

③工程监理费:指建设单位(业主)委托具有监理资格的单位,按施工监理规范进行全面的监督和管理所发生的费用。

工程监理费费用内容包括:工作人员的工资、工资性津贴、施工现场津贴、社会保险费用(基本养老保险、基本医疗保险、失业保险、工伤保险)、住房公积金、职工福利费、工会经费、劳动保护费;办公费、会议费、差旅交通费,办公、试验固定资产使用费(包括办公及生活房屋折旧、维修或租赁费,车辆折旧、维修、使用或租赁费,通信设备购置、使用费、测量、试验、检测设备仪器折旧、维修或租赁费,其他设备折旧、维修或租赁费等)、零星固定资产购置费、招募生产工人费;技术图书资料费、职工教育经费、投标费用;合同契约公证费、法律顾问费、咨询费、业务招待费;财务费用、监理单位的临时设施费、完工清理费、竣(交)工验收费、各种税费、安全生产管理费和其他管理性开支。

工程监理费以定额建筑安装工程费为基数,按 18 编办规定的费率,以累进办法计算。

建设单位(业主)管理费和工程监理费均为实施建设项目管理的费用,执行时可根据建设单位(业主)和施工监理单位所实际承担的工作内容与工作量统筹使用。

④设计文件审查费:指在项目审批前,建设单位(业主)为保证勘察设计工作的质量,组织有关专家或委托有资质的单位,对提交的建设项目可行性研究报告和勘察设计文件进行审查所需要的相关费用。

设计文件审查费以定额建筑安装工程费为基数,按 18 编办规定的费率,以累进办法计算。

⑤竣(交)工验收试验检测费:指在公路建设项目竣(交)工验收前,根据规定,由相关部门通过招标选择有资质的公路工程质量检测单位按照有关规定对建设项目的工程质量进行检测并出具检测试验意见,以及桥梁动(静)载荷载试验等所需的费用。

竣(交)工验收试验检测费按 18 编办规定的标准和费率计算,道路工程按主线路基长度计,桥梁工程以主线桥梁、分离式立体交叉、匝道桥的长度之和进行计算,隧道按单洞长度计算;道路工程高速公路、一级公路按四车道计算,二级及以下等级公路按二车道计算,每增加一个车道,按 18 编办规定的费用增加 10%;桥梁和隧道按双向四车道考虑的,每增加一个车道时增加 15%;二级及以下等级公路的桥隧工程,按 18 编办规定费用的 40% 计算。

(2)研究试验费。

研究试验费指按照项目特点和有关规定,在建设过程中必须进行研究和试验所需的费用,以及支付科技成果、专利、先进技术的一次性技术转让费。

研究试验费不包括:

①应由前期工作费(为建设项目提供或验证设计数据、资料等)开支的项目。

②应由科技三项费用(新产品试制费、中间试验费和重要科学研究补助费)开支的项目。

③应由施工辅助费开支的施工企业对建筑材料、构件和建筑物进行一般鉴定、检查所发生的费用及技术革新研究试验费。

研究试验费计算方法:按照设计提出的研究试验内容和要求进行编制。

(3)建设项目前期工作费。

建设项目前期工作费指指委托勘察设计单位、咨询单位对建设项目进行可行性研究、工程勘察设计,以及设计、监理、施工招标文件及招标标底或造价控制值文件编制时,按规定应支付的费用。

建设项目前期工作费包括：

①编制项目建议书(或预可行性研究报告)、可行性研究报告、投资估算和相应的勘察、设计等所需的费用。

②通过风洞试验、地震动参数、索塔足尺模型试验、桥墩局部冲刷试验、桩基承载力试验等为建设项目提供或验证设计数据所需的专题研究费用。

③初步设计和施工图设计的勘察费、设计费、概算、预算编制及调整概算编制费用等。

④招标代理及编制招标标底(或造价控制值或清单预算)的费用。

建设项目前期工作费计算方法：以定额建筑安装工程费为基数，按 18 编办规定的费率，以累进办法计算。

(4) 专项评价(估)费。

专项评价(估)费指依据国家法律、法规规定须进行评价(估)、咨询，按规定应支付的费用。

专项评价(估)费包括环境影响评价费、水土保持评估费、地震安全性评价费、地质灾害危险性评价费、压覆重要矿床评估费、文物勘察费、通航论证费、行洪论证(评估)费、使用林地可行性研究报告编制费、用地预审报告编制费、项目风险评估费、节能评估费和社会风险评估费、放射性影响评估费、规划选址意见书编制费等费用。

专项评价(估)费依据委托合同，或参照本地区以及国内相似工程已发生的费用历史大数据进行计列。

(5) 联合试运转费。

联合试运转费指新建、改(扩)建工程项目的机电工程，按照有关规定标准，需要进行整套设备带负荷联合试运转期间所需的全部费用。不包括应由设备安装工程费中开支的调试的费用，内容包括：联合试运转期间所需的材料、油(燃)料和动力的消耗费，机械和检测设备使用费，工具用具和低值易耗品费，参加联合试运转的人员工资及其他费用等。

联合试运转费以定额建筑安装工程费为基数，按 0.04% 费率计算。

(6) 生产准备费。

生产准备费指为保证新建、改(扩)建项目交付使用后满足正常的运行、管理发生的工具器具购置、办公和生活用家具购置、生产人员培训、保通应急设备购置等费用。

①工具器具购置费：指建设项目交付使用后为满足初期正常营运必须购置的第一套不构成固定资产的设备、仪器、仪表、工卡模具、器具、工作台(框、架、柜)等的费用，不包括：构成固定资产的设备、工具器具和备品、备件，已列入设备费中的专用工具和备品、备件。

工具器具购置应由设计单位列出计划购置的清单(包括规格、型号、数量)，计算方法同设备费。

②办公和生活用家具购置费：指新建、改(扩)建工程项目，为保证初期正常生产、使用和管理所购置的办公和生活用家具、用具的费用，包括行政、生产部门的办公室、会议室、资料档案室、阅览室、宿舍等的家具、用具及生活福利设施。

办公和生活用家具购置费按 18 编办规定的标准和费率计算。

③生产人员培训费：指为保证生产的正常运行，在工程交工验收交付使用前对运营部门生产人员和管理人员进行培训所需的费用，包括培训人员的工资、工资性津贴、职工福利费、差旅交通费、劳动保护费、培训及教学实习费等。

生产人员培训费按设计定员的人数和 3000 元/人的标准计算。

④应急保通设备购置费:指新建、改(扩)建工程项目,为满足初期正常营运,保障抢修保通、应急处置,且构成固定资产的设备。

应急保通设备购置费由设计单位列出计划购置清单,计算方法同设备购置费。

(7)工程保通管理费。

工程保通管理费指新建或改(扩)建工程需边施工边维持通车或通航的建设项目,为保证公(铁)路营运安全、船舶航行安全及施工安全而进行交通(公路、航道、铁路)管制、交通(铁路)与船舶疏导所需的费用和媒体、公告等宣传费用及协管人员经费等。

工程保通管理费应按项目需要进行列支。

(8)工程保险费。

工程保险费指在合同执行期内,施工企业按照合同条款要求办理保险,包括建筑工程一切险和第三方责任险。

建筑工程一切险是为永久工程、临时工程和设备及已运至施工工地用于永久工程的材料和设备所投的保险。

第三者责任险是对因实施合同工程而造成的财产(本工程除外)损失或损害,或人员(业主和承包人雇员除外)的死亡或伤残所负责进行的保险。

工程保险费以建筑安装工程费(不含设备费)为基数,按0.4%费率计算。

(9)工程建设其他费用。

工程建设其他相关费用为省级人民政府及国务院行政主管部门规定的有关公路建设相关的费用,按相关规定计算。

5.2.4 预备费

预备费由基本预备费和价差预备费两部分组成。在公路建设期内,凡需动用预备费时,属于交通运输部门投资的项目,需经建设单位提出,按建设项目隶属关系,报交通运输部或交通运输厅(局、委)核定批准;属于其他部门的建设项目,按其隶属关系报有关部门核定批准。

(1)基本预备费。指在设计和概算、预算中难以预料的工程和费用,其用途如下:

①在进行技术设计、施工图设计和施工过程中,在批准的初步设计和概算范围内所增加的工程费用。

②在设备订货时,由于规格、型号改变的价差;材料货源变更、运输距离或方式的改变以及因规格不同而代换使用等原因发生的价差。

③在项目主管部门组织竣(交)工验收时,验收委员会(或小组)为鉴定工程质量必须开挖和修复隐蔽工程的费用。

基本预备费以建筑安装工程费、土地征用及拆迁补偿费、工程建设其他费用之和为基数,费率设计概算按5%计列、修正概算按4%计列、施工图预算按3%计列。

(2)价差预备费。指设计文件编制年至工程竣工年期间,建筑安装工程费用的人工费、材料费、设备费、施工机械使用费、措施费、企业管理费等由于政策、价格变化可能发生上浮而预留的费用及外资贷款汇率变动部分的费用。

价差预备费以概算、预算或修正概算建筑安装工程费用总额为基数,按设计文件编制年始至建设项目工程竣工年终的年数和年工程造价增长率计算:

$$价差预备费 = P \times [(1+i)^{n-1} - 1] \quad (5-6)$$

式中：P——建筑安装工程费总额(元)；
　　　i——年工程造价增长率(%)；
　　　n——设计文件编制年至建设项目开工年+建设项目建设期限(年)。

年工程造价增长率按有关部门公布的工程投资价格指数计算，设计文件编制至工程交工在一年以内的工程，不列此项费用。

5.2.5　建设期贷款利息

建设期贷款利息指工程项目建设期内分年度使用国内贷款或国外贷款部分，在建设期内应归还的贷款利息。费用内容包括各种金融机构贷款、建设债券和外汇贷款等利息。

根据不同的资金来源分年度投资计算所需支付的利息，即建设期贷款利息 = ∑(上年末付息贷款本息累计+本年度付息贷款额÷2)×年利率。

【本章小结】

$$工程造价 = \sum_{项目} \sum_{子目} \sum_{定额} \sum_{实物}(量×价+基数×费率)$$

第一个乘号即"量×价"计算的是实物金额，如工人费、材料费和机械台班使用费等都是按每一条定额子目中各实物消耗量计算出各分项子目或台账子项对应的实物资源的消耗量乘以当时当地各实物的预算单价计算出来的实物金额，第二个乘号即"基数×费率"计算的是费率金额，工程造价中大部分费用都是用费率金额的方式计算的，费率的大小用某一企业或地区在这一因素的统计费用除以相应的基数来统计，在概算、预算编制办法中就是费率定额。

费率的取定受工程所在地属性(自然条件和技术条件等)和工程类别两类因素的影响；工程类别的划分和界定是严格和概算、预算编制办法相对应的，即一套概算、预算编制办法对应一套工程类别。也就是说概算、预算编制办法既规定了概算、预算的费用构成及其内容，也明确了工程类别的内容，具体分析时，一条定额子目对应一个工程类别。

【思考题】

1. 什么是费率金额？应如何计算？
2. 费率是如何确定的？
3. 概算、预算费用组成中使用费率金额计算的费用和内容有哪些？
4. 07编办工程类别包含哪些具体内容？
5. 18编办工程类别包含哪些具体内容？
6. 累进费率应如何计算？请举例说明。

第6章 公路工程概算、预算的编制与审查和计量、计价技巧

6.1 公路工程造价的各项费用计算

各项费用的计算必须和每个编制办法相对应,即每一个概算、预算编制办法对其费用的计算流程和方法都进行了严格的规定。各项费用的计算方式和汇总层次及与分项工程的包容关系等是理解和应用的关键,如有些费用是包含在分项工程的综合费用里,不单独列项,有些费用项就是项目表中的一个分项。

6.1.1 07编办的各项费用计算

07编办公路工程建设各项费用的计算程序及计算方式和分项说明见表6-1。

6.1.2 18编办的各项费用计算

18编办公路工程建设各项费用的计算程序及计算方式和分项说明见表6-2。

07 编办公路工程建设各项费用的计算程序及计算方式和分项说明　　　表 6-1

代号	项目	说明及计算式	分项说明
一	直接工程费(即实物金额)	按编制年工程所在地的预算价格计算	包含在各分项的建安费中
二	其他工程费	(一)×其他工程费综合费率或各类工程人工费和机械费之和×其他工程费综合费率	包含在各分项的建安费中
三	直接费	(一)+(二)	包含在各分项的建安费中
四	间接费	各类工程人工费×规费综合费率+(三)×企业管理费综合费率	包含在各分项的建安费中
五	利润	[(三)+(四)－规费]×利润费	包含在各分项的建安费中
六	税金	[(三)+(四)+(五)]×综合税率	包含在各分项的建安费中
七	建筑安装工程费	(三)+(四)+(五)+(六)	分别计算各分项工程即计算项的建安费，再汇总为工程项目的建安费
八	设备、工具、器具购置费(包括备品备件) 办公和生活用家具购置费	Σ(设备、工具、器具购置数量×单价+运杂费)×(1+采购保管费率)	独立成项
九	工程建设其他费用		汇总项
9.1	土地征用及拆迁补偿费	按有关规定计算	独立成项
9.2	建设单位(业主)管理费	(七)×费率	独立成项
9.3	工程质量监督费	(七)×费率	独立成项
9.4	工程定额测定费	(七)×费率	独立成项
9.5	设计文件审查费	(七)×费率	独立成项
9.6	竣(交)工验收试验检测费	按有关规定计算	独立成项
9.7	工程监理费	(七)×费率	独立成项
9.8	研究试验费	按批准的计划编制	独立成项
9.9	前期工作费	按有关规定计算	独立成项
9.10	专项评价(估)费	按有关规定计算	独立成项
9.11	施工机构迁移费	按实计算	独立成项
9.12	供电贴费	按有关规定计算	独立成项
9.13	联合试运转费	(七)×费率	独立成项
9.14	生产人员培训费	按有关规定计算	独立成项
9.15	固定资产投资方向调节税	按有关规定计算	独立成项
9.16	建设期贷款利息	按实际贷款数及利率计算	独立成项
十	预备费	包括价差预备费和基本预备费两项	汇总项
10.1	价差预备费	按规定的公式计算	独立成项
10.2	基本预备费	[(七)+(八)+(九)－固定资产投资方向调节税－建设期贷款利息]×费率	独立成项
10.3	预备费中施工图预算包干系数	[(三)+(四)]×费率	独立成项
十一	建设项目总费用	(七)+(八)+(九)+(十)	汇总项

18 编办公路工程建设各项费用的计算程序及计算方式和分项说明　　　　表 6-2

代号	项　目	说明及计算式	分项说明
一	定额直接费	人工消耗量×人工基价+Σ(材料消耗量×材料基价+机械台班消耗量×机械台班基价)	按定额子目或分项统计,计算基数
二	定额设备购置费	Σ设备购置数量×设备基价	按定额子目或分项统计,计算基数
三	直接费	人工消耗量×人工单价+Σ(材料消耗量×材料预算单价+机械台班消耗量×机械台班预算单价)	包含在各分项的建安费中
四	设备购置费	Σ设备购置数量×预算单价	包含在各分项的建安费中
五	措施费	一×施工辅助费费率+定额人工费和定额施工机械使用费之和×其余措施费费综合率	包含在各分项的建安费中
六	企业管理费	一×企业管理费综合费率	包含在各分项的建安费中
七	规费	各类工程人工费(含施工机械人工费)×规费综合费率	包含在各分项的建安费中
八	利润	(一+五+六)×利润率	包含在各分项的建安费中
九	税金	(三+四+五+六+七+八)×11%	包含在各分项的建安费中
十	专项费用	1+2	汇总项
1	施工场地建设费	(一+五+六+七+八+九)×累进费率	独立成项
2	安全生产费	建筑安装工程费(不含安全生产费本身)×1.5%	独立成项
十一	定额建筑安装工程费	一+二+五+六+七+八+九+十	按定额子目或分项统计,计算基数
十二	建筑安装工程费	三+四+五+六+七+八+九+十	汇总项
十三	土地使用及拆迁补偿费	按规定计算	独立成项
十四	工程建设其他费用	1+2+3+4+5+6+7+8+9	汇总项
1	建设项目管理费	(1)+(2)+(3)+(4)+(5)	汇总项
(1)	建设单位(业主)管理费	定额建筑安装工程费×累进费率	独立成项
(2)	建设项目信息化费	定额建筑安装工程费×累进费率	独立成项
(3)	工程监理费	定额建筑安装工程费×累进费率	独立成项
(4)	设计文件审查费	定额建筑安装工程费×累进费率	独立成项
(5)	竣(交)工验收试验检测费	按规定计算	独立成项
2	研究试验费	按规定计算	独立成项
3	前期工作费	定额建筑安装工程费×累进费率	独立成项
4	专项评价(估)费	按规定计算	独立成项
5	联合试运转费	定额建筑安装工程费×费率	独立成项
6	生产准备费	(1)+(2)+(3)+(4)	汇总项
(1)	工具器购置费	按规定计算	独立成项
(2)	办公和生活用家具购置费	按规定计算	独立成项

续上表

代号	项 目	说明及计算式	分项说明
(3)	生产人员培训费	按规定计算	独立成项
(4)	应急保通设备购置费		独立成项
7	工程保通管理费		独立成项
8	工程保险费	(十二－四)×费率	独立成项
9	其他相关费用		独立成项
十五	预备费	1＋2	汇总项
1	基本预备费	(十二＋十三＋十四)×费率	独立成项
2	价差预备费	十二×费率	独立成项
十六	建设期贷款利息	按实际贷款额度及利率计算	独立成项
十七	概(预)算总金额	十二＋十三＋十四＋十五＋十六	汇总项

6.2 公路工程概算、预算文件组成及其报表

概算、预算文件由封面及目录,概算、预算编制说明及全部概算、预算计算表格组成,是设计文件的组成部分,按不同的需要分为甲、乙两组;体现和包含了计量与计价的全部内容。

6.2.1 07 编办的文件组成及其报表

甲组文件为各项费用计算表(包括格式和填报说明及操作说明):

施工图预算编制视频

(1)编制说明。
(2)总概算、预算汇总表(01-1 表),见表 6-3。
(3)总概算、预算人工、主要材料、机械台班数量汇总表(02-1 表),见表 6-4。
(4)总概算、预算表(01 表),见表 6-5。
(5)人工、主要材料、机械台班数量汇总表(02 表),见表 6-6。
(6)建筑安装工程费计算表(03 表),见表 6-7。
(7)其他工程费及间接费综合费率计算表(04 表),见表 6-8。
(8)设备、工具、器具购置费计算表(05 表),见表 6-9。
(9)工程建设其他费用及回收金额计算表(06 表),见表 6-10。
(10)人工、材料、机械台班单价汇总表(07 表),见表 6-11。

乙组文件为建筑安装工程费各项基础数据计算表(包括格式和填报说明及操作说明):

(1)建筑安装工程费计算数据表(08-1 表),见表 6-12。
(2)分项工程概算、预算表(08-2 表),见表 6-13。
(3)材料预算单价计算表(09 表),见表 6-14。
(4)自采材料料场价格计算表(10 表),见表 6-15。
(5)机械台班单价计算表(11 表),见表 6-16。
(6)辅助生产工、料、机械台班单位数量表(12 表),见表 6-17。

总概算、预算汇总表

建设项目名称：

第 页 共 页

表 6-3
表 01-1

项次	工程或费用名称	单位	数量	概算、预算金额（元）	技术经济指标	各项费用比例（%）	备注
			合计				

填表说明：

1. 一个建设项目分为若干单项工程编制概算、预算时，应通过本表汇总全部建设项目概算、预算金额。

2. 本表反映一个建设项目的各项费用组成、概算、预算数值和技术经济指标。

3. 本表项次、工程费用名称、单位、总数量、概算、预算金额应由各单项工程总概算、预算表（01表）转来，"目""节"可视需要增减，"项"应保留。

4. "技术经济指标"以各项概算、预算金额合计除以总概算、预算金额合计计算；"各项费用比例"以汇总的各项目概算、预算金额合计除以相应总数量计算。

操作说明：

概算、预算应按一个建设项目（如一条路线或一座独立大（中）桥、隧道）进行编制，当一个建设项目需要分段或分部编制时，应根据管理需要分别编制，但必须汇总编制"总概算、预算汇总表"即01-1表。

首先应根据建设项目的管理需要，对分段或分部工程的设计图表、准备各单项工程即分部编制概算、预算进行规划并对其划分界面进行明确的界定，准备各单项工程即分项目表，统一项目表即分项模板，然后把各单项工程的概算、预算即按统一的分项模板各单项工程中用到的分项填入前三列，合计各分项的概算、预算金额分别罗列在第5列后填入各列对应分项单元格中，合计各分项的概算、预算金额应按各单项工程数据合计后填入；最后计算各主要分项的技术经济指标和费用比例。

编制： 复核：

总概算、预算人工、主要材料、机械台班数量汇总表

表6-4
02-1表

建设项目名称：　　　　　　　　　　　　　　　　　　　　　　　　　　第　页　共　页

序号	规格名称	单位	总数量	编制范围								

填表说明：

1. 一个建设项目分为若干个单项工程编制概算、预算时，应通过本表汇总全部建设项目的人工、主要材料、机械台班数量。

2. 本表各栏数据均由单项或单位工程概算、预算中的人工、主要材料、机械台班数量汇总表（02表）转来，编制范围指单项或单位工程。

操作说明：

把编制好的各单项工程01表中的实物资源及其数量罗列过来，并汇总为总数量即可，注意各单项工程中新增的非标准实物资源的各级汇总进行物理逻辑的精度管理，保证各单项工程汇总来的数量与总数量的统一。

编制：　　　　　　　　　　　　　　　　　　　　　　　　　　　　　复核：

第6章 公路工程概算、预算的编制与审查和计量、计价技巧

总概算、预算表

建设项目名称：

编制范围：

第　页　共　页

表 6-5
01 表

项	目	节	细目	工程或费用名称	单位	数量	概算、预算金额（元）	技术经济指标	各项费用比例（%）	备注

填表说明：

1. 本表反映一个单项或单位工程的各项费用组成，概、预算金额，技术经济指标等。

2. 本表"项""目""节""工程或费用名称""单位"等应按概算、预算项目表的序列及内容填列，"目""节"可视需要增减，但"项"应保留。

3. "数量""概算、预算金额"由建筑安装工程费计算表（03 表），设备、工具、器具购置费计算表（05 表）和工程建设其他费用及回收金额计算表（06 表）转来。

4. "技术经济指标"以各项目概算、预算金额除以相应数量计算；"各项费用比例"以各项概算、预算金额除以总概算、预算金额计算。

操作说明：

01 表按列分为三部分：第 1~7 列为第一部分即分项的内容，第 8 列为第二部分即概算、预算金额，第 9、10 列为第三部分即指标的内容。可以分三步来完成：

第一步：根据概算、预算项目表第一部分和单项工程的设计图表、工程量清单的计量规则和单项工程的设计图表，罗列项目表即分项，概、预算项目表第一部分的分项计算项同时填入 03 表，第二部分分项填入 05 表，第三部分分项填入 06 表。

第二步：待 03、05、06 表各计算项的概算、预算金额计算完成后，填入第 8 列相应分项的单元格中。

第三步：按项目表即分项树的汇总层次计算各汇总项的概算、预算金额，计算第 8 列技术经济指标和第 9 列主要分项的费用比例。

编制：　　　　　　　　　　　　　　　　　　　　复核：

人工、主要材料、机械台班数量汇总表

建设项目名称：
编制范围：

第 页 共 页

表6-6
02表

序号	规格名称	单位	总数量	分项统计					场外运输损耗	
									%	数量

填表说明：

1. 本表各栏数据由分项工程概算、预算表（08表）及辅助生产工、料、机械台班单位数量（12表）经分析计算后统计而来。

2. 发生的冬、雨季及夜间施工及临时设施用工，根据录有关附录规定计算后列入本表有关项目内。

操作说明：

02表的结果不影响概算、预算的金额，是作为施工组织设计实物资源数量的依据。

第一个层次：08表即分项计价定额消耗的实物资源数量，08表的分项工程计算项，注意08表分项和02表的分项统计的分项工程的区别，一般分五个层次来计算分析：

表的分项统计的分项工程是计算项，即02表的分项统计包含多个08表的分项工程分析：

第二个层次：机械施工和机械台班消耗的材料实物资源数量，按第一个层次统计的机械台班数量和机械台班费用定额来分析计算。

第三个层次：自采材料，自办运输消耗的材料实物资源数量，按第一个层次统计的自采材料的数量和自采率及12表综合计算。

第四个层次：场外运输损耗的材料实物资源数量，把09表中明确的装卸次数和场外运输损耗率填入02表，以第一个层次统计的材料数量为基数计算。

第五个层次：冬、雨季及夜间施工及临时设施用工，根据单项工程所在地属性和编办规定的指标计算。

编制：　　　　　　　　　　　　　　　　　　　　　　　　　　　　复核：

表 6-7

建筑安装工程费计算表

建设项目名称：
编制范围：

第　　页　共　　页

序号	工程名称	单位	工程量	直接费（元）					间接费（元）	利润（元）费率（%）	税金（元）综合税率（%）	建筑安装工程费	
				直接工程费			其他直接费	合计				合计（元）	单价（元）
				人工费	材料费	机械使用费							
1	2	3	4	5	6	7	8	9	10	11	12	13	14	15

填表说明：
本表各栏数据之间关系：5~7 均由 08 表经计算转来；8 = 5 + 6 + 7；9 = 8 × 9 的费率或 (5 + 7) × 9 的费率；10 = 8 + 9；11 = 5 × 规费综合费率 + 10 × 企业管理费综合费率；12 = (10 + 11 - 规费) × 12 的费率；13 = (10 + 11 + 12) × 综合税率；14 = 10 + 11 + 12 + 13；15 = 14 ÷ 4。

操作说明：
03 表按列分为三部分来完成。
第 1~4 列为第一部分即分项列表的内容，来源于 01 表分项列表的计算的内容，03 表一个计算项即表中的一条记录对应一张 08-2 表。
第 5~13 列为第二部分即建筑安装工程费的费用构成内容，从 08-2 表计算而来，03 表的计算项下各定额子目的费用汇总计算项目的定额子目也展示出来就为 03-1 表，也可以按"填表说明"，5、6、7 列由 08-2 表转来，其余各列在 03 表计算，把各计算项的结果保持一致。
第 14、15 列为第三部分内容即合计和建安费单价的依据，工程量清单中的合计金额与建安费合计的区别，建安费合计是计算单价的依据，工程量清单中的合计金额是数量乘以单价的结果

编制：　　　　　　　　　　　　　　　　　　　　　　　　　　复核：

其他工程费及间接费综合费率计算表

建设项目名称：
编制范围：

第　页　共　页
表6-8
04表

序号	工程类别	其他工程费费率(%)											综合费率		间接费费率(%)											
		冬季施工增加费	雨季施工增加费	夜间施工增加费	高原地区施工增加费	风沙地区施工增加费	沿海地区施工增加费	行车干扰工程施工增加费	安全文明施工措施费	临时设施费	施工辅助费	工地转移费			规费					企业管理费					
													I	II	养老保险费	失业保险费	医疗保险费	住房公积金	工伤保险费	综合费率	基本费用	主副食运费补贴	职工探亲路费	职工取暖补贴	财务费用	综合费率
		3	4	5	6	7	8	9	10	11	12	13	14	15	16	17	18	19	20	21	22	23	24	25	26	27
1	2																									

填表说明：
本表应根据建设工程项目具体情况，按概算、预算编制办法有关规定填入数据计算。其中：$14 = 3 + 4 + 5 + 8 + 10 + 11 + 12 + 13$；$15 = 6 + 7 + 9$；$21 = 16 + 17 + 18 + 19 + 20$；$27 = 22 + 23 + 24 + 25 + 26$。

操作说明：
04表是08-2表中各子目计算其他工程费及间接费的费率金额的依据，首先根据工程项目工程所在地属性和编办的各项综合费的规定，把全部工程类别按本04表，再汇总计算其他工程费I、II和规费及企业管理费等综合费率，最后根据08-2表中定额子目的工程内容匹配相应的工程类别的综合费率计算费率金额

编制：　　　　　　　　　　　　　　　　　　　　　　　　　　　　　　复核：

设备、工具、器具购置费计算表

建设项目名称：
编制范围：

表 6-9
第 页 共 页
05 表

序号	设备、工具、器具规格名称	单位	数量	单价(元)	金额(元)	说明

填表说明：
本表应根据具体的设备、工具、器具购置清单进行计算，包括设备规格、单位、数量、单价以及需要说明的有关问题。

操作说明：
05 表第 1～4 列为分项内容与 01 表第二部分分项的计算项相对应，即来源于 01 表，第 6 列第 5、6、7 列，场调查填写计算第 5、6、7 列，第 6 列的金额要填到 01 表，根据设计文件和市场调查填写计算第 5、6、7 列，第 6 列的金额要填到 01 表

编制：　　　　　　　　　　　　　　　　　　　　　　复核：

工程建设其他费用及回收金额计算表

表6-10　06表

建设项目名称：
建设范围：
编制范围：

第　　页　共　　页

序号	费用名称及回收金额项目	说明及计算式	金额(元)	备注

填表说明：

本表应按具体发生的工程建设其他费用项目填写，需要说明和具体计算的费用项目依次相应在说明及计算式栏内填写或具体填写计算，各项费用具体填写如下：

1. 土地征用及拆迁补偿费应填写土地补偿单价、数量和安置补助费标准、数量等，列式计算所需费用，填入金额栏。
2. 建设项目管理费包括建设单位(业主)管理费、工程质量监督费、工程监理费、工程定额测定费、设计文件审查费、交工验收试验检测费，按"建筑安装工程费×费率"或有关定额或列式计算进行说明。
3. 研究试验费应根据设计需要进行研究试验的填人本表，根据规定列式计算。
4. 建设项目前期工作费按设计需要按国家有关规定填人本表和计算方法，列式计算。
5. 其余有关工程建设其他费用的填写按设计文件有关计算项目和计算方法，列式计算。

操作说明：

06表表第1、2列为分项内容与01表第三部分分项的计算项目相对应，即来源于01表，根据设计文件和项目调查填写第3、4、5列，第4列的金额要填到01表。

编制：　　　　　　　　　　　　　　　　　　　　　　　　　　　　　复核：

人工、材料、机械台班单价汇总表

表 6-11

建设项目名称：
编制范围：   第　页　共　页　07 表

序号	名称	单位	代号	预算单价(元)	备注	序号	名称	单位	代号	预算单价(元)	备注

填表说明：
本表预算单价主要由材料预算单价计算表(09 表)和机械台班单价计算表(11 表)转来。

操作说明：
07 表看似简单，但第 2、3、4 列数据要从 08 表求得，机械台班则要从 11 表求得。

第 4 列数据要从 09 表和 11 表中来，09 表和 11 表没有分析的人工和零星材料则要通过市场调查直接填入，主要材料则要列明的动力燃料获得，主要材料则要全部应用到 08 表，即 08 表中各种子目的实物消耗的预算单价都来源于 07 表第 4 列的预算单价

编制：   复核：

表6-12

建筑安装工程计算数据表

建设项目名称：　　　　　　　　　　　编制范围：　　　　　　　　　　　数据文件编号：　　　　　　　　　　　公路等级：

路线或桥梁长度(km)：　　　　　　　　路基或桥梁宽度(m)：　　　　　　　　　　　　　　　　　　　　　　　第　　页　共　　页　　08-1 表

项的代号	本项目数	目的代号	本目节数	节的代号	本节细目数	细目的代号	费率编号	定额个数	定额代号	项或目或节或细目或定额的名称	单位	数量	定额调整情况

填表说明：

1. 本表应逐行从左到右横向跨栏填写。
2. "项""目""节""细目""定额"等的代号应根据实际需要按本办法附录四概算、预算项目表及《公路工程概算定额》《公路工程预算定额》的序列及内容填写。
3. 本表主要是为利用计算机软件编制概算、预算提供基础数据，具体填表规则由软件用户手册详细制定。

操作说明：

07 编办的 08-1 表和 18 编办的 21-1 表只是列出了概算、预算第一部分分项的定额组价的信息，而 21-1 表则列出了全部分项的全部定额组价信息。

编制：　　　　　　　　　　　　　　　　　　　　　　　　　　　　　　　　　　　　复核：

分项工程概算、预算表

表 6-13

编制范围：
工程名称：
第 页 共 页
08-2 表

编号	工、料、机名称	单位	单价(元)	定额		定额		定额		合计	
				数量	金额(元)	数量	金额(元)	数量	金额(元)	数量	金额(元)
	人工	工日									
	…										
	定额基价	元									
直接工程费	I	元									
	II	元									
其他工程费		元									
间接费	规费	元									
	企业管理费	元									
利润及税金		元									
建筑安装工程费		元									

填表说明：

1. 本表按具体分项工程项目数量，对应概算、预算定额子目填写，单价由 07 表转来，金额 = 工、料、机各项的单价 × 定额 × 数量。
2. 其他工程费按相应项目的直接工程费或人工费施工机械使用费之和 × 规定费率计算。
3. 规费按相应项目的人工费 × 规定费率计算。
4. 企业管理费按相应项目的（直接费 + 间接费）× 规定费率计算。
5. 利润按相应项目的（直接费 + 间接费 − 规费）× 利润率计算。
6. 税金按相应项目的（直接费 + 间接费 + 利润）× 税率计算。

操作说明：

1. 08-2 表表头表中的"工程名称"即 03 表中计算项的分项名称，即 03 表中的一个计算项对应一张 08-2 表（无限宽和无限长）。
2. 一个计算项即一张 08-2 表下应包含一条或多条定额子目，每条定额子目对应一大列，包含定额、数量和金额三个子列；工程项目为组价定额表或施工组织设计方案所确定额子目的名称，工程细目为定额表下选定的定额子目名称，定额子目是定额表对应的实物资源消耗即定额消耗量，工程数量是定额表对应的设计数量和定额单位的结果；子目"定额" = "工程数量" × "定额" × "数量"，"金额" = "数量" × "单价"（07 表中的预算单价）即实物金额。
3. 每个定额子目按金额按规定办规定费率金额按取04 表的综合费率计算。

编制：
复核：

材料预算单价计算表

建设项目名称：
编制范围：

第　　页　共　　页

表6-14
09表

序号	规格名称	单位	原价（元）	运杂费				原价运费合计（元）	场外运输损耗		采购及保管费		预算单价（元）
				供应地点	运输方式、比重及运距	毛重系数或单位毛重	运杂费构成说明或计算式	单位运费（元）		费率（%）	金额（元）	费率（%）	金额（元）	

填表说明：
1. 本表计算各种材料自供应地点或料场至工地的全部运杂费及其他费用组成预算单价。
2. 运输方式按火车、汽车、船舶等及所占运输比重填写。
3. 毛重系数、场外运输损耗、采购及保管费按规定填写。
4. 根据材料供应地点、运输方式、场外运输损耗、运输单价、毛重系数等，通过运杂费构成说明或计算式，计算得出材料单位运费。
5. 材料原价与单位运费、场外运输损耗、采购及保管费组成材料预算单价。

操作说明：
1. 第2、3列来源于07表要分析的材料。
2. 第4~8、11、13列通过市场调查和查编办确定，自采材料自办运输在11表计算。
3. 第9、10、12、14、15列在09表中
4. 第15列再填到07表

编制：　　　　　　　　　　　　　　　　　　　　　　复核：

自采材料料场价格计算表

表 6-15

建设项目名称：
编制范围：
第　页 共　页

序号	材料规格名称	单位	料场价格（元）	人工 单价（工日）（元）		间接费（元）（占人工费%）	（ ） 单价 （元） 金额		（ ） 单价 （元） 金额		（ ） 单价 （元） 金额		（ ） 单价 （元） 金额	
				定额	金额		定额	金额	定额	金额	定额	金额	定额	金额

填表说明：
1. 本表主要用于分析计算自采材料料场价格，应将选用的定额人工、材料、机械台班数量全部列出，包括相应的工、料、机单价。
2. 材料规格用途相同而生产方式（如人工掺碎石、机械轧碎石）不同时，应分别计算单价，再以各种生产方式所占比重根据计价格加权平均计算料场价格。
3. 定额中机械台班有调整系数时，应在本表内计算。

操作说明：
18 编办把本表改成了 08 表的格式，更方便以各种生产方式所占比重不同的综合组合

编制： 复核：

机械台班单价计算表

表 6-16

建设项目名称：
编制范围：
第　　页　共　　页　　11 表

序号	定额号	机械规格名称	台班单价(元)	不变费用(元)		可变费用(元)							合计
				调整系数	调整值	人工：(元/工日)		汽油：(元/kg)		柴油：(元/kg)		…	
				定额		定额	金额	定额	金额	定额	金额		金额

填表说明：
1. 本表应根据公路工程机械台班费用定额进行计算。不变费用如有调整系数应填入调整值，可变费用各栏填入定额数量。
2. 人工、动力燃料的单价由"材料预算单价计算表(09 表)"中转来。

操作说明：
1. 动力燃料应先填入 07 表，再通过 09 表分析计算。
2. 不变费用中的车船税应按工程所在地的最新标准计算。

编制：　　　　　　　　　　　　　　　　　　　　　　　　　　复核：

辅助生产工、料、机械台班单位数量表

表 6-17

建设项目名称：
编制范围：
第　　页　共　　页　12 表

序号	规格名称	单位	人工（工日）										

填表说明：
本表各栏数据由自采材料料场价格计算。
操作说明：
12 表的结果要应用到 02 表中

编制：　　　　　　　　　　　　　　　　　　　　　　　　　　复核：

6.2.2　18 编办的文件组成及其报表

18 编办乙组文件中的"分项工程概算、预算表"(21-2 表)按相关要求提供电子版,或按委托方要求提交。18 编办各种表格的计算顺序和相互关系如图 6-1 所示。

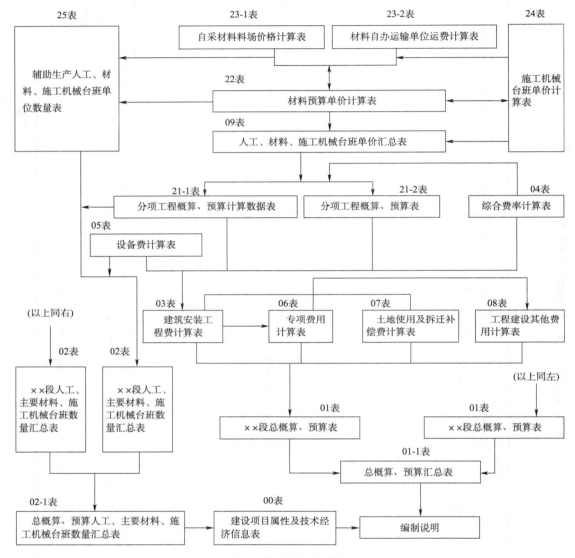

图 6-1　18 编办各种表格的计算顺序和相互关系

概算、预算应按一个建设项目[如一条路线或一座独立大(中)桥、隧道]进行编制。当一个建设项目需要分段或分部编制时,应根据需要分别编制,但必须汇总编制"总概算、预算汇总表"。

甲组文件包括的内容(含格式和填报说明及操作说明):

(1)编制说明。

(2)建设项目属性及技术经济信息表(00 表),见表 6-18。

(3)总概算、预算汇总表(01-1 表),见表 6-19。

(4)总概算、预算人工、主要材料、施工机械台班数量汇总表(02-1 表),见表 6-20。
(5)总概算、预算表(01 表),见表 6-21。
(6)人工、主要材料、施工机械台班数量汇总表(02 表),见表 6-22。
(7)建筑安装工程费计算表(03 表),见表 6-23。
(8)综合费率计算表(04 表),见表 6-24。
(9)设备购置费计算表(05 表),见表 6-25。
(10)专项费用计算表(06 表),见表 6-26。
(11)土地征用及拆迁补偿费计算表(07 表),见 6-27。
(12)工程建设其他费用计算表(08 表),见表 6-28。
(13)人工、材料、施工机械台班单价汇总表(09 表),见表 6-29。
乙组文件包括的内容(含格式和填报说明及操作说明):
(1)分项工程概算、预算计算数据表(21-1 表),见表 6-30。
(2)分项工程概算、预算表(21-2 表),见表 6-31。
(3)材料预算单价计算表(22 表),见表 6-32。
(4)自采材料料场价格计算表(23-1 表),见表 6-33。
(5)材料自办运输单位运费计算表(23-2 表),见表 6-34。
(6)施工机械台班单价计算表(24 表),见表 6-35。
(7)辅助生产人工、材料、施工机械台班单位数量表(25 表),见表 6-36。

建设项目属性及技术经济信息表　　　　　　　　　　表 6-18

建设项目:　　　　　　　　编制日期:　　　　　　　　00 表

编号	名　称	单位	信　息	备　注
一	**项目基本属性**			
1	工程所在地			
2	地形类别			平原或微丘
3	新建/改(扩)建			
4	公路等级			
5	设计时速	km/h		
6	路面结构			
7	路基宽度	m		
8	路线长度	公路公里		不含连接线
9	桥梁长度	km		
10	隧道长度	km		双洞长度
11	桥隧占比	%		[(9)+(10)]/(8)
12	互通式立交数	km/处		
13	支线、联络线长度	km		
14	辅道、连接线长度	km		

续上表

二	项目工程数量信息			
序号	内容	单位	数量	备注
1	路基挖方	万 m³		
2	路基填方	万 m³		
3	圬工体积	km³		包括防护、排水
4	路面面积	km²		
5	特大桥	m		
6	大桥	m		
7	中桥	m		
8	小桥	m		
9	涵洞	m		
10	特长隧道	m		
11	长隧道	m		
12	中、短隧道	m		
13	互通式立体交叉	处		
14	分离式立体交叉	处		
15	通道	处		
16	永久征地	亩		不含取(弃)土场征地
三	项目造价指标信息表			
序号	工程造价	总金额(万元)	造价指标(万元/km)	占总造价百分比(%)	备注
1	建筑安装工程费		(必填)		
101	临时工程				
102	路基工程				
103	路面工程				
104	桥梁工程				
105	隧道工程				
106	交叉工程				
107	交通工程				
108	绿化及环境保护工程				
109	其他工程				
110	专项费用		(必填)		
2	土地征用及拆迁补偿费		(必填)		

续上表

三	项目造价指标信息表				
序号	工程造价	总金额（万元）	造价指标（万元/km）	占总造价百分比（%）	备注
3	工程建设其他费用		(必填)		
4	预备费		(必填)		
5	建设期贷款利息		(必填)		
6	概(预)算总造价		(必填)		
7	平均每公里造价		(必填)		
四	分项造价指标信息表				
序号	名称	单位	造价指标(元)		备注
1	沥青混凝土路面	m²			
2	水泥混凝土路面	m²			
3	空心板梁桥	m²			
4	T形梁桥	m²			
5	小箱梁桥	m²			
6	连续梁桥	m²			
7	连续刚构桥	m²			
8	斜拉桥	m²			
9	悬索桥	m²			
10	连拱隧道	m			
11	小间距隧道	m			
12	分离式隧道	m			
13	交通安全设施	km			
14	机电工程	km			
15	房屋建筑	m²			含土建和安装，不含外场
五	主要材料单价信息表				
序号	名称	单位	单价(元)		备注
1	人工	工日			
2	HRB400钢筋	t			
3	42.5级水泥	t			
4	石油沥青	t			
5	中(粗)砂	m³			
6	碎石(4cm)	m³			

编制： 复核：

总概算、预算汇总表

表 6-19
01-1 表

建设项目：
第 页 共 页

分项编号	工程或费用名称	单位	总数量	子项目 ×			子项目 ×			子项目 ×			总金额（元）	全路段技术经济指标	各项费用比例（%）
				数量	金额（元）	技术经济指标	数量	金额（元）	技术经济指标	数量	金额（元）	技术经济指标			

填表说明：
1. 一个建设项目分为若干单项工程编制概算、预算时，应通过本表汇总全部建设项目概算、预算金额。
2. 本表反映一个建设项目的各项费用组成，概算、预算总值和技术经济指标。
3. 本表分项编号、工程或费用名称、单位、总数量、概算、预算金额应由各单项或单位工程总概算、预算表（01 表）转来，部分、项、子项应保留，其他可视需要增减。
4. "全路段技术经济指标"以各项概算、预算金额汇总合计除以相应总数量计算；"各项费用比例"以汇总的各项目概算、预算金额合计除以总概算、预算金额合计计算。

操作说明：
本表和 07 编办的 01-1 表基本一致，只是对工程项目增加了数量和技术经济指标两列，使内容更加完善

编制： 复核：

总概算、预算人工、主要材料、施工机械台班数量汇总表

表6-20

02-1表

建设项目名称：

编制范围　　　　第　页　共　页

序号	规格名称	单位	总数量														

填表说明：

1. 一个建设项目分若干个单项工程编制概算、预算时，应通过本表汇总全部建设项目的人工、主要材料与设备、施工机械台班数量。

2. 本表各栏数据均由各单项或单位工程概算、预算中的人工、主要材料与设备、施工机械台班数量汇总表（02表）转来，编制范围指单项或单位工程。

操作说明：

本表与07 编制办的02-1 表完全一致

编制：　　　　　　　　　　　　　　　　　　　　　复核：

总概算、预算表

建设项目名称：
编制范围：
编制：　　　　　　　　　　　　　复核：　　　　　　　　　　　　　第　页　共　页　　　表6-21　01表

分项编号	工程或费用名称	单位	数量	概算、预算金额（元）	技术经济指标	各项费用比例（%）	备注

填表说明：

1. 本表反映一个单项或单位工程的各项费用组成、概算、预算金额、技术经济指标、各项费用比例（%）等。
2. 本表"分项编号""工程或费用名称""单位"等应按概算、预算项目表的编号及内容填写。
3. "概算、预算金额"由专项费用计算表（06表）、建筑安装工程费计算表（03表）、土地征用及拆迁补偿费计算表（07表）、其他费用计算表（08表）转来。
4. "技术经济指标"以各项概算、预算金额除以相应数量计算；"各项费用比例"以各项概算、预算金额除以总概算、预算金额计算。

操作说明：

本表与07编办的01表基本一致，第一列分项编号取代了07编办的01表前四列，分项规则依据第18编办项目表的规定。

人工、主要材料、施工机械台班数量汇总表

建设项目名称：
编制范围：

表 6-22
第　页 共　页　页
02 表

序号	规格名称	单位	单价（元）	总数量	分项统计				场外运输损耗	
									%	数量

填表说明：
本表各栏数据由分项工程概算、预算表(21-2表)及辅助生产工、料、施工机械台班单位数量表(25表)经分析计算后统计而来。

操作说明：
本表与07编办的02表完全一致

编制：　　　　　　　　　　　　　　　　　　　　　　　　　　　　　　　　　　　　　复核：

建筑安装工程费计算表

建设项目名称：
建设范围：
编制范围：

第　页　共　页

表6-23　03表

序号	分项编号	工程名称	单位	工程量	定额直接费（元）	定额设备购置费（元）	直接费（元）				设备购置费	措施费	企业管理费	规费	利润（元）		税金（元）		金额合计	
							人工费	材料费	施工机械机具使用费	合计					费率（%）		税率（%）		合计（元）	单价（元）
1	2	3	4	5	6	7	8	9	10	11	12	13	14	15	16		17		18	19
	110	专项费用																		
	11001	施工场地建设费	元																	
	11002	安全生产费	元																	
		合计																		

填表说明：
1. 本表各栏数据由05、21-1、21-2表经计算转来，施工场地建设费和安全生产费由06表转来。
2. 本表中除列出具体分项外，还应列出子项（如临时工程、路基工程、路面工程……），并将子项下的具体分项费用进行汇总。

操作说明：
本表与07编办的03表基本一致，增加了列出计算项以上的汇总分项和计算项以下的具体分项下的费用的要求，所以，本表的基本操作和07编办的03表基本一致，只是01表第一部分的所有分项都要在本表列出和计算，先按07编办的03表基本操作来计算项的各项费用，再按分项的汇总层次逐级汇总分项的费用。

本表各分项的单价是不含专业费用的建筑安装工程单价。

编制：　　　　　　　　　　　　　　　　　　　　　　　　　　　　　　　　复核：

综合费率计算表

建设项目名称：
编制范围：

第　页　共　页

表6-24
04表

序号	工程类别	措施费(%)								综合费率		企业管理费(%)					规费(%)				综合费率
		冬季施工增加费	雨季施工增加费	夜间施工增加费	高原地区施工增加费	风沙地区施工增加费	沿海地区施工增加费	行车干扰工程施工增加费	施工辅助费	工地转移费	I	II	基本费用	主副食运费补贴	职工探亲路费	职工取暖补贴	财务费用	综合费率	养老保险费	失业保险费	医疗保险费	工伤保险费	住房公积金	
		3	4	5	6	7	8	9	10	11	12	13	14	15	16	17	18	19	20	21	22	23	24	25
1	2																							

填表说明：
本表应根据建设项目具体情况，按概算、预算编制办法有关规定填入数据计算。
其中：12=3+4+5+6+7+8+9+11；13=10；19=14+15+16+17+18；25=20+21+22+23+24。

操作说明：
本表和07编办的04表基本一致，只是工程类别和费率标准应按18编办确定。

编制：　　　　　　　　　　　　　　　　　　　　　　　　　　　　　　　复核：

设备购置费计算表

建设项目名称：
编制范围：

表6-25
第　页 共　页
05表

序号	设备名称	规格型号	单位	数量	基价	定额设备购置费（元）	单价（元）	设备购置费（元）	税金（元）	设备费（元）
	合计									

填表说明：
本表应根据具体的设备购置清单进行计算，包括设备规格、单位、数量、设备基价、定额设备购置费、设备预算单价、设备购置费、税金以及设备费。

操作说明：
本表和07编办的05表基本一致，增加了设备基价、定额设备购置费、税金以及设备费。

编制：　　　　　　　　　　　　　　　　　　　　复核：

专项费用计算表

建设项目名称:
编制范围:

表6-26
第 页 共 页 06表

序号	工程或费用名称	说明及计算式	金额(元)	备注

填表说明:
本表应依据项目按编办规定的专项费用项目填写,在说明及计算式栏内填写需要说明内容及计算式。

操作说明:
本表和08表与07编办的06表基本一致,只是本表把第一部分的专项费用项目专门列出来

编制:　　　　　　　　　　　　　　　　　　　　　　　　　　　　复核:

土地征用及拆迁补偿费计算表

建设项目名称：
编制范围：

表6-27
第　页 共　页
07表

序号	费用名称	单位	数量	单价(元)	金额(元)	说明及计算式	备注

填表说明：
本表按规定填写单位、数量、单价和金额；说明及计算式中应注明标准及计算式；子项下边有分项的，可以按顺序依次往下编码。

操作说明：
本表与07编办的06表及05表比较类似，18编办把土地征用及拆迁补偿费单独列为第二部分用本表来体现

编制：　　　　　　　　　　　　　　　　　　　　　　　　　　复核：

工程建设其他费用计算表

建设项目名称：
编制范围：

表 6-28
08 表

第 页 共 页

序号	费用名称及项目	说明及计算式	金额(元)	备注

填表说明：

本表应按具体发生的其他费用项目填写，需要说明和具体计算的费用项目依次相应在说明及计算式栏内填写或具体计算，各项费用具体填写如下：

1. 建设项目管理费包括建设单位(业主)管理费、建设项目信息化费、工程监理费、设计文件审查费、竣(交)工验收试验检测费，按编办规定的计算基数、费率、方法或有关规定列式计算。
2. 研究试验费应根据设计需要进行研究试验的项目分别填写项目名称及金额或列式计算或进行说明。
3. 建设项目前期工作费按编办规定的计算基数、费率、方法计算。
4. 专项评价(估)费、联合试运转费、生产准备费、工程保险费、工程保通管理费、预备费、建设期贷款利息等其他费用根据编办规定或国家有关规定依次类推计算。

操作说明：

本表和 07 编办的 06 表完全一致

编制： 复核：

人工、材料、施工机械台班单价汇总表

表 6-29

建设项目名称：
编制范围：

第 页 共 页　　09 表

序号	名 称	单位	代号	预算单价(元)	备 注

填表说明：
本表预算单价主要由材料预算单价计算表(22表)和施工机械台班单价计算表(24表)转来。
操作说明：
本表和07编办的07表完全一致

编制：　　　　　　　　　　　　　　　　　　　　　　　　复核：

第6章 公路工程概算、预算的编制与审查和计量、计价技巧

分项工程概算、预算计算数据表

建设项目名称：

编制范围： 标准定额库版本号： 校验码： 第 页 共 页

表6-30
表21-1

分项编号/定额代号/ 工料机代号	项目定额或 工料机的名称	单位	数量	输入单价	输入金额	分项组价类型或 定额子目取费类别	定额调整情况或 分项算式

填表说明：

1. 本表应逐行从左到右横向逐栏填写。
2. "分项编号""定额""工料机"等的代号应根据实际需要按本办法附录《公路工程概算》《公路工程预算定额》的相关内容填写。
3. 本表主要是为利用计算机软件编制概算、预算提供分项组价基础数据，列明列表和算式列表、费用列表、工程项目全部计算分项的组价参数；分项组价类型包括：输入金额、输入单价、输入金额列出其工料机及其消耗量；定额调整情况分配比调整、钢筋调整、抽换和补充定额、非标准补充定额组价表规则由软件用户手册详细规定。
4. 标准定额版本号由公路造价信息平台加密生成，由公路造价依据最新的标准定额信息平台与定额版本号与定额库版本号一起发布，造价软件接收后直接输出。
5. 校验码，造价软件可按条形码形式输出。

操作说明：

本表对07编办的08-1表进行了补充和完善，包含工程项目全部计算分项的组价参数的基础数据，为造价数据的标准化奠定了基础。

编制： 复核：

分项工程概算、预算表

表6-31

编制范围：　　　　　　　　　　工程名称：　　　　单位：　　　数量：　　　单价：　　　第　页　共　页　　21-2表

分项编号：										
编号	工、料、机名称	单位	定额表号 工程数量 定额单位 工程细目 工程项目	单价(元)	定额		定额		合计	
					数量	金额(元)	数量	金额(元)	数量	金额(元)
	人工	工日								
	...									
直接费	I	元								
	II	元								
措施费		元								
企业管理费		元								
规费		元		%						
利润		元		%						
税金		元		%						
金额合计		元								

填表说明：
1. 本表按具体分项工程项目数量，对应概算、预算定额子目填写，单价由09表转来，金额＝∑工、料、机各项的单价×定额数量。
2. 措施费、企业管理费按相应项目的定额人工费与定额施工机械使用费之和或定额直接费×规定费率计算。
3. 规费按相应项目的人工费×规定费率计算。
4. 利润按相应项目的(定额直接费＋措施费＋企业管理费)×利润率计算。
5. 税金按相应项目的(直接费＋措施费＋企业管理费＋规费＋利润)×税率计算。
6. 措施费、企业管理费、规费、利润、税金对应定额列填入相应的计算基数，数量列填入相应的费率。

操作说明：本表和07编办的08-2表完全一致。

编制：　　　　　　　　　　　　　　　　　　　　　　　　　复核：

材料预算单价计算表

建设项目名称：
编制范围：

第　　页　共　　页　　　　　表6-32

序号	规格名称	单位	原价（元）	供应地点	运输方式比重及运距	运杂费			单位运费（元）	原价运费合计（元）	场外运输损耗		采购及保管费	
						毛重系数或单位毛重	运杂费构成说明或计算式				费率(%)	金额(元)	费率(%)	金额(元)

表说明：

填表说明：
1. 本表计算各种材料自供应地点或料场至工地的全部运杂费与材料原价及其他费用组成预算单价。
2. 运输方式按火车、汽车、船舶等及所占运输比重填写。
3. 毛重系数、场外运输损耗、采购及保管费按规定填写。
4. 根据材料供应地点、运输方式、运输单价、毛重系数等，通过运杂费构成说明或计算式，计算出材料单位运费。
5. 材料原价与单位运费、场外运输损耗、采购及保管费组成材料预算单价。

操作说明：
本表和07编办的09表完全一致

编制：　　　　　　　　　　　　　　　　　　　　　　　　　　　复核：

自采材料料场价格计算表

表 6-33

编制范围：　　　　　　　　　　　　　　　　　　　　　　　　　　　　　第　页　共　页
自采材料名称：　　　　　　　单位：　　　　　数量：　　　　　料场价格：　　　　　23-1 表

编号	工程项目	工程细目	定额单位	工程数量	定额表号

工、料、机名称	单价（元）	定额		定额		定额		定额		合计
		数量	金额（元）	数量	金额（元）	数量	金额（元）	数量	金额（元）	金额（元）

填表说明：
1. 本表主要用于分析计算自采材料料场价格，应将选用的定额人工、材料施工机械台班数量全部列出，包括相应的工、料、机单价。
2. 材料规格用途相同而生产方式不同时（如人工捶碎石、机械碎石）不同时，应分别计算单价，再以各种生产方式所占比重根据合计价格加权平均计算料场价格。
3. 定额中施工机械台班有调整系数时，应在本表内计算。
4. 辅助生产间接费、高原取费对应定额列填入相应的计算基数，数量列填入相应的费率。

操作说明：
本表对 07 编办的 10 表进行了修正和完善，其结果即料场价格应应用到 22 表中去

直接费					元
辅助生产间接费	%				元
高原取费	%				元
金额合计					元

编制：　　　　　　　　　　　　　　　　　　　　　　　　　　　　　　　复核：

表6-34

材料自办运输单位运费计算表

表23-2

编制范围：
自采材料名称：　　　　　　　　单位：　　　　　数量：　　　　　单位运费：　　　　　第　页　共　页

编号	工程项目	工程细目	定额单位	工程数量	定额表号

工、料、机名称	单价(元)	定额	数量	金额(元)	定额	数量	金额(元)	定额	数量	金额(元)	合计 数量	金额(元)

填表说明：
1. 本表主要用于分析计算材料自办运输单位运费，应将选用的定额人工、材料施工机械台班数量全部列出，包括相应的工、料、机单价。
2. 材料运输地点或运输方式不同时，应分别计算单价。
3. 定额运输中施工机械台班有调整系数时，应在本表内计算。
4. 辅助生产间接费、高原取费对应定额列填入相应的计算基数，数量列填入相应的费率。

操作说明：
本表对07编办的10表进行了修正和完善，其结果应用到22表中

直接费					元
辅助生产间接费					元
高原取费					元
金额合计					元

编制：　　　　　　　　　　　　　　　　复核：

施工机械台班单价计算表

建设项目名称：
编制范围：

表 6-35
第　页 共　页
24 表

序号	代号	规格名称	台班单价(元)	不变费用(元)			可变费用(元)							车船税	合计
					调整系数	调整值	人工 (元/工日)		汽油 (元/kg)		柴油 (元/kg)				
				定额			定额	金额	定额	金额	定额	金额	金额		

填表说明：
1. 本表应根据公路工程机械台班费用定额进行计算。不变费用如有调整系数应填入调整值；可变费用各栏填入定额数量。
2. 人工、动力燃料的单价由材料预算单价计算表(22 表)中转来。

操作说明：
本表 07 编办的 11 表完全一致

编制：　　　　　　　　　　　　　　　　　　　　　　　　　　　　　　复核：

辅助生产人工、材料、施工机械台班单位数量表

表 6-36

第　页　共　页　25 表

建设项目名称：
编制范围：

序号	规格名称	单位	人工(工日)										

填表说明：
本表各栏数据由采材料料场价格计算表(23-1表)和材料自办运输单位运费计算表(23-2表)统计而来。

操作说明：
本表对 07 编办的 12 表完全一致

编制：　　　　　　　　　　　　　　　　　　　　　　　　　　　　　　　　复核：

6.3 概算、预算的编制流程与示例

建设项目中的互通式立体交叉、辅道、支线等如工程规模较大时,也可按概算、预算项目表单独编制建筑安装工程,然后将其建筑安装工程总金额列入总概算、预算表中相应的项目内,因此,建设项目的单项工程和工程项目的划分及分项表的选择与确定是建设项目造价编制的第一步。

6.3.1 概算、预算的编制流程

用实物量造价分析方法编制造价文件在解决四个基本问题的基础上增加汇总和出版两个步骤共6个基本步骤与12个编制流程,18编办和07编办的流程基本一致,只是概算、预算的费用构成和报表有一定的调整;下面以07编办为主线,18编办为补充来说明概算、预算的编制流程。

1)明确"干什么"

(1)分项。

明确"干什么"是对预期项目进行全面而科学的认知,用分项表进行合理的表达,分项的原则是"不重不漏"。

①根据预期项目的设计图表和造价分项需要确定全面的分项表,并填入01表的相应栏目,如果一个建设项目造价分多个工程项目编制,则要策划填01-1表,并统一分项表模板。

18编办的01表和01-1表与07编办基本一致,只是分项编号和01-1表的工程项目列进行了完善,分项表的组成有较大调整。

②将要计算建筑安装工程费的分项(建筑安装工程费计算项)逐项填入03表,每一个建筑安装工程费计算项至少准备一张08表。

18编办的03表要求填入第一部分工程费的全部分项,即不光是计算项,汇总项也要填入,18编办的21-2表与07编办的08-2表基本一致,即03表中的一个计算项对应一张21-2表。

③将第二部分的计算项填入05表,第三部分的计算项填入06表。

18编办是将第一部分的设备分项填入05表,专项费用分项填入06表,第二部分的分项填入07表,第三部分的分项填入08表。

(2)计算工程量。

根据预期项目的设计图表对各分项工程量按工程量计算规则进行计算和核对,一是对设计中已有的工程量进行核对,二是对设计文件中缺少或未列的辅助工程量进行补充和计算,将算得的分项工程量分别填入01表、03表、(05表、06表)相应栏目中。

18编办对应的是01表、03表、05表、06表、07表和08表。

2)分析"怎么干",即定额组价(套定额)

明确"干什么"以后,最重要的工作就是分析各计算项"怎么干",即明确预期的计算项应选用的施工方法、使用的材料、结构构件规格等而明确其工程内容,然后从现行的定额中选择

相应的定额细目,定额组价即套定额,基本原则是"计算项的工程内容和定额细目组合的工程内容应对应一致"。

将查得的定额值和定额单位及定额号分别填入 08-2 表的有关栏目,再将各计算项的工程数量换算为定额细目数量乘以相应的定额值,即可得出各分项工程的实物资源消耗数量。

18 编办的 21-2 表和 07 编办的 08-2 表基本一致,只是费用组成和算法有部分调整。

3)确定"多少价",即计算各实物的预算单价

分析了各计算项实物消耗后,要计算其实物金额,必须先确定各实物当时当地的预算单价。定额组价时 08-2 表出现的实物(包括人工、材料和机械台班)和机械台班所使用的人工、动力燃料及水电等全部罗列在 07 表中,人工预算单价列式计算后直接填入,次要材料或小型材料等不分析运杂费也可以直接填入预算单价,其他材料和机械则应在相应表格中逐一计算预算单价。

18 编办 09 表对应 07 编办的 07 表,21-2 表对应 07 编办的 08-2 表。

(1)07 表没有直接填写预算单价的材料则在 09 表中计算其预算单价。

18 编办的 22 表对应 07 编办的 09 表。

(2)根据外业料场调查资料编制 10 表,并将计算结果汇入 09 表的材料原价栏中。

18 编办的 23-1 表对应 07 编办的 10 表,23-2 表的计算结果也填入 22 表。

(3)根据 08-2 表、10 表中所出现的所有机械种类和 09 表中自办运输的机械种类,计算工程所有机械台班的预算单价,即编制 11 表。

18 编办的 24 表对应 07 编办的 11 表。

4)"什么费",即计算其他工程费及间接费综合费率

根据 18 编办或取费标准以及工程类别和工程所在地属性,确定各项费率并计算其他工程费费率间接费综合费率,即编制"其他工程费及间接费综合费率计算表"(04 表)。

18 编办的 04 表和 07 编办的 04 表基本一致。

5)计算实物金额、指标和各项费用并逐级汇总,即完成 08-2 表(对应 18 编办 21-2 表)并计算各计算项的建筑安装工程费

有了各计算项下的定额细目的实物消耗量、预算单价及其综合费率,便可计算其实物金额和各项费率金额:

(1)将 07 表(对应 18 编办 09 表)的各实物资源的预算单价填入 08-2 表(对应 18 编办 21-2 表)的单价栏,由单价与数量相乘得出人工费、材料费、机械使用费等实物金额,并可汇总计算项工、料、机合计费用。

(2)根据各定额细目的工作内容确定其取费工程类别,将 04 表中对应的综合费率填入 08-2 表(对应 18 编办 21-2 表)中的相应栏目,计算相关费用。

(3)完成 08-2 表(对应 18 编办 21-2 表)全部金额和费用的计算。

(4)将 08-2 表(对应 18 编办 21-2 表)中各计算项的人工费、材料费、机械使用费、基价、直接费和间接费按分项汇总填入 03 表中的相应栏目。

(5)按编办要求确定利润、税金的百分率,并填入 03 表中的相关栏目,如直接费、间接费、利润和税金,得到分项的建筑安装工程费;总计各单位工程的建筑安装工程费,得到工程项目的建筑安装工程费。

18 编办 03 表得出的是各分项的建筑安装工程费,不包含专项费用,并要把计算项的各项费用逐级汇总,在最后的三行即合计前列出专项费用,并汇总到工程项目的建筑安装工程费中。

6）实物指标计算

编制工程项目的实物消耗量指标即"人工、主要材料、机械台班数量汇总表"（02 表）（对应 18 编办 02 表）：

（1）将自采材料料场价格计算表中的人工、材料和机械消耗量汇总编制 12 表（对应 18 编办 25 表）。

（2）汇总分项工程预算表中人工、主要材料、机械台班数量。

（3）计算各种增工数量。

（4）合计上面（1）、（2）、（3）项的各项数据得出工程概算、预算的实物数量,即得到 02 表。

7）计算其他有关费用

按规定计算第二部分、第三部分和预留费用,即编制设备、工具、器具购置费计算表（05 表）和工程建设其他费用及回收金额计算表（06 表）。

18 编办按规定计算第二部分、第三部分、第四部分预留费和第五部分建设期贷款利息用,即编制 05 表、06 表、07 表和 08 表。

8）编制总概算、预算表并进行造价分析

（1）编制总概算、预算表:将 03 表、05 表、06 表中的各项费用填入总概算、预算表（01 表）中相应栏目,并计算各项技术经济指标；

18 编办是将 03 表、05 表、06 表、07 表和 08 表中的各项费用填入总概算、预算表（01 表）中相应栏目,并计算第四部分预留费和第五部分建设期贷款利息用及各项技术经济指标。

（2）造价分析:根据概算、预算总金额、各分项工程的费用比值和各项技术经济指标进行全面分析。

9）汇总、编制综合概算、预算

根据建设项目要求,当分项或分部编制总概算、预算表（01 表）和人工、主要材料、机械台班数量表（02 表）时,需要汇总编制综合概算、预算即 01-1 表和 02-1 表。

10）写编制说明与出版

（1）编写编制说明。

概算、预算表格计算并编制完成后,必须写出概算、预算编制说明,主要说明概算、预算编制依据,编制中存在的问题,工程总造价和实物量指标及其他与概算、预算有关但不能在表格中反映的事项。

（2）复核、审核与出版。

逐级复核与审核,按要求印刷出版。

6.3.2 概算、预算费用列式计算示例

要熟练掌握概算、预算的编制方法,应先熟悉概算、预算各项费用的列式计算流程和算法。下面以学校 2 号路（长 600m,宽 10m,厚 24cm）水泥混凝土路面面层的建筑安装工程费

计算为例,按实物量造价分析方法的四个基本问题来说明07编办和18编办的各项费用的计算流程与算法。

1)07编办概算、预算费用列式计算示例

(1)"干什么"(分项)。

①建设项目名称:"昆明理工大学呈贡校区路面工程"。

②工程项目名称:"2号路水泥混凝土路面面层"。

③确定计算分项:"24cm厚的混凝土路面,数量为6000m^2",查07编办项目表得其分项层次为:

a.1,第一部分建筑安装工程费。

b.1-3,路面工程。

c.1-3-6,水泥混凝土面层。

d.1-3-6-1,24cm厚的混凝土路面,数量为6000m^2;工程内容为完成水泥混凝土路面面层的全部工作,主要包括水泥混凝土的混凝土配料、拌和、运输、浇筑、捣固、养护等,理论上按人工铺筑现场拌和的施工方法,实际在市区应该考虑商品混凝土。

(2)"怎么干"(定额组价,即实物分析)。

①2号路的水泥混凝土路面采用人工铺筑,选07编办部颁定额"2-2-17-1"和"2-2-17-2"两个定额进行组合,即定额"2-2-17-1"(基本厚度20cm)+"2-2-17-2"(每增减1cm)×4组合为24cm的路面厚度。

定额表和名称:2-2-17 水泥混凝土路面。

单位:1000m^2路面。

工程内容:

a.模板制作、安装、拆除、修理、涂脱模剂。

b.拉杆、传力杆及补强钢筋制作、安装。

c.混凝土配料、拌和、运输、浇筑、捣固、真空吸水、抹平、压(刻)纹、养护。

d.切缝,灌注填缝料。

②分项定额数量 = 实际数量 ÷ 定额单位 = 6000 ÷ 1000 = 6(1000m^2)。

③定额实物消耗 = 基本定额实物消耗 + 调整量 × 辅助定额实物消耗。

④各实物消耗 = 分项定额数量 × 定额实物消耗。

a.人工消耗 = 6 × (290.3 + 4 × 12.2) = 2034.6(工日)。

b.锯材(102)消耗 = 6 × (0.066 + 4 × 0.003) = 0.468(m^3)。

c.光圆钢筋(111) = 6 × (0.004 + 4 × 0) = 0.024(t)。

d.型钢(182) = 6 × (0.054 + 4 × 0.003) = 0.396(t)。

e.32.5级水泥(832) = 6 × (76.908 + 4 × 3.845) = 553.728(t)。

f.石油沥青(851) = 6 × (0.099 + 4 × 0.004) = 0.69(t)。

g.煤(864) = 6 × (0.02 + 4 × 0.001) = 0.144(t)。

h.水(866) = 6 × (29 + 4 × 1) = 198(m^3)。

i.中(粗)砂(899) = 6 × (93.84 + 4 × 4.69) = 675.6(m^3)。

j.碎石(4cm)(952) = 6 × (169.32 + 4 × 8.47) = 1219.2(m^3)。

k.其他材料费(996) = 6 × (273 + 4 × 3.9) = 1731.6(元)。

营改增系数为 0.971,修改为:其他材料费(996) = 6 × (265.1 + 4 × 3.8) = 1681.8(元)。

l. 混凝土电动真空吸水机组(1239) = 6 × (3.48 + 4 × 0) = 20.88(台班)。

m. 混凝土电动切缝机(1245) = 6 × (3.36 + 4 × 0) = 20.16(台班)。

n. 250L 以内强制式混凝土搅拌机(1272) = 6 × (7.43 + 4 × 0.37) = 53.46(台班)。

o. 4000L 以内洒水汽车(1404) = 6 × (1.44 + 4 × 0) = 8.64(台班)。

p. 小型机具使用费(1998) = 6 × (283.2 + 4 × 14.1) = 2037.6(元)。

营改增系数为 0.890,修改为:小型机具使用费(1998) = 6 × (252.0 + 4 × 12.5) = 1812(元)。

(3)"多少价"(确定各实物当时当地的预算单价,计算人工费、材料费和施工机械使用费)。

为方便查询和比较,人工单价和材料原价都采用营改增后部颁定额的基期价格,实际编制概算、预算时,应按工程所在地行政管理部门发布的当期标准和价格信息或实地调查的结果取定;外购材料运距 45km(木材运距 30km),煤的运距 120km,砂运距 8km,石料运距 10km,砂石料运价每 t·km 为 0.61 元(每 t 装卸费 2.43 元),油料运价每 t·km 为 0.75 元(每 t 装卸费 7.75 元),其他材料运价每 t·km 为 0.66 元(每 t 装卸费 5.59 元)。

① 人工费 = 人工消耗 × 人工预算单价。

a. 人工预算单价 = [基本工资(元/月) + 地区生活补贴(元/月) + 工资性津贴(元/月)] × (1 + 14%) × 12(月) ÷ 240(工日) = [754(元/月) + 0(元/月) + 109.23(元/月)] × (1 + 14%) × 12(月) ÷ 240(工日) = 49.2(元/工日)。

b. 人工费 = 2034.6 × 49.2 = 100102(元)。

② 材料费 = ∑各材料消耗 × 各材料预算单价。

材料预算单价 = (材料原价 + 运杂费) × (1 + 场外运输损耗率) × (1 + 采购及保管费率) − 包装品回收价值。

其中:运杂费 = (运距 × 运价 + 杂费) × 毛重系数。

a. 锯材预算单价 = [1194.69 + (0.66 × 30 + 5.59 × 1 + 0) × 1 × 1] × (1 + 0%) × (1 + 2.67%) = 1252.66(元)。

锯材材料费 = 0.468 × 1252.66 = 586(元)。

b. 光圆钢筋预算单价 = [2820.51 + (0.66 × 45 + 5.59 × 1 + 0) × 1 × 1] × (1 + 0%) × (1 + 2.67%) = 2932.05(元)。

光圆钢筋材料费 = 0.024 × 2932.05 = 70(元)。

c. 型钢预算单价 = [3162.39 + (0.66 × 45 + 5.59 × 1 + 0) × 1 × 1] × (1 + 0%) × (1 + 2.67%) = 3283.06(元)。

型钢材料费 = 0.396 × 3283.06 = 1300(元)。

d. 32.5 级水泥预算单价 = [273.5 + (0.66 × 45 + 5.59 × 1 + 0) × 1 × 1.01] × (1 + 1%) × (1 + 2.67%) = 320.57(元)。

32.5 级水泥材料费 = 553.728 × 320.57 = 177509(元)。

e. 石油沥青预算单价 = [3247.86 + (0.66 × 45 + 5.59 × 1 + 0) × 1 × 1] × (1 + 3%) × (1 + 2.67%) = 3471.93(元)。

石油沥青材料费 = 0.69 × 3471.93 = 2396(元)。

f. 汽油预算单价 = [4.44 + (0.75 × 45 + 7.75 × 1 + 0) × 1 × 0.001] × (1 + 0%) × (1 + 2.67%) = 4.6(元)。

汽油为机械台班的动力燃料,不直接计算材料费。

g. 柴油预算单价 = [4.19 + (0.75 × 45 + 7.75 × 1 + 0) × 1 × 0.001] × (1 + 0%) × (1 + 2.67%) = 4.34(元)。

柴油为机械台班的动力燃料,不直接计算材料费。

h. 煤预算单价 = [234.51 + (0.66 × 120 + 2.79 × 1 + 0) × 1 × 1] × (1 + 1%) × (1 + 2.67%) = 328.2(元)。

煤材料费 = 0.144 × 328.2 = 47(元)。

i. 水预算单价 = 0.49(元)。

水材料费 = 198 × 0.49 = 97(元)。

j. 中(粗)砂预算单价 = [58.25 + (0.61 × 8 + 2.43 × 1 + 0) × 1 × 1.5] × (1 + 2.5%) × (1 + 2.67%) = 72.84(元)。

中(粗)砂材料费 = 675.6 × 72.84 = 49211(元)。

k. 碎石(4cm)预算单价 = [53.4 + (0.61 × 10 + 2.43 × 1 + 0) × 1 × 1.5] × (1 + 1%) × (1 + 2.67%) = 68.65(元)。

碎石(4cm)材料费 = 1219.2 × 68.65 = 83698(元)。

l. 其他材料费 = 1681.8 × 1 = 1682(元)。

材料费 = 586 + 70 + 1300 + 177509 + 2396 + 47 + 97 + 49211 + 83698 + 1682 = 316596(元)。

③ 机械使用费 = ∑各机械台班消耗 × 各机械台班预算单价。

机械台班预算单价 = 不变费用 + 可变费用。

其中:可变费用 = ∑人工或动力燃料消耗 × 预算单价 + 其他费用。

a. 混凝土电动真空吸水机组台班预算单价 = 21.42 + 1 × 49.2 + 15.42 × 0.47 = 77.87(元)。

混凝土电动真空吸水机组机械使用费 = 20.88 × 77.87 = 1626(元)。

b. 混凝土电动切缝机台班预算单价 = 72.59 + 1 × 49.2 + 20.16 × 0.47 = 131.27(元)。

混凝土电动切缝机机械使用费 = 20.16 × 131.27 = 2646(元)。

c. 250L 以内强制式混凝土搅拌机台班预算单价 = 16.48 + 1 × 49.2 + 52.74 × 0.47 = 90.47(元)。

250L 以内强制式混凝土搅拌机机械使用费 = 53.46 × 90.47 = 4837(元)。

d. 4000L 以内洒水汽车台班预算单价 = 193.52 + 1 × 49.2 + 36 × 4.6 + 2.33 = 410.65(元)。

4000L 以内洒水汽车机械使用费 = 8.64 × 410.65 = 3548(元)。

e. 小型机具使用费 = 1812 × 1 = 1812(元)。

机械使用费 = 1626 + 2646 + 4837 + 3548 + 1812 = 14469(元)。

④ 直接工程费指施工过程中耗费的构成工程实体和有助于工程形成的各项费用,包括人工费、材料费、施工机械使用费。

直接工程费 = 人工费 + 材料费 + 施工机械使用费。

直接工程费 = 100102 + 316596 + 14469 = 431167(元)。

人工费 + 施工机械使用费 = 100102 + 14469 = 114571(元)。

(4)"什么费"(确定直接工程费以外的各费用的取费标准和金额)。

建筑安装工程费包括直接费、间接费、利润及税金。

①直接费由直接工程费和其他工程费组成。

其他工程费指直接工程费以外施工过程中发生的直接用于工程的费用。内容包括冬季施工增加费、雨季施工增加费、夜间施工增加费、特殊地区施工增加费(包括高原地区施工增加费、风沙地区施工增加费和沿海地区施工增加费三项)、行车干扰工程施工增加费、施工标准化与安全措施费、临时设施费、施工辅助费、工地转移费等九项;工程所在地为云南省昆明市呈贡,工程类别为高级路面,查07编办营改增后的费率,各项费用计算如下:

a. 冬季施工增加费:不计。

b. 雨季施工增加费 = 431167 × 0.31% = 1337(元)。

c. 夜间施工增加费:不计。

d. 高原地区施工增加费 = 114571 × 7.74% = 8868(元)。

e. 风沙地区施工增加费:不计。

f. 沿海地区施工增加费:不计。

g. 行车干扰工程施工增加费:不计。

h. 施工标准化与安全措施费 = 431167 × 1.42% = 6123(元)。

i. 临时设施费 = 431167 × 2.51% = 10822(元)。

j. 施工辅助费 = 431167 × 0.96% = 4139(元)。

k. 工地转移费:不计。

其他工程费 = 0 + 1337 + 0 + 8868 + 0 + 0 + 0 + 6123 + 10822 + 4139 + 0 = 31289(元)。

按综合费率的方法计算:以上其他工程费十一项的计算基数分直接工程费、人工费和机械使用费之和两类,即冬季施工增加费、雨季施工增加费、夜间施工增加费、沿海地区施工增加费、施工标准化与安全措施费、临时设施费、施工辅助费、工地转移费等九项的计算基数为直接工程费,这九项的费率汇总为其他工程费综合费率Ⅰ;其他高原地区施工增加费、风沙地区施工增加费、行车干扰工程施工增加费三项的计算基数为人工费和机械使用费之和,这三项的费率汇总为其他工程费综合费率Ⅱ;可以按直接工程费 × 其他工程费综合费率Ⅰ + 人工费和机械使用费之和 × 其他工程费综合费率Ⅱ来计算每一条定额细目的其他工程费。

其他工程费 = 431167 × 5.2% + 114571 × 7.74% = 22421 + 8868 = 31289(元)。

两种方法计算的结果完全一致。

直接费 = 431167 + 31289 = 462456(元)。

②间接费由规费和企业管理费两项组成。

规费 = 100102 × 39% = 39040(元)。

企业管理费由基本费用、主副食运费补贴(综合里程取2km)、职工探亲路费、职工取暖补贴和财务费用五项组成。

a. 企业管理费的基本费用 = 462456 × 2.4% = 11099(元)。

b. 主副食运费补贴 = 462456 × 0.115% = 532(元)。

c. 职工探亲路费 = 462456 × 0.17% = 786(元)。

d. 职工取暖补贴:不计。

e. 财务费用 = 462456 × 0.33% = 1526(元)。

企业管理费 = 11099 + 532 + 786 + 0 + 1526 = 13943(元)。

按综合费率的方法计算:

企业管理费 = 462456 × 3.015% = 13943(元)。

两种方法计算的结果完全一致。

间接费 = 39040 + 13943 = 52983(元)。

③利润 = (462456 + 52983 − 39040) × 7.42% = 35349(元)。

④税金 = (462456 + 52983 + 35349) × 11% = 60587(元)。

(5)建筑安装工程费单价。

建筑安装工程费 = 462456 + 52983 + 35349 + 60587 = 611375(元)。

建筑安装工程费单价 = 分项建筑安装工程费总额 ÷ 分项数量 = 611375 ÷ 6000 = 101.9(元)。

2) 18 编办概算、预算费用列式计算示例

(1)"干什么"(分项)。

①建设项目名称:"昆明理工大学呈贡校区路面工程"。

②工程项目名称:"2 号路水泥混凝土路面面层"。

③确定计算分项:"24cm 厚的混凝土路面,数量为 6000m²",查 18 编办项目表得其分项层次为:

a. 1,第一部分建筑安装工程费。

b. 103,路面工程。

c. 10302,水泥混凝土路面。

d. 10302LM020501,水泥混凝土面层。

e. 10302LM02050102,24cm 厚,数量为 6000m²;工程内容为完成水泥混凝土路面面层的全部工作,主要包括水泥混凝土的混凝土配料、拌和、运输、浇筑、捣固、养护等,理论上按人工铺筑现场拌和的施工方法,实际在市区应该考虑商品混凝土。

(2)"怎么干"(定额组价,即实物分析)。

①2 号路的水泥混凝土路面采用人工铺筑,选 18 编办部颁定额"2-2-17-1"和"2-2-17-2"两个定额进行组合,即定额"2-2-17-1"(基本厚度 20cm) + "2-2-17-2"(每增减 1cm) × 4 组合为 24cm 的路面厚度。

定额表和名称:2-2-17 水泥混凝土路面。

单位:1000m² 路面。

工程内容:

a. 模板制作、安装、拆除、修理、涂脱模剂。

b. 拉杆、传力杆及补强钢筋制作、安装。

c. 混凝土配料、拌和、运输、浇筑、捣固、真空吸水、抹平、压(刻)纹、养护。

d. 切缝,灌注填缝料。

②分项定额数量 = 实际数量 ÷ 定额单位 = 6000 ÷ 1000 = 6(1000m²)。

③定额实物消耗=基本定额实物消耗+调整量×辅助定额实物消耗。
④各实物消耗=分项定额数量×定额实物消耗。

a. 人工(1001001)消耗=6×(174.2+4×7.3)=1220.4(工日)。

b. HPB300 钢筋(2001001)消耗=6×(0.004+4×0)=0.024(t)。

c. 型钢(2003004)消耗=6×(0.054+4×0.003)=0.396(t)。

d. 石油沥青(3001001)消耗=6×(0.099+4×0.004)=0.69(t)。

e. 煤(3005001)消耗=6×(0.02+4×0.001)=0.144(t)。

f. 水(3005004)消耗=6×(29+4×1)=198(m^3)。

g. 锯材(4003002)消耗=6×(0.07+4×0)=0.42(m^3)。

h. 中(粗)砂(5503005)消耗=6×(93.84+4×4.69)=675.6(m^3)。

i. 碎石(4cm)(5505013)消耗=6×(169.32+4×8.47)=1219.2(m^3)。

j. 32.5 级水泥(5509001)消耗=6×(76.908+4×3.845)=553.728(t)。

k. 其他材料费(7801001)消耗=6×(265+4×3.8)=1681.2(元)。

l. 混凝土电动真空吸水机组(8003079)消耗=6×(2.47+4×0)=14.82(台班)。

m. 混凝土电动切缝机(8003085)消耗=6×(2.486+4×0)=14.916(台班)。

n. 250L 以内强制式混凝土搅拌机(8005002)消耗=6×(5.28+4×0.26)=37.92(台班)。

o. 10000L 以内洒水汽车(8007043)=6×(1.12+4×0)=6.72(台班)。

p. 小型机具使用费(8099001)=6×(251.1+4×12.5)=1806.6(元)。

(3)"多少价"(确定各实物当时当地的预算单价,计算人工费、材料费和施工机械使用费)。

为方便查询和比较,人工单价和材料原价都采用部颁定额的基期价格(如本示例和正式出版的定额基期价格不一致,可以按正式出版的定额基期价格和本示例流程和算式进行调整),实际编制概算、预算时,应按工程所在地行政管理部门发布的当期标准和价格信息或实地调查的结果取定;外购材料运距45km(木材运距30km),煤的运距120km,砂运距8km,石料运距10km,砂石料运价每 t·km 为 0.61 元(每 t 装卸费 2.43 元),砂石油料运价每 t·km 为 0.75 元(每 t 装卸费 7.75 元),其他材料运价每 t·km 为 0.66 元(每 t 装卸费 5.59 元,煤每 t 装卸费 2.79 元)。

①人工费=人工消耗×人工预算单价。

a. 人工预算单价=106.28(元/工日)。

b. 人工费=1220.4×106.28=129704(元)。

②材料费=Σ各材料消耗×各材料预算单价。

材料预算单价=(材料原价+运杂费)×(1+场外运输损耗率)×(1+采购及保管费率)-包装品回收价值。

其中:运杂费=(运距×运价+杂费)×毛重系数。

a. HPB300 钢筋预算单价=[3333.33+(0.66×45+5.59×1+0)×1×1]×(1+0%)×(1+0.75%)=3393.88(元)。

光圆钢筋材料费=0.024×3393.88=81(元)。

b. 型钢预算单价=[3504.27+(0.66×45+5.59×1+0)×1×1]×(1+0%)×(1+

$0.75\%) = 3566.11(元)$。

型钢材料费 $= 0.396 \times 3566.11 = 1412(元)$。

c. 石油沥青预算单价 $= [4529.91 + (0.66 \times 45 + 5.59 \times 1 + 0) \times 1 \times 1] \times (1 + 3\%) \times (1 + 2.06\%) = 4799.02(元)$。

石油沥青材料费 $= 0.69 \times 4799.02 = 3311(元)$。

d. 汽油预算单价 $= [8.29 + (0.75 \times 45 + 7.75 \times 1 + 0) \times 1 \times 0.001] \times (1 + 0\%) \times (1 + 3.26\%) = 8.60(元)$。

汽油为机械台班的动力燃料,不直接计算材料费。

e. 柴油预算单价 $= [7.44 + (0.75 \times 45 + 7.75 \times 1 + 0) \times 1 \times 0.001] \times (1 + 0\%) \times (1 + 3.26\%) = 7.72(元)$。

柴油为机械台班的动力燃料,不直接计算材料费。

f. 煤预算单价 $= [561.95 + (0.66 \times 120 + 2.79 \times 1 + 0) \times 1 \times 1] \times (1 + 1\%) \times (1 + 2.06\%) = 663.78(元)$。

煤材料费 $= 0.144 \times 663.78 = 96(元)$。

g. 水预算单价 $= 2.72(元)$。

水材料费 $= 198 \times 2.72 = 539(元)$。

h. 锯材预算单价 $= [1504.42 + (0.66 \times 30 + 5.59 \times 1 + 0) \times 1 \times 0.65] \times (1 + 0\%) \times (1 + 2.06\%) = 1552.25(元)$。

锯材材料费 $= 0.42 \times 1552.25 = 652(元)$。

i. 中(粗)砂预算单价 $= [87.38 + (0.61 \times 8 + 2.43 \times 1 + 0) \times 1 \times 1.5] \times (1 + 2.5\%) \times (1 + 2.06\%) = 102.89(元)$。

中(粗)砂材料费 $= 675.6 \times 102.89 = 69512(元)$。

j. 碎石(4cm)预算单价 $= [86.41 + (0.61 \times 10 + 2.43 \times 1 + 0) \times 1 \times 1.5] \times (1 + 1\%) \times (1 + 2.06\%) = 102.27(元)$。

碎石(4cm)材料费 $= 1219.2 \times 102.27 = 124688(元)$。

k. 32.5 级水泥预算单价 $= [307.69 + (0.66 \times 45 + 5.59 \times 1 + 0) \times 1 \times 1.01] \times (1 + 1\%) \times (1 + 2.06\%) = 353.91(元)$。

32.5 级水泥材料费 $= 553.728 \times 353.91 = 195970(元)$。

l. 其他材料费 $= 1681.2 \times 1 = 1681(元)$。

材料费 $= 81 + 1412 + 3311 + 96 + 539 + 652 + 69512 + 124688 + 195970 + 1681 = 397942(元)$。

③机械使用费 $= \Sigma$ 各机械台班消耗 $\times$ 各机械台班预算单价。

机械台班预算单价 = 不变费用 + 可变费用。

其中:可变费用 $= \Sigma$ 人工或动力燃料消耗 $\times$ 预算单价 + 其他费用。

a. 混凝土电动真空吸水机组台班预算单价 $= 21.57 + 1 \times 106.28 + 16.58 \times 0.63 = 138.3(元)$。

混凝土电动真空吸水机组机械使用费 $= 14.82 \times 138.3 = 2050(元)$。

混凝土电动真空吸水机组机械工人工费 $= 14.82 \times 1 \times 106.28 = 1575(元)$。

b. 混凝土电动切缝机台班预算单价 $= 87.89 + 1 \times 106.28 + 18.95 \times 0.63 = 206.11(元)$。

混凝土电动切缝机机械使用费 $= 14.916 \times 206.11 = 3074(元)$。

混凝土电动切缝机机械工人工费 $= 14.916 \times 1 \times 106.28 = 1585(元)$。

c. 250L 以内强制式混凝土搅拌机台班预算单价 = 25.51 + 1 × 106.28 + 54.2 × 0.63 = 165.94(元)。

250L 以内强制式混凝土搅拌机机械使用费 = 37.92 × 1 × 165.94 = 6292(元)。

250L 以内强制式混凝土搅拌机机械工人工费 = 37.92 × 1 × 106.28 = 4030(元)。

d. 10000L 以内洒水汽车台班预算单价 = 605.76 + 1 × 106.28 + 52.8 × 7.72 + 4.56 = 1124.22(元)。

10000L 以内洒水汽车机械使用费 = 6.72 × 1124.22 = 7555(元)。

10000L 以内洒水汽车机械工人工费 = 6.72 × 1 × 106.28 = 714(元)。

e. 小型机具使用费 = 1806.6 × 1 = 1807(元)。

机械使用费 = 2050 + 3074 + 6292 + 7555 + 1807 = 20778(元)。

机械工人工费 = 1575 + 1585 + 4030 + 714 = 7904(元)。

④直接费指施工过程中耗费的构成工程实体和有助于工程形成的各项费用,包括人工费、材料费、施工机械使用费。

直接费 = 人工费 + 材料费 + 施工机械使用费;

直接费 = 129704 + 397942 + 20778 = 548424(元)。

⑤定额直接费。

定额细目下实物消耗乘以实物基期价格计算出来的"直接费"就是定额直接费,对应的"人工费"是定额人工费,对应的"机械台班费"就是定额机械台班费。

a. 定额人工费 = 1220.4 × 106.28 = 129704(元)。

b. 定额材料费 = ∑各材料消耗 × 各材料定额基价。

a) 定额光圆钢筋材料费 = 0.024 × 3333.33 = 80(元)。

b) 型钢定额材料费 = 0.396 × 3504.27 = 1388(元)。

c) 石油沥青定额材料费 = 0.69 × 4529.91 = 3126(元)。

d) 煤定额材料费 = 0.144 × 561.95 = 81(元)。

e) 水定额材料费 = 198 × 2.72 = 539(元)。

f) 锯材定额材料费 = 0.42 × 1504.42 = 632(元)。

g) 中(粗)砂预定额材料费 = 675.6 × 87.38 = 59034(元)。

h) 碎石(4cm)定额材料费 = 1219.2 × 86.41 = 105351(元)。

i) 32.5 级水泥定额材料费 = 553.728 × 307.69 = 170377(元)。

j) 其他定额材料费 = 1681.2 × 1 = 1681(元)。

定额材料费 = 80 + 1388 + 3126 + 81 + 539 + 632 + 59034 + 105351 + 170377 + 1681 = 342289(元)。

c. 定额机械使用费 = ∑各机械台班消耗 × 各机械台班定额基价。

a) 混凝土电动真空吸水机组定额机械使用费 = 14.82 × 141.94 = 2104(元)。

b) 混凝土电动切缝机定额机械使用费 = 14.916 × 210.28 = 3137(元)。

c) 250L 以内强制式混凝土搅拌机定额机械使用费 = 37.92 × 177.86 = 6744(元)。

d) 10000L 以内洒水汽车定额机械使用费 = 6.72 × 1104.87 = 7425(元)。

e) 定额小型机具使用费 = 1806.6 × 1 = 1807(元)。

定额机械使用费 = 2104 + 3137 + 6744 + 7425 + 1807 = 21217(元)。

定额直接费 = 定额人工费 + 定额材料费 + 定额施工机械使用费。
定额直接费 = 129704 + 342289 + 21217 = 493210(元)。
定额人工费 + 定额施工机械使用费 = 129704 + 21217 = 150921(元)。
(4)"什么费"(确定直接费以外的各费用的取费标准和金额)。
建筑安装工程费由直接费、设备购置费、措施费、企业管理费、规费、利润、税金和专项费用八项组成。
专项费用包括施工场地建设费和安全生产费。
①直接费 = 人工费 + 材料费 + 施工机械使用费 = 548424(元)。
②设备购置费不计。
③措施费。
措施费包括冬季施工增加费、雨季施工增加费、夜间施工增加费、特殊地区施工增加费(包括高原地区施工增加费、风沙地区施工增加费和沿海地区施工增加费三项)、行车干扰工程施工增加费、施工辅助费、工地转移费等九项。
工程所在地为云南省昆明市呈贡,工程类别为路面,查18编办的费率,各项费用计算如下:

a. 冬季施工增加费:不计。

b. 雨季施工增加费 = 150921 × 0.94% = 1419(元)。

c. 夜间施工增加费:不计。

d. 高原地区施工增加费:不计。

e. 风沙地区施工增加费:不计。

f. 沿海地区施工增加费:不计。

g. 行车干扰工程施工增加费:不计。

h. 施工辅助费 = 493210 × 0.818% = 4034(元)。

i. 工地转移费 = 150921 × 0.321% = 484(元)。

措施费 = 0 + 1419 + 0 + 0 + 0 + 0 + 0 + 4034 + 484 = 5937(元)。

按综合费率的方法计算:以上其他工程费九项的计算基数分定额直接费、定额人工费和定额机械使用费之和两类,即冬季施工增加费、雨季施工增加费、夜间施工增加费、沿海地区施工增加费、高原地区施工增加费、风沙地区施工增加费、行车干扰工程施工增加费、工地转移费八项的计算基数为定额人工费和定额机械使用费之和,这八项的费率汇总为措施费综合费率Ⅰ;施工辅助费的计算基数为定额直接费,为措施费综合费率Ⅱ;因此可以按定额人工费和定额机械使用费之和 × 措施费综合费率Ⅰ + 定额直接费 × 措施费综合费率Ⅱ来计算每一条定额细目的措施费。

措施费 = 150921 × 1.261% + 493210 × 0.818% = 1903 + 4034 = 5937(元)。

两种方法计算的结果完全一致。

④企业管理费。

企业管理费由基本费用、主副食运费补贴(综合里程取3km)、职工探亲路费、职工取暖补贴和财务费用五项组成。

a. 企业管理费的基本费用 = 493210 × 2.427% = 11970(元)。

b. 主副食运费补贴 = 493210 × 0.066% = 326(元)。

c. 职工探亲路费 = 493210 × 0.159% = 784(元)。

d. 职工取暖补贴:不计。

e. 财务费用 = 493210 × 0.404% = 1993(元)。

企业管理费 = 11970 + 326 + 784 + 0 + 1993 = 15073(元)。

按综合费率的方法计算:

企业管理费 = 493210 × 3.056% = 15072(元)。

两种方法计算结果相差 1 元,基本一致。

⑤规费指按国家法律、法规规定,按省级有关部门规定缴纳或计取的社会保险费、住房公积金。

规费 = (129704 + 7904) × 39% = 53667(元)。

⑥利润 = (493210 + 5937 + 15072) × 7.42% = 38155(元)。

⑦税金 = (548424 + 0 + 5937 + 15072 + 53667 + 38155) × 11% = 72738(元)。

⑧专项费用包括施工场地建设费和安全生产费。

定额建筑安装工程费(不含定额设备购置费及专项费用) = 493210 + 0 + 5937 + 15072 + 53667 + 38155 + 72738 = 678779(元)。

建筑安装工程费(不含设备购置费及专项费用) = 548424 + 0 + 5937 + 15072 + 53667 + 38155 + 72738 = 733993(元)。

a. 施工场地建设费 = 678779 × 5.09% = 34550(元)。

b. 安全生产费 = (733993 + 34550) × 1.5% = 11528(元)。

专项费用 = 34550 + 11528 = 46078(元)。

(5)建筑安装工程费单价。

建筑安装工程费总额 = 733993 + 46078 = 780071(元)。

建筑安装工程费单价 = 分项建筑安装工程费总额 ÷ 分项数量 = 780071 ÷ 6000 = 130.01(元)。

建筑安装工程费(不含设备购置费及专项费用)单价 = 733993 ÷ 6000 = 122.33(元)。

6.3.3 概算、预算列表计算示例

在熟练掌握概算、预算各项费用的列式计算流程和算法基础上,应熟悉概算、预算各项费用的列表计算流程。下面以学校 1、2 和 3 号路水泥混凝土路面面层的建筑安装工程费计算为例,分别对 07 编办和 18 编办的相关概算、预算表格进行列表计算。

(1)07 编办概算、预算费用列表计算示例,见表 6-37 ~ 表 6-44。

(2)18 编办概算、预算费用列表计算示例,见表 6-45 ~ 表 6-54。

总 预 算 表

建设项目名称：昆明理工大学呈贡校区路面工程
编制范围：水泥混凝土 1,2,3 号路

第 1 页 共 1 页

表 6-37
01 表

项	目	节	细目	工程或费用名称	单位	数量	概算、预算金额（元）	技术经济指标	各项费用比例（%）	备注
				第一部分 建筑安装工程费	公路公里	1.8	2040389	1133549.44	100	
三				路面工程	km	1.8	2040389	1133549.44	100	
	6			水泥混凝土面层	m²	18000	2040389	113.35	100	
		1		水泥混凝土面层	m²	18000	1881924	104.55	92.23	
			1	厚22cm	m²	3000	281788	93.93	13.81	
			2	厚24cm	m²	6000	611375	101.9	29.96	
			3	厚26cm	m²	9000	988761	109.86	48.46	
		3		钢筋	t	30.652	158465	5169.81	7.77	
				第一、二、三部分费用合计	公路公里		2040389		100	
				概（预）算总金额	元		2040389		100	

编制：　　　　　　　　　　　　　　复核：

人工、主要材料、机械台班数量汇总表

表 6-38

建设项目名称：昆明理工大学呈贡校区路面工程

编制范围：水泥混凝土 1、2、3 号路

第 1 页 共 2 页　02 表

序号	规格名称	单位	代号	总数量	分项统计 路面工程			辅助生产	其他	场外运输损耗 %	数量
1	人工	工日	1	6828	6502				326		
2	机械工	工日	2	317	317						
3	锯材	m³	102	1	1						
4	光圆钢筋	t	111	32	32						
5	带肋钢筋	t	112	3	3						
6	型钢	t	182	1	1						
7	电焊条	kg	231	18	18						
8	20～22号铁丝	kg	656	21	21						
9	32.5级水泥	t	832	1707	1707					1	17.07
10	石油沥青	t	851	2	2					3	0.06
11	汽油	kg	862	933	933						
12	电	kW·h	865	11173	11173						
13	水	m³	866	606	606						
14	中(粗)砂	m³	899	2083	2083					2.5	52.075
15	碎石(4cm)	m³	952	3759	3759					1	37.59
16	其他材料费	元	996	5548	5548						
17	混凝土电动真空吸水机组	台班	1239	63	63						
18	混凝土电动切缝机	台班	1245	60	60						
19	250L以内强制式混凝土搅拌机	台班	1272	165	165						

编制：　　　　　　　　　　　　　　　　　复核：

人工、主要材料、机械台班数量汇总表

建设项目名称：昆明理工大学呈贡校区路面工程
编制范围：水泥混凝土 1、2、3 号路

第 1 页 共 2 页　　续上表
　　　　　　　　　　02 表

序号	规 格 名 称	单位	代号	总数量	分项统计											场外运输损耗	
					路面工程									辅助生产	其他	%	数量
20	4000L 以内洒水汽车	台班	1404	26	26												
21	小型机具使用费	元	1998	5923	5923												
22	C30 普通混凝土 32.5 级水泥 4cm 碎石	m³	19230340	4529	4529												

编制：　　　　　　　　　　　　　　　　　　　　　　　　　　　　　　　复核：

表 6-39

建筑安装工程费计算表

建设项目名称：昆明理工大学呈贡校区路面工程
编制范围：水泥混凝土 1、2、3 号路

第 1 页 共 1 页　　03 表

序号	工程名称	单位	工程量	直接费（元）					间接费（元）	利润（元） 费率 7.42%	税金（元） 税率 11%	建筑安装工程费	
				直接工程费				其他工程费	合计				合计（元）	单价（元）
				人工费	材料费	机械使用费	合计						
1	厚22cm	m²	3000	46450	145172	6958	198580	14460	213040	24539	16284	27925	281788	93.93
2	厚24cm	m²	6000	100102	316596	14469	431167	31289	462456	52983	35349	60587	611375	101.9
3	厚26cm	m²	9000	160958	514273	22531	697762	50486	748248	85334	57194	97985	988761	109.86
4	钢筋	t	30.652	12366	103907	663	116936	6500	123436	9797	9528	15704	158465	5169.81
各项费用合计（元）			1.8	319876	1079948	44621	1444445	102735	1547180	172653	118355	202201	2040389	1133549.44

编制：　　　　　　　　　　　　　　　　　　　　　复核：

其他工程费及间接费综合费率计算表

表 6-40

建设项目名称：昆明理工大学呈贡校区路面工程
编制范围：水泥混凝土 1,2,3 号路

第 1 页 共 1 页　04 表

序号	工程类别	其他工程费费率(%)									间接费费率(%)											
		冬季施工增加费	雨季施工增加费	夜间施工增加费	高原地区施工增加费	风沙地区施工增加费	沿海地区施工增加费	行车干扰工程施工增加费	施工标准化与安全措施费	临时设施费	施工辅助费	工地转移费	综合费率 I	综合费率 II	规费 养老保险费	失业保险费	医疗保险费	住房公积金	工伤保险费	综合费率	企业管理费 基本费	主副食运费补贴	职工探亲路费	职工取暖补贴	财务费用	综合费率
1	人工土方		0.28		7.48				0.74	1.81	0.94		3.77	7.48	20	2	10	6	1	39	3.74	0.21	0.11		0.25	4.31
2	机械土方		0.33		7.82				0.83	1.82	0.57		3.55	7.82	20	2	10	6	1	39	4.03	0.18	0.27		0.25	4.73
3	汽车运输		0.33		7.85				0.3	1.19	0.19		2.01	7.85	20	2	10	6	1	39	1.81	0.195	0.17		0.26	2.435
4	人工石方		0.21		7.48				0.74	1.84	0.89		3.68	7.48	20	2	10	6	1	39	3.84	0.16	0.11		0.24	4.35
5	机械石方		0.3		7.9				0.82	2.52	0.54		4.18	7.9	20	2	10	6	1	39	4.04	0.165	0.26		0.24	4.705
6	高级路面		0.31		7.74				1.42	2.51	0.96		5.2	7.74	20	2	10	6	1	39	2.4	0.115	0.17		0.33	3.015
7	其他路面		0.28		7.79				1.36	2.3	0.83		4.77	7.79	20	2	10	6	1	39	3.9	0.115	0.19		0.34	4.545
8	构造物 I		0.22		7.42				0.96	3.25	1.45		5.88	7.42	20	2	10	6	1	39	5.26	0.165	0.34		0.42	6.185
9	构造物 II		0.25		7.67				1.07	3.95	1.8		7.07	7.67	20	2	10	6	1	39	6.74	0.19	0.4		0.47	7.8
10	构造物 III		0.54		7.95				2.17	7.39	3.53		13.63	7.95	20	2	10	6	1	39	12.05	0.34	0.66		0.97	14.02
11	构造物 IV				7.95				2.17	7.39	3.53		13.09	7.95	20	2	10	6	1	39	12.05	0.34	0.66		0.97	14.02
12	构造物 V				7.95				1.09	7.39	3.53		12.01	7.95	20	2	10	6	1	39	12.05	0.34	0.66		0.97	14.02
13	技术复杂大桥		0.3		7.74				1.19	3.73	1.96		7.18	7.74	20	2	10	6	1	39	5.83	0.15	0.24		0.55	6.77
14	隧道				7.61				0.99	3.23	1.41		5.63	7.61	20	2	10	6	1	39	5.11	0.15	0.32		0.46	6.04
15	钢材及钢结构 I				7.44				0.77	3.28	0.68		4.73	7.44	20	2	10	6	1	39	3.08	0.16	0.2		0.59	4.03
16	钢材及钢结构 II				7.44				0.77	3.28	0.68		4.73	7.44	20	2	10	6	1	39	3.08	0.16	0.2		0.59	4.03

编制：　　　　　　　　　　　　　　　　复核：

人工、材料、机械台班单价汇总表

建设项目名称：昆明理工大学呈贡校区路面工程

编制范围：水泥混凝土1、2、3号路

表6-41

第1页 共1页 07表

序号	名称	单位	代号	预算单价(元)	备注
1	人工	工日	1	49.2	
2	机械工	工日	2	49.2	
3	锯材	m³	102	1252.66	中板 $\delta=19\sim35$，中方混合规格
4	光圆钢筋	t	111	2932.05	$10\sim14mm$
5	带肋钢筋	t	112	3019.8	$15\sim24mm,25mm$以上
6	型钢	t	182	3283.06	工字钢、角钢
7	电焊条	kg	231	4.34	结422（502、506、507）3.2mm 4.0mm 5.0mm
8	20~22号铁丝	kg	656	5.66	镀锌铁丝
9	32.5级水泥	t	832	320.57	
10	石油沥青	t	851	3471.93	
11	重油	kg	861	2.49	
12	汽油	kg	862	4.6	93号
13	柴油	kg	863	4.34	0号、-10号、-20号
14	煤	t	864	328.2	
15	电	kW·h	865	0.47	
16	水	m³	866	0.49	
17	木柴	kg	867	0.43	
18	电网电	kW·h	868	0.64	
19	中（粗）砂	m³	899	72.84	混凝土、砂浆用堆方
20	碎石(4cm)	m³	952	68.65	最大粒径4cm堆方
21	其他材料费	元	996	1	
22	混凝土电动真空吸水机组	台班	1239	77.87	
23	混凝土电动切缝机	台班	1245	131.27	
24	250L以内强制式混凝土搅拌机	台班	1272	90.47	250L
25	4000L以内洒水汽车	台班	1404	410.65	4000L
26	32kV·A以内交流电弧焊机	台班	1726	96.77	
27	小型机具使用费	元	1998	1	

编制：　　　　　　　　　　　　　　　　　　　复核：

分项工程预算表

编制范围：水泥混凝土 厚22cm
工程名称：水泥混凝土1、2、3号路

第1页 共8页　　表6-42

工程项目	普通混凝土							
工程细目	人工铺筑混凝土厚22cm							
定额单位	1000m²							
工程数量	3							
定额表号	部2-2-17-1							

编号	工、料、机名称	单位	单价（元）	定额	数量	金额（元）	定额	数量	金额（元）	合　计	
										数量	金额（元）
1	人工	工日	49.2	314.7	944.1	46450				944.1	46450
102	锯材	m³	1252.66	0.072	0.216	271				0.216	271
111	光圆钢筋	t	2932.05	0.004	0.012	35				0.012	35
182	型钢	t	3283.06	0.06	0.18	591				0.18	591
832	32.5级水泥	t	320.57	84.598	253.794	81359				253.794	81359
851	石油沥青	t	3471.93	0.107	0.321	1114				0.321	1114
864	煤	t	328.2	0.022	0.066	22				0.066	22
866	水	m³	0.49	31	93	46				93	46
899	中（粗）砂	m³	72.84	103.22	309.66	22556				309.66	22556
952	碎石（4cm）	m³	68.65	186.26	558.78	38360				558.78	38360
996	其他材料费	元	1	272.7	818.1	818				818.1	818
1239	混凝土电动真空吸水机组	台班	77.87	3.48	10.44	813				10.44	813
1245	混凝土电动切缝机	台班	131.27	3.36	10.08	1323				10.08	1323
1272	250L以内强制式混凝土搅拌机	台班	90.47	8.17	24.51	2217				24.51	2217
1404	4000L以内洒水汽车	台班	410.65	1.44	4.32	1774				4.32	1774

编制：　　　　　　　复核：

分项工程预算表

编制范围：水泥混凝土 1、2、3 号路

工程名称：厚 22cm

第 2 页 共 8 页

续上表

08-2 表

编号	工,料,机具使用费	单位	单价(元)	定额	数量	金额(元)	定额	数量	金额(元)	合计		
	工程项目					普通混凝土						
	工程细目					人工铺筑混凝土厚 22cm						
	定额单位					1000m²						
	工程数量					3						
	定额表号					部2-2-17-1						
1998	小型机具使用费	元	1	277	831	831				831		831
19230340	C30 普通混凝土 32.5 级水泥 4cm 碎石	m³		224.4	673.2					673.2		
	直接工程费	元				198580						198580
	其他工程费 Ⅰ	元			5.2%	10326						10326
	其他工程费 Ⅱ	元			7.74%	4134						4134
	间接费 规费	元			39%	18116						18116
	间接费 企业管理费	元			3.015%	6423						6423
	利润	元			7.42%	16284						16284
	税金	元			11%	27925						27925
	建筑安装工程费	元				281788						281788

编制：　　　　　　　　　　　　　　　　　复核：

分项工程预算表

编制范围：水泥混凝土1、2、3号路
工程名称：厚24cm

工程项目	普通混凝土
工程细目	人工铺筑混凝土厚24cm
定额单位	1000m²
工程数量	6
定额表号	部2-2-17-1

第3页 共8页
续上表
08-2表

编号	工、料、机名称	单位	单价(元)	定额	数量	金额(元)	定额	数量	金额(元)	定额	数量	金额(元)	合计 数量	合计 金额(元)
1	人工	工日	49.2	339.1	2034.6	100102							2034.6	100102
102	锯材	m³	1252.66	0.078	0.468	586							0.468	586
111	光圆钢筋	t	2932.05	0.004	0.024	70							0.024	70
182	型钢	t	3283.06	0.066	0.396	1300							0.396	1300
832	32.5级水泥	t	320.57	92.288	553.728	177509							553.728	177509
851	石油沥青	t	3471.93	0.115	0.69	2396							0.69	2396
864	煤	t	328.2	0.024	0.144	47							0.144	47
866	水	m³	0.49	33	198	97							198	97
899	中(粗)砂	m³	72.84	112.6	675.6	49211							675.6	49211
952	碎石(4cm)	m³	68.65	203.2	1219.2	83698							1219.2	83698
996	其他材料费	元	1	280.3	1681.8	1682							1681.8	1682
1239	混凝土电动真空吸水机组	台班	77.87	3.48	20.88	1626							20.88	1626
1245	混凝土电动切缝机	台班	131.27	3.36	20.16	2646							20.16	2646
1272	250L以内强制式混凝土搅拌机	台班	90.47	8.91	53.46	4837							53.46	4837
1404	4000L以内洒水汽车	台班	410.65	1.44	8.64	3548							8.64	3548

编制：　　　　　　　　　　　　　　　　　　　　　　　复核：

分项工程预算表

编制范围：水泥混凝土 1、2、3 号路
工程名称：厚 24cm

第 4 页 共 8 页
续上表
08-2 表

编号	工程项目	普通混凝土							合计	
	工程细目	人工铺筑混凝土厚 24cm								
	定额单位	1000m²								
	工程数量	6								
	定额表号	部2-2-17-1								
	工、料、机具名称	单位	单价(元)	定额	数量	金额(元)	定额	数量	金额(元)	数量	金额(元)
1998	小型机具使用费	元	1	302	1812	1812				1812	1812
19230340	C30 普通混凝土 32.5 级水泥 4cm 碎石	m³		244.8	1468.8					1468.8	
	直接工程费	元				431167					431167
	其他工程费 Ⅰ	元			5.2%	22421					22421
	其他工程费 Ⅱ	元			7.74%	8868					8868
	间接费 规费	元			39%	39040					39040
	间接费 企业管理费	元			3.015%	13943					13943
	利润	元			7.42%	35349					35349
	税金	元			11%	60587					60587
	建筑安装工程费	元				611375					611375

编制：　　　　　　　　　　复核：

分项工程预算表

编制范围：水泥混凝土 厚26cm
工程名称：水泥混凝土1、2、3号路

											续上表
	工程项目			普通混凝土							
	工程细目			人工铺筑混凝土厚26cm							
	定额单位			1000m²							
	工程数量			9							
	定额表号			部2-2-17-1							
									第5页 共8页		08-2表
编号	工、料、机名称	单位	单价（元）	定额	数量	金额（元）	定额	数量	金额（元）	数量	金额（元）
1	人工	工日	49.2	363.5	3271.5	160958				3271.5	160958
102	锯材	m³	1252.66	0.084	0.756	947				0.756	947
111	光圆钢筋	t	2932.05	0.004	0.036	106				0.036	106
182	型钢	t	3283.06	0.072	0.648	2127				0.648	2127
832	32.5级水泥	t	320.57	99.978	899.802	288450				899.802	288450
851	石油沥青	t	3471.93	0.123	1.107	3843				1.107	3843
864	煤	t	328.2	0.026	0.234	77				0.234	77
866	水	m³	0.49	35	315	154				315	154
899	中（粗）砂	m³	72.84	121.98	1097.82	79965				1097.82	79965
952	碎石（4cm）	m³	68.65	220.14	1981.26	136013				1981.26	136013
996	其他材料费	元	1	287.9	2591.1	2591				2591.1	2591
1239	混凝土电动真空吸水机组	台班	77.87	3.48	31.32	2439				31.32	2439
1245	混凝土电动切缝机	台班	131.27	3.36	30.24	3970				30.24	3970
1272	250L以内强制式混凝土搅拌机	台班	90.47	9.65	86.85	7857				86.85	7857
1404	4000L以内洒水汽车	台班	410.65	1.44	12.96	5322				12.96	5322

编制： 复核：

分项工程预算表

编制范围：水泥混凝土 1、2、3 号路
工程名称：厚 26cm

第 6 页 共 8 页
续上表
08-2 表

编号	工、料、机具名称	单位	单价(元)	定额	数量	金额(元)	定额	数量	金额(元)	定额	数量	金额(元)
	工程项目				普通混凝土							
	工程细目				人工铺筑混凝土厚26cm							
	定额单位				1000m²							
	工程数量				9							
	定额表号				部2-2-17-1							
1998	小型机具使用费	元	1	327	2943	2943					2943	2943
19230340	C30 普通混凝土 32.5 级水泥4cm碎石	m³		265.2	2386.8						2386.8	
	直接工程费	元				697762						697762
	其他工程费 Ⅰ	元			5.2%	36284						36284
	其他工程费 Ⅱ	元			7.74%	14202						14202
	规费	元			39%	62774						62774
	间接费 企业管理费	元			3.015%	22560						22560
	利润	元			7.42%	57194						57194
	税金	元			11%	97985						97985
	建筑安装工程费	元				988761						988761

编制：　　　　　　　　　　　　　　　　复核：

分项工程预算表

编制范围：水泥混凝土 1,2,3 号路
工程名称：钢筋

续上表
08-2 表

工程项目	拉杆、传力杆及钢筋							
工程细目	人工及轨道式摊铺机铺筑路面拉杆及传力杆							
定额单位	1t							
工程数量	30.652							
定额表号	部 2-2-17-13							

编号	工、料、机名称	单位	单价(元)	定额	数量	金额(元)	定额	数量	金额(元)	合计 数量	合计 金额(元)
1	人工	工日	49.2	8.2	251.3464	12366				251.3464	12366
111	光圆钢筋	t	2932.05	1.053	32.276556	94636				32.276556	94636
112	带肋钢筋	t	3019.8	0.085	2.60542	7868				2.60542	7868
231	电焊条	kg	4.34	0.6	18.3912	80				18.3912	80
656	20～22 号铁丝	kg	5.66	0.7	21.4564	121				21.4564	121
851	石油沥青	t	3471.93	0.007	0.214564	745				0.214564	745
996	其他材料费	元	1	14.9	456.7148	457				456.7148	457
1726	32kV·A 以内交流电弧焊机	台班	96.77	0.11	3.37172	326				3.37172	326
1998	小型机具使用费	元	1	11	337.172	337				337.172	337

编制：　　　　　　　　　　　　　　　复核：

分项工程预算表

编制范围：水泥混凝土1、2、3号路
工程名称：钢筋

第 8 页 共 8 页
续上表
08-2 表

编号	工程项目	工程细目	定额单位	工程数量	定额表号	单位	单价(元)	定额	数量	金额(元)	定额	数量	金额(元)	定额	数量	金额(元)	合计 数量	合计 金额(元)
1998	拉杆、传力杆及钢筋		1t	30.652		元	1	327	2943	2943							2943	
19230340		人工及轨道式摊铺机铺筑路面拉杆及传力杆			部2-2-17-13	m³		265.2	2386.8									2386.8	
	直接工程费					元				116936								116936
	其他工程费	I				元		4.73%		5531								5531
		II				元		7.44%		969								969
	间接费	规费				元		39%		4823								4823
		企业管理费				元		4.03%		4974								4974
	利润					元		7.42%		9528								9528
	税金					元		11%		15704								15704
	建筑安装工程费					元				158465								158465

小型机具使用费
C30 普通混凝土 32.5 级水泥 4cm 碎石

编制： 复核：

材料预算单价计算表

表 6-43

建设项目名称：昆明理工大学呈贡校区路面工程
编制范围：水泥混凝土 1,2,3 号路

第 1 页 共 1 页　09 表

序号	规格名称	单位	原价（元）	供应地点	运输方式、比重及运距	毛重系数或单位毛重	运杂费构成说明或计算式	单位运费（元）	原价运费合计（元）	场外运输损耗 费率（%）	场外运输损耗 金额（元）	采购及保管费 费率（%）	采购及保管费 金额（元）	预算单价（元）
1	锯材	m³	1194.69	木材厂	汽车30km	1	(0.66×30+5.59×1+0)×1×1	25.39	1220.08			2.67	32.58	1252.66
2	光圆钢筋	t	2820.51	昆钢	汽车45km	1	(0.66×45+5.59×1+0)×1×1	35.29	2855.8			2.67	76.25	2932.05
3	带肋钢筋	t	2905.98	昆钢	汽车45km	1	(0.66×45+5.59×1+0)×1×1	35.29	2941.27			2.67	78.53	3019.8
4	型钢	t	3162.39	昆钢	汽车45km	1	(0.66×45+5.59×1+0)×1×1	35.29	3197.68			2.67	85.38	3283.06
5	电焊条	kg	4.19	钢材市场	汽车45km	0.0011	(0.66×45+5.59×1+0)×1×0.0011	0.04	4.23			2.67	0.11	4.34
6	20~22号铁丝	kg	5.47	钢材市场	汽车45km	0.001	(0.66×45+5.59×1+0)×1×0.001	0.04	5.51			2.67	0.15	5.66
7	32.5级水泥	t	273.5	水泥厂	汽车45km	1.01	(0.66×45+5.59×1+0)×1×1.01	35.64	309.14	1	3.09	2.67	8.34	320.57
8	石油沥青	t	3247.86	沥青站	汽车45km	1	(0.66×45+5.59×1+0)×1×1	35.29	3283.15	3	98.49	2.67	90.29	3471.93
9	重油	kg	2.39	油库	汽车45km	0.001	(0.75×45+7.75×1+0)×1×0.001	0.04	2.43			2.67	0.06	2.49
10	汽油	kg	4.44	油库	汽车45km	0.001	(0.75×45+7.75×1+0)×1×0.001	0.04	4.48			2.67	0.12	4.6
11	柴油	kg	4.19	油库	汽车45km	0.001	(0.75×45+7.75×1+0)×1×0.001	0.04	4.23			2.67	0.11	4.34
12	煤	t	234.51	煤矿	汽车120km	1	(0.66×120+2.79×1+0)×1×1	81.99	316.5	1	3.17	2.67	8.54	328.2
13	中(粗)砂	m³	58.25	砂厂	汽车8km	1.5	(0.61×8+2.43×1+0)×1×1.5	10.97	69.22	2.5	1.73	2.67	1.89	72.84
14	碎石(4cm)	m³	53.4	石场	汽车10km	1.5	(0.61×10+2.43×1+0)×1×1.5	12.8	66.2	1	0.66	2.67	1.79	68.65

编制：　　　　　　　　　　　　　　　　　　　　　复核：

机械台班单价计算表

表 6-44

建设项目名称：昆明理工大学呈贡校区路面工程
编制范围：水泥混凝土 1,2,3 号路
第 1 页 共 1 页 11 表
调整系数：1

序号	定额号	机械规格名称	台班单价(元)	不变费用(元)		可变费用(元)														合计
						人工:49.2(元/工日)		重油:2.49(元/kg)		汽油:4.6(元/kg)		柴油:4.34(元/kg)		煤:328.2(元/t)		电:0.47(元/kW·h)		水:0.49(元/m³)		木柴:0.43(元/kg)		车船使用税	
				定额	调整值	定额	金额	定额	金额	定额	金额	定额	金额	定额	金额	定额	金额	定额	金额	定额	金额		
1	1239	混凝土电动真空吸水机组	77.87	21.42	21.42	1	49.2									15.42	7.25						56.45
2	1245	混凝土电动切缝机	131.27	72.59	72.59	1	49.2									20.16	9.48						58.68
3	1272	250L 以内强制式混凝土搅拌机	90.47	16.48	16.48	1	49.2									52.74	24.79						73.99
4	1404	4000L 以内洒水汽车	410.65	193.52	193.52	1	49.2			36	165.6											2.33	217.13
5	1726	32kV·A 以内交流电弧焊机	96.77	6.38	6.38	1	49.2									87.63	41.19						90.39

编制： 复核：

第6章 公路工程概算、预算的编制与审查和计量、计价技巧

总预算表

建设项目名称：昆明理工大学工程呈贡校区路面
编制范围：水泥混凝土1,2,3号路

第1页 共1页　　　　　　表6-45
01表

分项编号	工程或费用名称	单位	数量	概算、预算金额（元）	技术经济指标	各项费用比例（%）	备注
1	第一部分　建筑安装工程费	公路公里	1.8	2597987	1443326.11	100	
103	路面工程	km	1.8	2443968	1357760	94.07	
10302	水泥混凝土路面	m²	18000	2443968	135.78	94.07	
10302LM	路面工程	km	1.8	2443968	1357760	94.07	
10302LM02	水泥混凝土路面	m²	18000	2443968	135.78	94.07	
10302LM0205	水泥混凝土面层	m²	18000	2258893	125.49	86.95	
10302LM0205 0101	厚22cm	m²	3000	338538	112.85	13.03	
10302LM0205 0102	厚24cm	m²	6000	733993	122.33	28.25	
10302LM0205 0103	厚26cm	m²	9000	1186362	131.82	45.66	
10302LM0205 02	钢筋	t	30.652	185075	6037.94	7.12	
110	专项费用	元		154019		5.93	
11001	施工场地建设费	元		115625		4.45	
11002	安全生产费	元		38394		1.48	
2	第二部分　土地征用及拆迁补偿费	公路公里					
3	第三部分　工程建设其他费用	公路公里					
4	第四部分　预备费	公路公里					
5	第一至四部分合计	公路公里	1.8	2597987	1443326.11	100	
6	第五部分　建设期贷款利息	公路公里					
7	概（预）算总金额	公路公里	1.8	2597987	1443326.11	100	

编制：　　　　　　　　　　　　　　　　　　　　　　　　　　复核：

人工、主要材料、施工机械台班数量汇总表

建设项目名称：昆明理工大学工程呈贡校区路面

编制范围：水泥混凝土1、2、3号路

第 1 页 共 2 页 表 6-46 02 表

序号	规格名称	单位	单价(元)	总数量	分项统计			场外运输损耗	
					路面工程	辅助生产	其他	%	数量
1	人工	工日	106.28	3951	3951				
2	机械工	工日	106.28	229	229				
3	普C30-32.5-4	m³		4529	4529				
4	HPB300钢筋	t	3393.88	32	32				
5	HRB400钢筋	t	3307.77	3	3				
6	20~22号铁丝	kg	4.87	21	21				
7	型钢	t	3566.11	1	1				
8	电焊条	kg	5.89	18	18				
9	石油沥青	t	4799.02	2	2			3	0.06
10	柴油	kg	7.72	1064	1064				
11	电网电	kW·h	0.63	8156	8156				
12	水	m³	2.72	606	606				
13	锯材	m³	1552.25	1	1				
14	中(粗)砂	m³	102.89	2135	2083			2.5	52.075
15	碎石(4cm)	m³	102.27	3797	3759			1	37.59
16	32.5级水泥	t	353.91	1724	1707			1	17.07
17	其他材料费	元	1	5546	5546				
18	混凝土电动真空吸水机组	台班	138.3	44	44				
19	混凝土电动切缝机	台班	206.11	45	45				

编制：　　　　　　　　　　　　　复核：

人工、主要材料、施工机械台班数量汇总表

建设项目名称：昆明理工大学工程呈贡校区路面

编制范围：水泥混凝土 1、2、3 号路

第 1 页 共 2 页

续上表
02 表

序号	规格名称	单位	单价（元）	总数量	分项统计 路面工程		辅助生产	其他	场外运输损耗 %	数量
20	250L 以内强制式混凝土搅拌机	台班	165.94	117	117					
21	10000L 以内洒水汽车	台班	1124.22	20	20					
22	32kV·A 以内交流电弧焊机	台班	165.39	3	3					
23	小型机具使用费	元	1	5907	5907					

编制：

复核：

建筑安装工程费计算表

建设项目名称：昆明理工大学呈贡校区路面工程
编制范围：水泥混凝土1、2、3号路

表6-47
第1页 共1页　03表

序号	分项编号	工程名称	单位	工程量	定额直接费（元）	定额设备购置费（元）	直接费（元）					设备购置费	措施费	企业管理费	规费	利润（元）费率(7.42%)	税金（元）税率(11%)	金额合计（元）	
							人工费	材料费	施工机械使用费	合计								合计	单价
1	103	路面工程			1657999		419923	1346646	63793	1830362		19119	50817	173263	128212	242195	2443968	
2	10302LM02050101	厚22cm	m²	3000	227433		60197	182491	10054	252742		2748	6950	24954	17595	33549	338538	112.85
3	10302LM02050102	厚24cm	m²	6000	493210		129704	397942	20778	548424		5937	15072	53667	38155	72738	733993	122.33
4	10302LM02050103	厚26cm	m²	9000	797323		208521	646353	32168	887042		9566	24366	86142	61679	117567	1186362	131.82
5	10302LM020502	钢筋	t	30.652	140033		21501	119860	793	142154		868	4429	8500	10783	18341	185075	6037.94
	110	专项费用															154019	
	11001	施工场地建设费															115625	
	11002	安全生产费															38394	
各项费用合计（元）				1.8	1657999		419923	1346646	63793	1830362		19119	50817	173263	128212	242195	2443968	

编制：　　　　　　　　　　　　　　复核：

综合费率计算表

建设项目名称：昆明理工大学工程呈贡校区路面

编制范围：水泥混凝土 1、2、3 号路

表 6-48
第 1 页 共 1 页 04 表

序号	工程类别	措施费(%) 冬季施工增加费	雨季施工增加费	夜间施工增加费	高原地区施工增加费	风沙地区施工增加费	沿海地区施工增加费	行车干扰工程施工增加费	施工辅助费	工地转移费	综合费率 I	综合费率 II	企业管理费(%) 基本费用	主副食运费补贴	职工探亲路费	职工取暖补贴	财务费用	综合费率	规费(%) 养老保险费	失业保险费	医疗保险费	工伤保险费	住房公积金	综合费率
1	土方		0.939						0.521	0.224	1.163	0.521	2.747	0.122	0.192		0.271	3.332	20	2	10	1	6	39
2	石方		0.876						0.47	0.176	1.052	0.47	2.792	0.108	0.204		0.259	3.363	20	2	10	1	6	39
3	运输		0.959						0.154	0.157	1.116	0.154	1.374	0.118	0.132		0.264	1.888	20	2	10	1	6	39
4	路面		0.94						0.818	0.321	1.261	0.818	2.427	0.066	0.159		0.404	3.056	20	2	10	1	6	39
5	隧道								1.195	0.257	0.257	1.195	3.569	0.096	0.266		0.513	4.444	20	2	10	1	6	39
6	构造物 I		0.622						1.201	0.262	0.884	1.201	3.587	0.114	0.274		0.466	4.441	20	2	10	1	6	39
7	构造物 I（不计夜）								1.201	0.262	0.884	1.201	3.587	0.114	0.274		0.466	4.441	20	2	10	1	6	39
8	构造物 II		0.622						1.537	0.333	1.075	1.537	4.726	0.126	0.348		0.545	5.745	20	2	10	1	6	39
9	构造物 III		0.742						2.729	0.622	2.119	2.729	5.976	0.225	0.551		1.094	7.846	20	2	10	1	6	39
10	构造物 III（不计夜）		1.497						2.729	0.622	0.622	2.729	5.976	0.225	0.551		1.094	7.846	20	2	10	1	6	39
11	技术复杂大桥		0.907						1.677	0.389	1.296	1.677	4.143	0.101	0.208		0.637	5.089	20	2	10	1	6	39
12	钢材及钢结构								0.564	0.351	0.351	0.564	2.242	0.104	0.164		0.653	3.163	20	2	10	1	6	39
13	钢材及钢结构（不计夜）								0.564	0.351	0.351	0.564	2.242	0.104	0.164		0.653	3.163	20	2	10	1	6	39

编制： 复核：

措施费及间接费用统计表

建设项目名称：昆明理工大学工程呈贡校区路面
编制范围：水泥混凝土 1,2,3 号路

表 6-49
第 1 页 共 1 页
05-1 表

序号	工程名称	单位	工程量	措施费（元）								综合费用		间接费（元）	
				冬季施工增加费	雨季施工增加费	夜间施工增加费	高原地区施工增加费	风沙地区施工增加费	沿海地区施工增加费	行车干扰工程施工增加费	施工辅助费	工地转移费	I	II	规费	企业管理费
1	水泥混凝土路面厚22cm	1000m²路面	3		662						1860	226	888	1860	24954	6950
2	水泥混凝土路面厚24cm	1000m²路面	6		1419						4034	484	1903	4034	53667	15072
3	水泥混凝土路面厚26cm	1000m²路面	9		2269						6522	775	3044	6522	86142	24366
4	钢筋	t	30.652								790	78	78	790	8500	4429

编制：　　　　　　　　　　　　　　　　　　　复核：

专项费用计算表

建设项目名称：昆明理工大学工程呈贡校区路面
编制范围：水泥混凝土 1,2,3 号路

表 6-50
第 1 页 共 1 页　06 表

序号	工程或费用名称	说明及计算式	金额(元)	备 注
1	专项费用		154019	
2	施工场地建设费	{施工场地建设费 部颁}	115625	115625
3	安全生产费	{1}×1.5%	38394	2259593×1.5%

编制：　　　　　　　　　　　　　　　　　　　　　　　　　　　　　　　　　复核：

人工、材料、施工机械台班单价汇总表

建设项目名称：昆明理工大学工程呈贡校区路面

编制范围：水泥混凝土 1、2、3 号路

表 6-51

第 1 页 共 1 页　09 表

序号	名称	单位	代号	预算单价(元)	备注
1	人工	工日	1001001	106.28	
2	机械工	工日	1051001	106.28	
3	HPB300 钢筋	t	2001001	3393.88	
4	HRB400 钢筋	t	2001002	3307.77	
5	20~22号铁丝	kg	2001022	4.87	镀锌铁丝
6	型钢	t	2003004	3566.11	工字钢、角钢
7	电焊条	kg	2009011	5.89	结422（502、506、507）3.2mm、4.0mm、5.0mm
8	石油沥青	t	3001001	4799.02	
9	重油	kg	3003001	3.75	
10	汽油	kg	3003002	8.6	92号
11	柴油	kg	3003003	7.72	0号、-10号、-20号
12	煤	t	3005001	663.78	
13	电	kw·h	3005002	0.63	
14	电网电	kw·h	3005003	0.63	
15	水	m³	3005004	2.72	
16	锯材	m³	4003002	1552.25	中板δ=19~35，中方混合规格
17	木柴	kg	4003007	0.71	
18	中(粗)砂	m³	5503005	102.89	混凝土、砂浆用堆方
19	碎石(4cm)	m³	5505013	102.27	最大粒径4cm堆方
20	32.5级水泥	t	5509001	353.91	
21	其他材料费	元	7801001	1	
22	混凝土电动真空吸水机组	台班	8003079	138.3	
23	混凝土电动切缝机	台班	8003085	206.11	
24	250L 以内强制式混凝土搅拌机	台班	8005002	165.94	
25	10000L 以内洒水汽车	台班	8007043	1124.22	
26	32kV·A 以内交流电弧焊机	台班	8015028	165.39	
27	小型机具使用费	元	8099001	1	

编制：　　　　　　　　　　复核：

分项工程预算表

编制范围：水泥混凝土 1、2、3 号路
工程名称：水泥混凝土面层

第 1 页 共 8 页
表 6-52

工程项目		1. 普通混凝土							
工程细目		人工铺筑混凝土路面厚度22cm							
定额单位		1000m² 路面							
工程数量		3							
定额表号		部 2-2-17-1							

编号	工、料、机名称	单位	单价(元)	定额	数量	金额(元)	定额	数量	金额(元)	合计 数量	合计 金额(元)
1001001	人工	工日	106.28	188.8	566.4	60197				566.4	60197
1503034	普C30-32.5-4	m³	3393.88	224.4	673.2					673.2	
2001001	HPB300 钢筋	t	3566.11	0.004	0.012	41				0.012	41
2003004	型钢	t	4799.02	0.06	0.18	642				0.18	642
3001001	石油沥青	t	663.78	0.107	0.321	1540				0.321	1540
3005001	煤	t		0.022	0.066	44				0.066	44
3005004	水	m³	2.72	31	93	253				93	253
4003002	锯材	m³	1552.25	0.07	0.21	326				0.21	326
5503005	中(粗)砂	m³	102.89	103.22	309.66	31861				309.66	31861
5505013	碎石(4cm)	m³	102.27	186.26	558.78	57146				558.78	57146
5509001	32.5级水泥	t	353.91	84.598	253.794	89820				253.794	89820
7801001	其他材料费	元	1	272.6	817.8	818				817.8	818
8003079	混凝土电动真空吸水机组	台班	138.3	2.47	7.41	1025				7.41	1025
7801001	混凝土电动切缝机	台班	206.11	2.486	7.458	1537				7.458	1537
8005002	250L以内强制式混凝土搅拌机	台班	165.94	5.8	17.4	2887				17.4	2887

编制：　　　　　　　　　　　　　　　　　　　　复核：

分项工程预算表

编制范围：水泥混凝土1、2、3号路
工程名称：水泥混凝土面层

第2页 共8页
续上表 21-2表

编号	工、料、机名称	单位	单价(元)	定额	数量	金额(元)	合计数量	合计金额(元)
	工程项目			1. 普通混凝土				
	工程细目			人工铺筑混凝土路面厚度22cm				
	定额单位			1000 m² 路面				
	工程数量			3				
	定额表号			部2-2-17-1				
8007043	10000L以内洒水汽车	台班	1124.22	1.12	3.36	3777	3.36	3777
8099001	小型机具使用费	元	1	276.1	828.3	828	828.3	828
	直接费	元		70452		252742		252742
	措施费 Ⅰ	元		227433	1.261%	888		888
	措施费 Ⅱ	元		227433	0.818%	1860		1860
	企业管理费	元		227433	3.056%	6950		6950
	规费	元		63984	39%	24954		24954
	利润	元		237131	7.42%	17595		17595
	税金	元		304989	11%	33549		33549
	金额合计	元				338538		338538

编制：　　　　　　　　　　　　　　　复核：

分项工程预算表

编制范围：水泥混凝土1,2,3号路
工程名称：水泥混凝土面层

第3页 共8页
21-2表

工程项目		1.普通混凝土							
工程细目		人工铺筑混凝土路面厚度24cm							
定额单位		1000m² 路面							
工程数量		6							
定额表号		部2-2-17-1							

编号	工、料、机名称	单位	单价(元)	定额	数量	金额(元)	定额	数量	金额(元)	合计 数量	合计 金额(元)
1001001	人工	工日	106.28	203.4	1220.4	129704				1220.4	129704
1503034	普C30-32.5-4	m³		244.8	1468.8					1468.8	
2001001	HPB300钢筋	t	3393.88	0.004	0.024	81				0.024	81
2003004	型钢	t	3566.11	0.066	0.396	1412				0.396	1412
3001001	石油沥青	t	4799.02	0.115	0.69	3311				0.69	3311
3005001	煤	t	663.78	0.024	0.144	96				0.144	96
3005004	水	m³	2.72	33	198	539				198	539
4003002	锯材	m³	1552.25	0.07	0.42	652				0.42	652
5503005	中(粗)砂	m³	102.89	112.6	675.6	69512				675.6	69512
5505013	碎石(4cm)	m³	102.27	203.2	1219.2	124688				1219.2	124688
5509001	32.5级水泥	t	353.91	92.288	553.728	195970				553.728	195970
7801001	其他材料费	元	1	280.2	1681.2	1681				1681.2	1681
8003079	混凝土电动真空吸水机组	台班	138.3	2.47	14.82	2050				14.82	2050
8003085	混凝土电动切缝机	台班	206.11	2.486	14.916	3074				14.916	3074
8005002	250L以内鼓筒式混凝土搅拌机	台班	165.94	6.32	37.92	6292				37.92	6292

编制：　　　　　　　　　　　　　　　　复核：

分项工程预算表

编制范围：水泥混凝土1、2、3号路
工程名称：水泥混凝土面层

第 4 页 共 8 页
续上表
21-2 表

工程项目		1. 普通混凝土								
工程细目		人工铺筑混凝土路面厚度24cm								
定额单位		1000m² 路面								
工程数量		6								
定额表号		部2-2-17-1								
编号	定额名称	单位	单价(元)	定额	数量	金额(元)	定额	数量	金额(元)	合计 数量	合计 金额(元)
8007043	10000L以内洒水汽车	台班	1124.22	1.12	6.72	7555				6.72	7555
8099001	小型机具使用费	元	1	301.1	1806.6	1807				1806.6	1807
	工、料、机名称 I										
	II										
直接费		元		150921					548424		548424
措施费		元		493210	1.261%				1903		1903
		元		493210	0.818%				4034		4034
企业管理费		元		137608	3.056%				15072		15072
规费		元		514219	39%				53667		53667
利润		元		514219	7.42%				38155		38155
税金		元		661255	11%				72738		72738
金额合计									733993		733993

编制： 复核：

分项工程预算表

编制范围：水泥混凝土1、2、3号路
工程名称：水泥混凝土面层

工程项目		人工铺筑混凝土路面厚度26cm							续上表
工程细目		1. 普通混凝土							第5页 共8页 21-2表
定额单位		1000m² 路面							
工程数量		9							
定额表号		部2-2-17-1							

编号	工、料、机名称	单位	单价（元）	定额	数量	金额（元）	定额	数量	金额（元）	定额	数量	金额（元）	合计		
													定额	数量	金额（元）
1001001	人工	工日	106.28	218	1962	208521									1962	208521
1503034	普C30-32.5-4	m³		265.2	2386.8										2386.8	
2001001	HPB300钢筋	t	3393.88	0.004	0.036	122									0.036	122
2003004	型钢	t	3566.11	0.072	0.648	2311									0.648	2311
3001001	石油沥青	t	4799.02	0.123	1.107	5313									1.107	5313
3005001	煤	t	663.78	0.026	0.234	155									0.234	155
3005004	水	m³	2.72	35	315	857									315	857
4003002	锯材	m³	1552.25	0.07	0.63	978									0.63	978
5503005	中（粗）砂	m³	102.89	121.98	1097.82	112955									1097.82	112955
5505013	碎石（4cm）	m³	102.27	220.14	1981.26	202623									1981.26	202623
5509001	32.5级水泥	t	353.91	99.978	899.802	318449									899.802	318449
7801001	其他材料费	元	1	287.8	2590.2	2590									2590.2	2590
8003079	混凝土电动真空吸水机组	台班	138.3	2.47	22.23	3074									22.23	3074
8003085	混凝土电动切缝机	台班	206.11	2.486	22.374	4612									22.374	4612
8005002	250L以内强制式混凝土搅拌机	台班	165.94	6.84	61.56	10215									61.56	10215

编制： 复核：

分项工程预算表

编制范围：水泥混凝土1、2、3号路
工程名称：水泥混凝土面层

第6页 共8页
续上表
21-2表

工程项目			1.普通混凝土							
工程细目			人工铺筑混凝土路面面厚度26cm							
定额单位			1000m² 路面							
工程数量			9							
定额表号			部2-2-17-1							
编号	工、料、机名称	单位	单价（元）	定额	数量	金额（元）	定额	数量	金额（元）	合计 金额（元）
8007043	10000L以内洒水汽车	台班	1124.22	1.12	10.08	11332		10.08	11332	11332
8099001	小型机具使用费	元	1	326.1	2934.9	2935		2934.9	2935	2935
直接费		元		241402		887042				887042
措施费	Ⅰ	元		797323	1.261%	3044				3044
	Ⅱ	元		797323	0.818%	6522				6522
企业管理费		元		220876	3.056%	24366				24366
规费		元		831255	39%	86142				86142
利润		元		831255	7.42%	61679				61679
税金		元		1068795	11%	117567				117567
金额合计		元				1186362				1186362

编制：   复核：

分项工程预算表

编制范围：水泥混凝土1、2、3号路
工程名称：钢筋

第7页 共8页
续上表 21-2表

工程项目	Ⅲ.拉杆、传力杆及钢筋
工程细目	人工及轨道式摊铺机铺筑路面拉杆及传力杆
定额单位	1t
工程数量	30.625
定额表号	部2-2-17-13

编号	工、料、机名称	单位	单价(元)	定额	数量	金额(元)	定额	数量	金额(元)	定额	数量	金额(元)	合计 数量	合计 金额(元)
1001001	人工	工日	106.28	6.6	202.3032	21501							202.3032	21501
2001001	HPB300钢筋	t	3393.88	1.053	32.276556	109543							32.276556	109543
2001002	HRB400钢筋	t	3307.77	0.085	2.60542	8618							2.60542	8618
2001022	20~22号铁丝	kg	4.87	0.7	21.4564	104							21.4564	104
2009011	电焊条	kg	5.89	0.6	18.3912	108							18.3912	108
3001001	石油沥青	t	4799.02	0.007	0.214564	1030							0.214564	1030
7801001	其他材料费	元	1	14.9	456.7148	457							456.7148	457
8015028	32kV·A以内交流电弧焊机	台班	165.39	0.09	2.75868	456							2.75868	456
8099001	小型机具使用费	元	1	11	337.172	337							337.172	337

编制：　　　　　　复核：

分项工程预算表

编制范围：水泥混凝土 1,2,3 号路
工程名称：钢筋

第 8 页 共 8 页
续上表
21-2 表

编号	工程项目	工程细目	定额单位	工程数量	定额表号	工、料、机名称	单位	单价(元)	定额	数量	金额(元)	定额	数量	金额(元)	合计 数量	合计 金额(元)
	III	拉杆、传力杆及钢筋														
		人工及轨道式摊铺机铺筑路面拉杆及传力杆														
			1t													
				30.625												
					部2-2-17-13											
						直接费	元				142154					142154
						措施费 I	元		22346	0.351%	78					78
						措施费 II	元		140033	0.564%	790					790
						企业管理费	元		140033	3.163%	4429					4429
						规费	元		21794	39%	8500					8500
						利润	元		145330	7.42%	10783					10783
						税金	元		166734	11%	18341					18341
						金额合计	元				185075					185075

编制：　　　　　　　　　　　　　　　　　　复核：

第6章 公路工程概算、预算的编制与审查和计量、计价技巧

材料预算单价计算表

建设项目名称：昆明理工大学工程呈贡校区路面

编制范围：水泥混凝土 1、2、3 号路

表 6-53 第 1 页 共 1 页 22 表

序号	规格名称	单位	原价（元）	供应地点	运输方式、比重及运距	毛重系数或单位毛重	运杂费构成说明或计算式	单位运费（元）	原价运费合计（元）	场外运输损耗 费率(%)	场外运输损耗 金额（元）	采购及保管费 费率(%)	采购及保管费 金额（元）	预算单价（元）
2001001	HPB300 钢筋	t	3333.33	钢材市场	汽车 45km	1	(0.66×45+5.59×1+0)×1×1	35.29	3368.62			0.75	25.26	3393.88
2001002	HRB400 钢筋	t	3247.86	钢材市场	汽车 45km	1	(0.66×45+5.59×1+0)×1×1	35.29	3283.15			0.75	24.62	3307.77
2001022	20~22 号铁丝	kg	4.79	钢材市场	汽车 45km	0.001	(0.66×45+5.59×1+0)×1×0.001	0.04	4.83			0.75	0.04	4.87
2003004	型钢	t	3504.27	钢材市场	汽车 45km	1	(0.66×45+5.59×1+0)×1×1	35.29	3539.56			0.75	26.55	3566.11
2009011	电焊条	kg	5.73	钢材市场	汽车 45km	0.0011	(0.66×45+5.59×1+0)×1×0.0011	0.04	5.77			2.06	0.12	5.89
3001001	石油沥青	t	4529.91	沥青拌和站	汽车 45km	1	(0.66×45+5.59×1+0)×1×1	35.29	4565.2	3	136.96	2.06	96.86	4799.02
3003001	重油	kg	3.59	油库	汽车 45km	0.001	(0.75×45+7.75×1+0)×1×0.001	0.04	3.63			3.26	0.12	3.75
3003002	汽油	kg	8.29	油库	汽车 45km	0.001	(0.75×45+7.75×1+0)×1×0.001	0.04	8.33			3.26	0.27	8.6
3003003	柴油	kg	7.44	油库	汽车 45km	0.001	(0.75×45+7.75×1+0)×1×0.001	0.04	7.48			3.26	0.24	7.72
3005001	煤	t	561.95	矿场	汽车 120km	1	(0.66×120+2.79×1+0)×1×1	81.99	643.94	1	6.44	2.06	13.4	663.78
4003002	锯材	m³	1504.42	木材场	汽车 30km	0.65	(0.66×30+5.59×1+0)×1×0.65	16.5	1520.92			2.06	31.33	1552.25
5503005	中(粗)砂	m³	87.38	砂场	汽车 8km	1.5	(0.61×8+2.43×1+0)×1×1.5	10.97	98.35	2.5	2.46	2.06	2.08	102.89
5505013	碎石(4cm)	m³	86.41	石场	汽车 10km	1.5	(0.61×10+2.43×1+0)×1×1.5	12.8	99.21	1	0.99	2.06	2.06	102.27
5509001	32.5 级水泥	t	307.69	水泥厂	汽车 45km	1.01	(0.66×45+5.59×1+0)×1×1.01	35.64	343.33	1	3.43	2.06	7.14	353.91

编制： 复核：

施工机械台班单价计算表

建设项目名称：昆明理工大学工程呈贡校区路面
编制范围：水泥混凝土1、2、3号路

表6-54
第1页 共1页 24表

序号	定额号	规格名称	台班单价(元)	不变费用(元)		可变费用(元)															合计
				调整系数:1		人工:106.28		重油:3.75		汽油:8.6		柴油:7.72		煤:663.78		电:0.63		水:2.72		木柴:0.71	车船税
						(元/工日)		(元/kg)		(元/kg)		(元/kg)		(元/t)		(元/kW·h)		(元/m³)		(元/kg)	
				调整值	定额	定额	金额	定额	金额	定额	金额	定额	金额	定额	金额	定额	金额	定额	金额	定额 金额	
1	8003079	混凝土电动真空吸水机组	138.3	21.57	21.57	1	106.28									16.58	10.45					116.73
2	8003085	混凝土电动切缝机	206.11	87.89	87.89	1	106.28									18.95	11.94					118.22
3	8005002	250L以内强制式混凝土搅拌机	165.94	25.51	25.51	1	106.28									54.2	34.15					140.43
4	8007043	10000L以内洒水汽车	1124.22	605.76	605.76	1	106.28					52.8	407.62								4.56	518.46
5	8015028	32kV·A以内交流电弧焊机	165.39	5.17	5.17	1	106.28									85.62	53.94					160.22
6	8099001	小型机具使用费																				

编制：　　　　　　　　　　　　　　　　　　　　　　　　　　　复核：

【本章小结】

　　编制和审查公路工程概算、预算的核心工作就是分项和组价,也就是项目管理过程中的计量与计价工作;并不是只有工程结算中才有计量与计价工作,在公路工程项目基本建设全过程中每一个投资控制测算值的界定都要进行计量与计价工作。

　　公路工程每一个分项标准或项目表,都应该对具体的分项明确其工程量计算规则和所包含的工程内容,工程量计算规则是计量的依据,工程内容是计价的依据;工程结算还要按合同的规定并与支付的约定结合起来进行计量与计价。

　　公路工程概算、预算的编制和计量、计价的核心基础工作就是选择合适的分项标准和规划具体的项目表;计量是前提和基础,计价是过程和结果。

　　每一个概算、预算编制办法和工程量清单计量规则都对费用构成和工程内容及工程量计算规则有明确的规定,因此,公路工程概算、预算的编制和计量、计价工作的基础是先熟悉这些规定,然后灵活运用这些规定。

　　实物量造价分析方法的四个基本概念分项、定额、单价、费率中,分项主要是解决计量工作,其他三个概念是为计价服务的。

【思考题】

1. 07 和 18 编办的各项费用计算是如何规定的?
2. 07 和 18 编办规定的造价文件由哪些表格构成? 表格之间是什么样的数据关系?
3. 分项一般在哪些概算、预算表格中体现? 是如何体现的?
4. 定额一般在哪些概算、预算表格中体现? 是如何体现的?
5. 费率一般在哪些概算、预算表格中体现? 是如何体现的?
6. 预算单价一般在哪些概算、预算表格中体现? 是如何体现的?

第7章
公路工程造价的标准化与信息化

不同的公路工程概算、预算造价软件有不同的数据格式,很难互相通用。

公路工程造价的信息化必须建立在公路工程造价文件参数的标准化的基础上。

7.1 公路工程造价依据的标准化

造价依据包括实物资源、定额(施工定额、预算定额、概算定额、估算指标及补充定额)、费率、价格信息、分项标准等,中华人民共和国成立以来的各阶段(如1982年、1992年、1996年、2008年等定额和编办)计价依据都应进行标准化管理。行业管理部门或造价软件的造价管理平台应该开发"造价资源管理中心",应包括实物资源标准管理、定额管理、费率模板管理、价格信息管理、分项标准管理、实物资源非标准添加管理、补充定额管理等功能。既为部颁造价依据如实物资源参数、概算、预算编办费率、概算、预算定额、项目表、价格信息等提供权威的维护功能,又为用户定制非标准实物资源、各省费率的补充规定、补充定额等提供便捷的编辑和上报功能,还应设置严谨的审核流程和标准化发布功能,为部颁造价依据标准化动态管理和即时发布提供必要的工具和平台。

实物资源库是指构成定额的实物消耗的资源的全部品种、规格和参数的组成,其中人工包括技术工(对施工中的工种进行了综合)和机械工的年有效工日和年薪等参数;材料则包括木材、钢材、砂石、水泥等各类材料的具体规格、单位、单位重、基价、运输损耗率、采购保管费率等参数,公路工程造价中的材料是对实际生产用的实际材料进行了适当的综合和归类;机械台班和仪表设备则应包括《公路工程机械台班费用定额》的全部参数。尽管每次概算、预算编制办法都只是对前一次的实物资源的小部分参数进行了调整,但每一次编制办法都对实物资源进行了新的编号,而且是严格和定额进行对应的,所以,每一个概算、预算编制办法应对立一个实物资源库。

概算、预算编制办法对应的费率定额、概算定额、预算定额和概算、预算项目表等为标准库,在概算、预算编制办法发布后的生产实践中随着新工艺、新技术、新材料的出现而增加的实物资源和定额就是非标准实物资源和补充定额。

公路工程造价依据和造价文件之间的关系就好比麻将牌或象棋和每一个牌局棋谱之间的关系,造价依据是工程造价的要素和规则,造价文件是各具体项目当时当地各要素的组合。

7.2 公路工程造价文件的信息化

公路工程造价文件的信息化除了全面使用公路工程造价软件以外,还应对造价文件的历史数据进行挖掘与利用,前提条件之一是对各种编办项目表、标准清单结构的建立以及项目建设各阶段造价标准清单的对应关系进行有效设置,以便将导入的各种格式的数据进行对号入座并为造价分析提供统一的对比分析口径,另一条件是项目编码的统一,项目的编码分为两类:一类是工程可行性研究阶段、初步设计阶段、施工图预算阶段、项目实施阶段、竣工决算阶段按估算、概算、预算项目表的分类编码,另一类是合同阶段按合同清单形式进行分类的分项编码。前一类编码对应于定额体系的项目划分,后一类编码对应于招标工程体系的项目划分,两类体系应用编码建立对应关系。标准编码包括估算、概算、预算、工程清单、台账、竣工决算、养护预算等造价文件的分项编码表及实物资源分类及代号编码等。

目前国内市场上的公路工程造价软件主要有海巍科技、同望科技、纵横科技和中交京纬等公司研发的产品。本书以海巍科技 HWcost 5.5 软件为例,对应用造价软件编制造价文件的步骤进行介绍。应用造价软件编制造价文件有"一文件、二参数、三分项、四组价、五报表"的五步经典操作,具体内容如下:

HWcost 软件基本
操作视频

(1)"一文件",即建设项目和工程项目文件管理。

除传统的新建、复制、粘贴和删除功能外,HWcost 5.5 增加了批量新建工程项目、设置主要参数的小数点精度、导入导出备份和 xml 及 Excel 格式文件、编制说明、审核说明及操作状态等功能;HWcost 5.5 具备为用户定义编制、复核和审查等造价管理职能的功能。

(2)"二参数",即设置"工程参数""费率参数"和"单价参数"。

传统参数设置只能对工程项目逐一进行设置,HWcost 5.5 增加了多个工程项目共忡和个性参数的批量设置与应用、在同一个窗口切换不同的工程项目参数设置、同一材料不同分项和定额子目下预算单价的快速修改等功能,"工程参数""费率参数"和"单价参数"都可以按 xml 格式文件导入导出。

(3)"三分项",即添加工程项目全部分项。

一般是按标准库导入、Excel 导入和输入完全的分项编号三种方式添加分项,HWcost 5.5 增加了多工程项目分项的批量导入、工程台账、分项对应等功能。

(4)"四组价",即确定每一条计算分项的造价组成要素。

一般按定额列表、算式列表、费用列表、输入单价、输入金额五种方式之一对计算分项进行组价,HWcost 5.5 增加了组价方案一对一的局部应用和批量应用、组价的定额子目的台账 1 和台账 2 及分项对应等功能。

(5)"五报表",即预览并打印相应的报表。

HWcost 5.5 增加了 PDF 输出和建设项目批量输出等功能。

通过以上五步就可以快速完成一个造价文件的编制与审核。

详细操作可以登录 http://hwcost.com/网站查看相关操作说明和视频。

7.3 快速、高效编制公路工程造价文件

"工欲善其事,必先利其器"。本书以 HWcost 5.5 编制校园内宽度为 10.0m 的三条水泥混凝土路面(编号分别为 1、2、3 号路),长度分别为 300m、600m 和 900m,厚度分别为 22cm、24cm 和 26cm,传力杆和拉杆的设置满足规范要求(见示例素材)为例介绍造价软件如何快速、高效地编制公路工程造价文件。具体功能和内容如下:

1)"文件",即建设项目和工程项目文件管理

建设项目组价视频

登录 HWcost 5.5,在"工程管理"窗口点击鼠标右键,在弹出的菜单中点击"新建/新建建设项目",然后在"新建建设项目"窗口中,建设项目名称输入"昆明市某校园混凝土路面工程",工程项目名称输入"水泥混凝土路面工程",适用编办选择"2018 编制办法",造价类型选择"施工图预算",工程所在地选择"云南省",点击【确定】,系统就会在"工程管理"窗口中创建建设项目和工程项目,见图 7-1。

图 7-1

第7章 公路工程造价的标准化与信息化

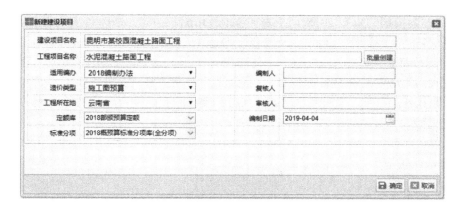

图7-1 创建建设项目和工程项目

2)"参数",即设置"工程参数、费率参数、单价参数"

(1)点击选中"昆明市某校园混凝土路面工程"建设项目,打开树状层次,双击"水泥混凝土路面工程"工程项目,打开"2.1 工程参数"界面,"文件属性"中止点里程输入"1.8","工程所在地"选择"云南省昆明市","工程属性"中地形选择"山岭重丘陵区",公路等级选择"二级公路","路面结构"输入"水泥混凝土路面","路基宽度 m"输入"10",其他参数按默认值,系统自动保存输入的值,见图7-2。

图7-2 设置工程参数

(2)点击"2.2 费率参数",切换到"费率参数"窗口,在"设置费率参数"界面中"雨季施工"对应的"属性值"选择"Ⅱ区5个月","夜间施工"不计,"工地转移 km"属性值输入"55","综合里程"属性值输入"5.5";其他参数取默认值,右边窗口的显示费率值,见图7-3。

(3)点击"2.3 单价参数",切换到"单价参数"窗口,基期价格选择"2018 基期价格",价格信息选择"云南（2019年第1期）（参考）"；单击【运杂费方案】按钮，弹出"运杂费方案"窗口，点击"运杂费方案模板"选择"2018运杂费方案（适用新编办）"，修改外购材料运距45km、火工材料运距66km、水泥运距32km、土及混合土料运距21km、砂运距18km、石料运距15km，燃油、火工材料运价每t·km为0.75元（每t装卸费7.75元），土、砂、石料运价每t·km为0.61元（每t装卸费2.43元），装饰材料运价每t·km为0.69元（每t装卸费6.31元），其他材料运价每t·km为0.66元（每t装卸费5.59元，煤每t装卸费2.79元），点击【应用方案】应用运杂费方案，见图7-4。

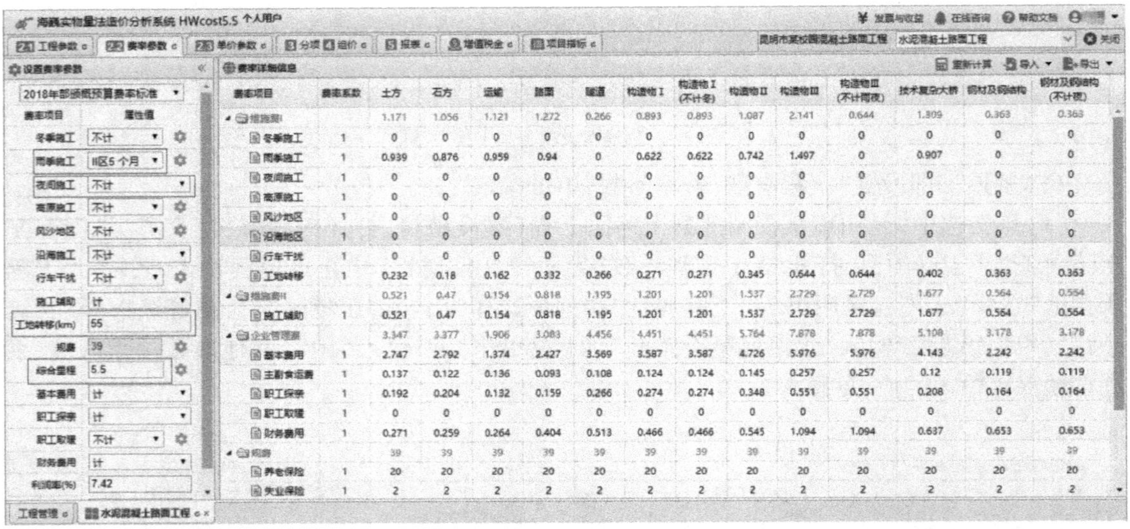

图7-3 设置费率参数

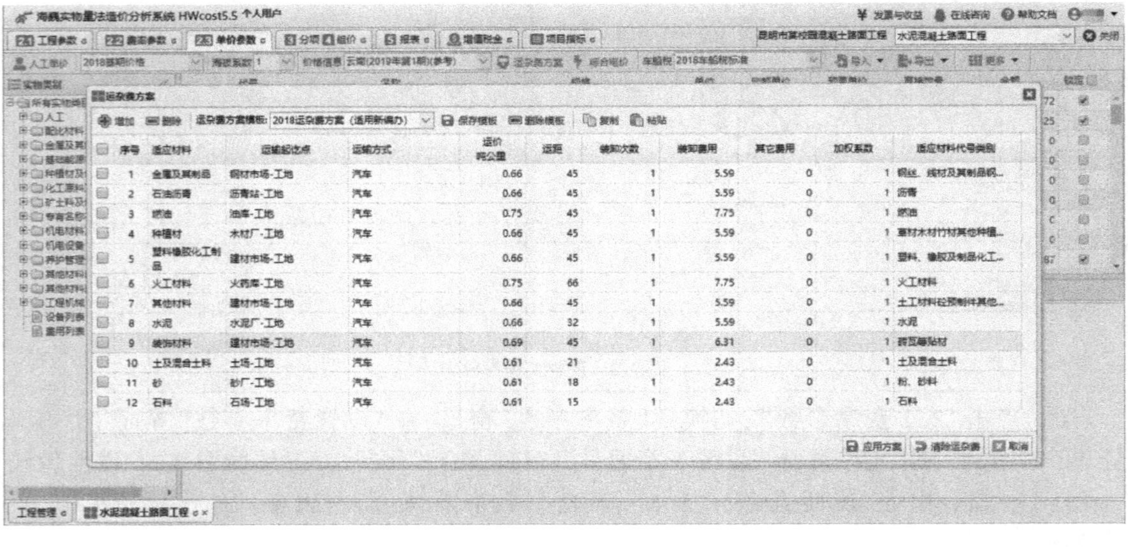

图7-4 设置单价参数

3)"分项",即添加工程项目的分项

(1)点击"3 分项 4 组价",切换到"分项组价"窗口;点击右上角【显示组价工具】,在标准分项"2018 概预算标准分项库"下,展开节点勾选"LM020501 水泥混凝土",系统自动选中其父分项,点击【添加】,见图 7-5。

图 7-5 设置分项组价

(2)选中 LM020501 水泥混凝土,鼠标右键弹出右键菜单,点击"添加子节点",插入一条分项,输入分项名称"22cm"、单位设为 m²、分项数量设为 3000,见图 7-6。

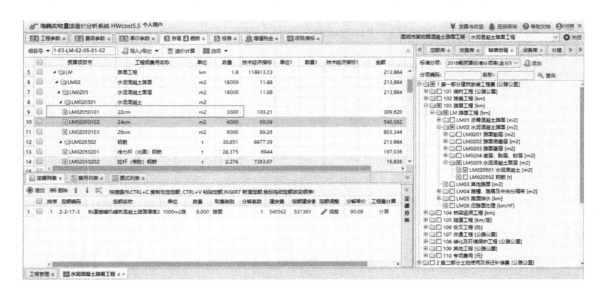

图 7-6 添加子节点

4)"组价",即确定每一条计算分项的造价组成要素

选中"LM02050101 22cm"分项,点击组价工具栏上的页签【定额库】切换至"定额库"选

项卡,选择定额库"2018 部颁预算定额"、在窗口中点击打开"2018 部颁预算定额~第二章路面工程~2-2.第二节路面面层~2-2-17.水泥混凝土路面",选中"2-2-17-1.I.普通混凝土",在定额细目窗口,双击"2-2-17-1"定额细目,将"2-2-17-1"定额细目添加至"定额列表"窗口,见图7-7。

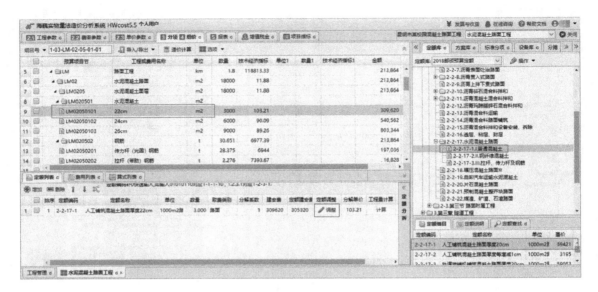

图 7-7 设置"定额库"

点击选中"2-2-17-1"定额细目,在"定额调整"列点击【调整】按钮进入定额调整窗口,在"定额组合"的"厚度"中输入"24"后回车,系统自动查找"辅助定额"并乘以相应的组合系数,关闭定额调整窗口回到分项组价界面,见图7-8。

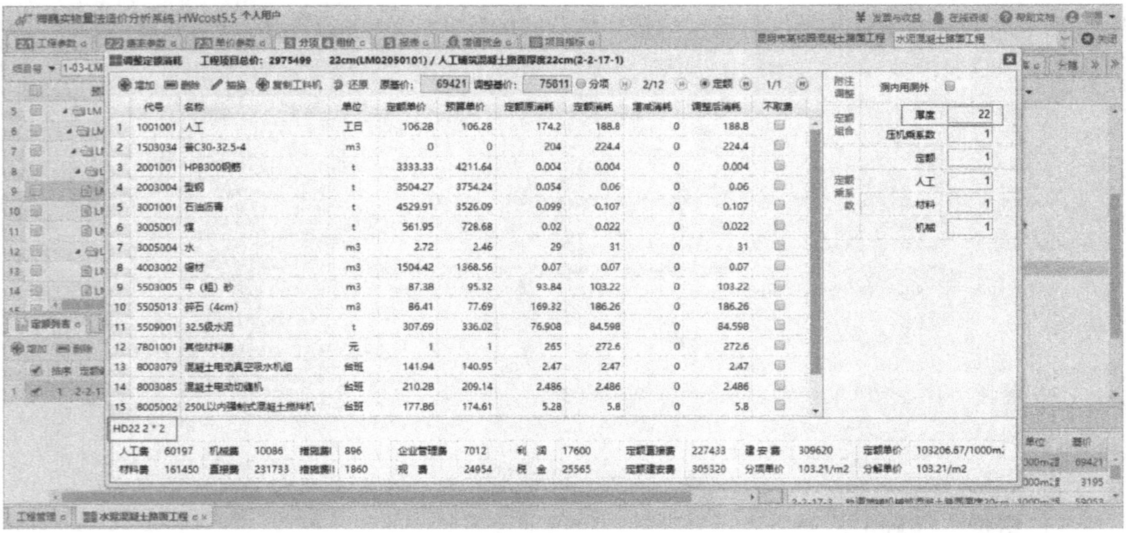

图 7-8 设置定额细目

按上述方式，依次添加其他分项及定额。

5)"报表"，即预览并打印相应的报表

点击"报表"，切换到"报表"窗口，在左边"报表目录"双击报表名称，即可预览和打印报表，点击右上角【保存】按钮可将当前报表保存为 Excel 格式文档，在同一套报表中勾选多个报表，点击鼠标右键，选择【下载勾选报表】可批量下载 Excel 格式报表，解压缩后即可查看，见图 7-9。

图 7-9　设置报表

【本章小结】

公路工程造价和投资额的确定要对项目当时当地的分项、定额、单价和费率进行全面的确定，这样计算出的值是公路工程项目的静态投资，如果考虑了时间对造价的影响因素则是动态投资；一个公路工程项目也只有经过了计量和计价的全部内容才能确定其最终的投资额和造价。所以，一个项目的估算、概算、修正概算、施工图预算、招标控制价、合同价、中期计量与支付、工程结算、工程决算与竣工决算等都要根据项目当时当地的情况和条件来进行计量与计价，是一个动态的管理过程。

造价依据包括实物资源、定额（施工定额、预算定额、概算定额、估算指标及补充定额）、费率、价格信息、分项标准等。概算、预算编制办法对应的费率定额、概算定额、预算定额和概算、预算项目表等可以定义为标准库，在概算、预算编制办法发布后的生产实践中随着新工艺、新技术、新材料的出现而增加的实物资源和定额就是非标准实物资源和补充定额，因此，有必要进行造价依据的标准化管理。

公路工程造价依据和造价文件之间的关系就好比麻将牌或象棋和每一个牌局棋谱之间

的关系,造价依据是工程造价的要素和规则,造价文件是各具体项目当时当地各要素的组合。要表现造价文件的信息化即棋谱则要保证造价依据的标准化。

  HWcost 5.5 系统在公路工程造价依据的标准化和造价文件的信息化方面进行了积极的研究与探索。

【思考题】

1. 公路工程造价依据包含哪些内容?
2. 公路工程造价依据应如何标准化?
3. 公路工程造价软件的经典操作包含哪五个步骤?
4. 公路工程造价文件的编制应输入哪些参数?
5. 校园水泥混凝土路面的拌和站应怎样有效设置?

参 考 文 献

[1] (英)斯拉法普.用商品生产商品-经济理论批判绪论[M].巫宝三,译.北京:商务印书馆,1963.
[2] (美)项目管理协会.项目管理知识体系指南[M].卢有杰,王勇,译.北京:电子工业出版社,2008.
[3] 刘燕,涂忠仁,沈其明.公路工程造价编制与管理[M].北京:人民交通出版社,2011.
[4] 中华人民共和国交通运输部.公路工程基本建设项目概算预算编制办法:JTG B06—2007[S].北京:人民交通出版社,2007.
[5] 中华人民共和国交通运输部.公路工程基本建设项目投资估算编制编办:JTG M20—2011[S].北京:人民交通出版社,2011.
[6] 中华人民共和国交通运输部.公路基本估算指标:JTG/T M21—2011[S].北京:人民交通出版社,2011.
[7] 中华人民共和国交通运输部.公路工程概算定额:JTG/T B06-01—2007[S].北京:人民交通出版社,2007.
[8] 中华人民共和国交通运输部.公路工程预算定额:JTG/T B06-02—2007[S].北京:人民交通出版社,2007.
[9] 中华人民共和国交通运输部.公路工程机械台班费用定额:JTG/T B06-03—2007[S].北京:人民交通出版社,2007.
[10] 中华人民共和国交通运输部.公路工程建设项目概算预算编制办法:JTG 3830—2018[S].北京:人民交通出版社股份有限公司,2018.
[11] 中华人民共和国交通运输部.公路工程建设项目投资估算编制办法:JTG 3830—2018[S].北京:人民交通出版社股份有限公司,2018.
[12] 中华人民共和国交通运输部.公路基本估算指标:JTG/T 3821—2018[S].北京:人民交通出版社股份有限公司,2018.
[13] 中华人民共和国交通运输部.公路工程概算定额:JTG/T 3831—2018[S].北京:人民交通出版社股份有限公司,2018.
[14] 中华人民共和国交通运输部.公路工程预算定额:JTG/T 3832—2018[S].北京:人民交通出版社股份有限公司,2018.
[15] 中华人民共和国交通运输部.公路工程机械台班费用定额:JTG/T 3833—2018[S].北京:人民交通出版社股份有限公司,2018.